5

イントロダクションシリーズ

*Introduction
to
Social Welfare*

相談援助の基盤と専門職

成清美治・加納光子 編著

学文社

執筆者

倉石	哲也	武庫川女子大学	(第1章1-4)
新野	三四子	追手門学院大学	(第2章)
＊成清	美治	神戸親和女子大学	(第3章)
日根野	建	福井県立大学	(第4章)
大野	まどか	大阪人間科学大学	(第5章)
武田	康晴	華頂短期大学	(第6章)
前田	美也子	武庫川女子大学	(第7章)
得津	槇子	関西福祉科学大学	(第8章)
藤野	好美	岩手県立大学	(第9章)
安井	理夫	同朋大学	(第10章)
野村	裕美	同志社大学	(第11章)
＊加納	光子	武庫川女子大学	(第1章5,第12章)

(執筆順：＊は編者)

はじめに

「社会福祉士法及び介護福祉士法」の改正に伴い、「社会福祉士養成課程における教育内容等の見直しについて」が発表された。「相談援助の基盤と専門職」は、社会福祉士と精神保健福祉士の国家試験受験共通科目のひとつである。

この「相談援助の基盤と専門職」の狙いは、① 社会福祉士の役割（総合的かつ包括的な援助及び地域福祉の基盤整備と開発含む）について理解する、② 精神保健福祉士の役割と意義について理解する、③ 相談援助の概念と範囲について理解する、④ 相談援助の理念について理解する、⑤ 相談援助における権利擁護の意義と範囲について理解する、⑥ 相談援助に係る専門職の概念と範囲及び専門職倫理について理解する、⑦ 総合的かつ包括的な援助と多職種連携の意義と内容について理解する等となっている。

今日のわが国の福祉サービスは、社会福祉基礎構造改革以降、社会福祉のサービスの形態がかつての措置制度（画一的なサービス提供）から選択できる制度（契約制度、利用制度）に変化し、利用者の自立支援と参加がより尊重されることとなった。また、サービス提供に民間業者の参入が認められ、業者間のサービスの競争が始まった。このことは、サービスの質の向上が求められることとなり、その結果、優れた社会福祉専門職の養成が必要となった。今回の社会福祉士の法改正に基づく新たなるカリキュラムの改正の目的もこの点にあった。このテキストは、こうした状況を踏まえたうえで、その内容も社会福祉士養成のシラバスに準じたものとなっている。

そのため執筆陣は、大学で教鞭をとる研究実績あるいは実践経験の豊富なベテラン・中堅から新進気鋭の若手研究者まで加わっていただいた。

このテキストの特徴は、単に社会福祉士国家試験受験の学生のためだけのものではなく、広く社会福祉を学ぶ学生や向学心に燃える人々のためにできるだけわかり易く理解できるように図表を多く用いることを心がけた。また、各章末には、同類書として好評であった『新版　社会福祉援助技術』の「喫茶室」（本書では「プロムナード」に変更）、「学びを深めるために」、「福祉の仕事に関する案内書」等を引き続き掲載することによって、読者の学習の一助になるように努めた。最後に本書の出版にあたり、ご支援いただいた学文社代表田中千津子氏に感謝する次第である。

2010年3月

執筆者を代表して

成清　美治

加納　光子

目　次

第1章　社会福祉士の役割と意義 — 1
1. 社会福祉士に求められる役割 …… 2
   - (1) 社会福祉士及び介護福祉士法　2／(2) 社会福祉士に求められる専門性　3／(3) 社会福祉士の資格　4／(4) 社会福祉士の専門的活動（ソーシャルワーク）の意義　5
2. ソーシャルワークの専門性 …… 6
   - (1) ソーシャルワークとは　6／(2) 事例1：在宅から施設入所となったAさん　6／(3) ソーシャルワークの定義にみるその固有性　8
3. 現代社会と地域福祉 …… 10
   - (1) 社会福祉士に期待される役割―「総合的かつ包括的な相談援助」　10／(2) 地域社会への視点とその背景　10／(3) 事例2：中途障害者の自立過程と社会福祉士の役割　12
4. 相談援助と地域福祉の基盤整備 …… 14
   - (1) 社会福祉士とソーシャルワーカーの関係性　14／(2) 地域社会生活の尊重　14／(3) 地域社会のウェルビーイングを実現する　15
5. 精神保健福祉士の役割と意義および社会福祉士との関係 …… 15
   - (1) 精神保健福祉士の役割と意義　15／(2) 精神保健福祉士と社会福祉士　18

第2章　相談援助の定義と構成要素 — 21
1. ソーシャルワークの構成要素 …… 22
   - (1) 広義と狭義の構成要素　22／(2) ソーシャルワークの専門性の構造　22／(3) ソーシャルワークの定義に表された3つの要素　24
2. ソーシャルワークと価値／倫理 …… 25
   - (1) 価値と倫理の語意　25／(2) 価値／倫理に関する海外（とくにアメリカ）の展開　25／(3) 価値／倫理に関する日本の展開　27／(4) ソーシャルワークの価値／倫理　27
3. ソーシャルワークと知識 …… 31
   - (1) 知識の体系　31／(2) ソーシャルワークの知識　32
4. ソーシャルワークと技術 …… 33
   - (1) 従来の技術の体系　33／(2) ソーシャルワークの統合化と共通基盤　34／(3) ソーシャルワークの技術　34

第3章　相談援助の形成過程（欧米） — 37
1. ソーシャルワークの源流 …… 38
   - (1) チャルマーズの「隣友運動」　38／(2) エルバーフェルト制度　38／(3) 慈善組織協会（COS）　39／(4) セツルメント　40／(5) YMCAとYWCA　41
2. ソーシャルワークの基礎確立期 …… 42
   - (1) リッチモンドの貢献　42／(2) 医療ソーシャルワーク　43／(3) ソーシャルワークの専門化　44
3. ソーシャルワークの発展 …… 45
   - (1) 診断主義派と機能主義派の台頭　45／(2) 診断主義派　46／(3) 機能主義派　48／(4) グループワーク，コミュニティ・オーガニゼーションの発展　49
4. ソーシャルワークの統合の試み（折衷主義） …… 51
5. ケースワークの批判期 …… 52
6. ソーシャルワークの動向 …… 55

　　　　(1) 新しいモデルの登場　55 ／ (2) ソーシャルワークの統合化　56

第4章　相談援助の形成過程（日本） ── 63
1　ソーシャルワークの前史 …… 64
2　戦前のソーシャルワーク …… 64
　　　　(1) 方面委員制度とケースワーク　64 ／ (2) 病院社会事業と少年審判所　66 ／ (3) セツルメントの日本的展開　67 ／ (4) 戦前ソーシャルワークの行方　68
3　戦後のソーシャルワーク …… 69
　　　　(1) 占領政策とソーシャルワーク　69 ／ (2) ソーシャルワークの批判論争　71 ／ (3) 生活保護法とケースワーク　71 ／ (4) ソーシャルワークの再編統合　72 ／ (5) ソーシャルワークの資格制度　73

第5章　相談援助の理念　その1 ── 77
1　ソーシャルワークの価値と理念 …… 78
2　ソーシャルワークと人権尊重 …… 79
　　　　(1) 人権と世界人権宣言　79 ／ (2) 現代社会と人権　81 ／ (3) 現代社会における人権尊重を支える法制度　81
3　ソーシャルワークと社会正義 …… 82
　　　　(1) 社会正義とは　82 ／ (2) 社会正義の実現に向けたソーシャルワーク実践　83
4　ソーシャルワークと利用者本位 …… 84
　　　　(1) 利用者本位の理念　84 ／ (2) 利用者の参加と関係の対等性　85
5　ソーシャルワークと尊厳の保持 …… 86
　　　　(1) 人間の尊厳と新たな社会問題　86 ／ (2) ソーシャルワークのあるべき姿と尊厳の保持　87

第6章　相談援助の理念　その2 ── 89
1　ソーシャルワークと自立支援 …… 90
　　　　(1)「自立」の意味　90 ／ (2) 依存を前提とした自立　91 ／ (3) 自立支援とは何か　91 ／ (4) 自立支援の実際　93
2　ソーシャルワークと社会的包摂 …… 94
　　　　(1) 社会的包摂とは　94 ／ (2) 社会的包摂と個別化　95 ／ (3) インテグレーションとインクルージョン　96
3　ソーシャルワークとノーマライゼーション …… 97
　　　　(1) ノーマライゼーション理念の展開　97 ／ (2) ノーマライゼーション実現の方向性　99 ／ (3) ソーシャルワークとノーマライゼーション　100

第7章　相談援助における権利擁護の意義 ── 103
1　ソーシャルワーク（social work）と権利擁護（アドボカシー advocacy） …… 104
2　相談援助における権利擁護（ソーシャルワーク・アドボカシー）の概念と範囲 …… 105
　　　　(1) アドボカシーとは何か　105 ／ (2) ソーシャルワーカーに求められる多様な役割とアドボカシー　107
3　各相談援助と権利擁護（アドボカシー） …… 108
　　　　(1) アメリカ合衆国における公民権運動（civil rights movement）とアドボカシー　108 ／ (2) 地域包括支援センターと権利擁護（アドボカシー）　111 ／ (3) 日常生活自立支援事業と権利擁護（アドボカシー）　113 ／ (4) 成年後見制度と権利擁護（アドボカシー）　114

第8章 相談援助に係わる専門職の概念と範囲 ——— 121
1 相談援助専門職の概念と範囲 ……………………………………………………… 122
2 福祉行政における専門職 …………………………………………………………… 125
　(1) 社会福祉主事　125／(2) 社会福祉の行政機関　125／(3) その他の社会福祉以外の公的機関での社会福祉専門職　127
3 民間の施設・組織における専門職 ………………………………………………… 128
　(1) 民間の社会福祉施設　128／(2) 都道府県・市区町村社会福祉協議会　130／(3) ボランティア　131
4 諸外国の動向 ………………………………………………………………………… 132
　(1) アメリカ　132／(2) イギリス　133

第9章 専門職倫理と倫理的ジレンマ ——— 139
1 専門職倫理の概念 …………………………………………………………………… 140
　(1) ソーシャルワークの専門職倫理　140／(2) ソーシャルワークにおける専門職倫理の必要性　141
2 倫理綱領の意義と内容 ……………………………………………………………… 142
　(1) 倫理綱領の意義　142／(2) ソーシャルワーカーの倫理綱領の内容　143／(3) ソーシャルワーク実践と倫理綱領　146
3 ソーシャルワーク実践における倫理的ジレンマ ………………………………… 147
　(1) 倫理的ジレンマとは　147／(2) 倫理的ジレンマの構造　147／(3) 倫理的ジレンマの解決に向けて　149

第10章 総合的かつ包括的援助の概要 ——— 155
1 総合的かつ包括的な援助の意義と動向 …………………………………………… 156
　(1)「総合的・包括的」な援助とは　156／(2) ソーシャルワークの包括・統合化　156
2 多様な方法と技術の活用と援助関係の視点 ……………………………………… 159
　(1) 方法レパートリーの活用　159／(2) 支援関係と支援技術　160
3 利用者の主体性形成の原理と展開 ………………………………………………… 162
　(1) 主体性と実存性　162／(2) 利用者の実存性を尊重した支援展開とその技術　162
4 地域基盤を主体としたソーシャルワーク ………………………………………… 165
　(1) 総合的かつ包括的なサービス提供システム　165／(2) 包括・総合的なソーシャルワーク実践　166

第11章 総合的かつ包括的援助理論 ——— 171
1 ジェネラリスト・ソーシャルワーク ……………………………………………… 172
　(1) 今，求められるジェネラリスト・ソーシャルワーク　172／(2) 地域包括支援センターにおけるソーシャルワーク　174
2 エコシステムと利用者参加，地域社会 …………………………………………… 176
　(1) 1960年代以降諸科学がソーシャルワークに与えた影響　176／(2) 利用者参加，ソーシャルワークアクションが求められていく時代背景　178／(3) システム理論からライフモデル・エンパワメントアプローチ・ストレングス視点の登場へ　179

第12章 総合的かつ総体的援助における専門的機能 ——— 185
1 教育における相談援助（学校ソーシャルワーク） ……………………………… 186

（1）学校ソーシャルワークの定義　186／（2）学校ソーシャルワークの歴史　186／（3）日本の学校ソーシャルワークの現状　188／（4）学校ソーシャルワークの理論　188
2　医療における相談援助（医療ソーシャルワーク）……………………………………… 189
　　（1）医療ソーシャルワーク　189／（2）医療ソーシャルワークの歴史　189／（3）医療ソーシャルワークの現状と業務　191
3　精神保健医療福祉における相談援助（精神科ソーシャルワーク）……………………… 192
　　（1）精神科ソーシャルワークの定義　192／（2）精神科ソーシャルワークの歴史　194／（3）精神科ソーシャルワークの現状と業務　195
4　司法・家族・児童における相談援助…………………………………………………… 197
　　（1）司法における相談援助　197／（2）家族・児童における相談援助　197

索　　引───────────────────────────────── 202

第1章 社会福祉士の役割と意義

1 社会福祉士に求められる役割

（1）社会福祉士及び介護福祉士法
1）法律成立の背景

　北米を中心に19世紀後半に発展したソーシャルワークの考え方は，わが国には古くは大正時代に北米から紹介されている。しかしながら，当時は現在のように人びとの生活を守る法律や，人びとの生活を社会で保障するような制度が整備されておらず，生活困窮者や高齢者は慈善事業の枠組みのなかで，施設に収容されるしかなかった。そういった時代が第二次世界大戦が終了するまで続いたのである。

　戦後，連合国（GHQ）の指導のもと，社会福祉に関する法律が整備されたが，生活保護を中心に，児童，障害者，老人の分野は，対象者の人権を尊重することを謳いながらも，社会福祉施設への入所を措置として行政の責任により行われることが主であった。措置制度のもとでは，福祉サービスを受ける際には行政に申請し，審査を受け，行政処分のひとつとしての措置の扱いに相当するという判断を受けなければならず，国民の主体や自立生活を支援することを包括するような枠組みをもっているとは必ずしもいえない制度であった。

　このような福祉制度の枠組みが40年近く継続するなかで，わが国は1980年代に入り高齢化社会の時代を迎える。高齢者の増加は，それまでの制度による行政措置やそれによる施設入所の枠組みでは限界があることが明らかとなった。20世紀末には高齢者施設が多くつくられたが，これは身体的精神的に在宅での生活が困難となった高齢者を対象とするもので，多くの高齢者は介護者とともに在宅での生活を余儀なくされた。

　高齢化社会の到来は，将来の福祉の担い手不足も懸念されることとなり，社会福祉の担い手のとしての国家資格が求められるようになった。社会福祉士及び介護福祉士法はこのような社会背景のなか，1987（昭和62）年に成立した。介護福祉士には，高齢者や障害者への質の高い介護を提供することが求められ，社会福祉士には，生活困難を抱える人びとの相談，助言，指導と併せて専門機関との連携や地域社会の資源との調整といった，直接的な援助と間接的な援助のそれぞれの実践的技能を有する専門職としての役割が期待されるようになった。なお，2008年12月時点で社会福祉士の有資格者は10万9014人，職能団体である日本社会福祉士会の会員数は約3万人となっている。

　しかし，医療・保健・福祉サービスの専門職や地域住民が中心となって，地域で高齢者の在宅生活を支える動きもみられたものの，財政的にも人的にも限界があった。そこで，公的介護保険による介護サービスを創設する選択が政策的判断で行われたのである。これをきっかけに，高齢者を中心に障害者も含めて，在宅における支援サービスの拡充が図られることになる。これにより社会

福祉は、それまでの措置から、保健サービスとしての契約の考え方が導入され、援助する側と利用する側の関係は対等であるという意識が広まるようになった。

2）法の改正

社会福祉士及び介護福祉士法の成立以降も社会福祉制度の改革（社会福祉基礎構造改革）は進行し、障害者自立支援法の制定や児童福祉法の一部改正によって、福祉サービスは、利用者との契約のもとで提供されることが広く一般化するようになった。同時に福祉サービスの民間企業等の参入が可能となり、福祉サービスは利用者に選択される、市場原理が導入されることとなった。このように、21世紀に入り社会福祉制度と福祉サービスは、その提供される枠組みが根幹から大きく転換しつつあるといえる。

また、2025（平成37）年には75歳以上の後期高齢者が2000万人を超えると予測されている。認知症高齢者の増加も見込まれるなか、これら高齢社会問題とそれへの対応を整備することは喫緊の課題となっている。一方で、1世帯当たりに占める世帯構成数は3人を割り、小家族化や単身化が進行している。このことは高齢者や障害者を、家族のもつ力（潜在的な福祉的機能）だけで支えることは限界にきていることを示しており、社会福祉専門職と地域社会が中心となって、当事者の生活を支えるシステムを構築する必要がある。加えて、グローバル化社会における経済状況でのワーキングプアに代表されるような生活困窮者や貧困の問題、子どもや高齢者への虐待といった深刻な権利侵害の問題など、現代社会の抱える福祉的課題は深刻化しているといえる。一方で、高齢者が住み慣れた地域で可能な限りの生活が送れるように支援するための在宅支援サービスの拡充、障害者が自立した生活を送れるようにするための自立支援サービスの整備、子育て不安や負担を軽減するための地域子育て支援サービスの拡充など、社会福祉はその対象を広げ、かつ質の高いサービスの提供が求められるようになった。このような激動する社会のなかで社会福祉への期待と要請の高まりから、社会福祉士及び介護福祉士法は2007（平成19）年に改正され、社会福祉士はその任用と活用の促進が図られるようになると同時により高度の実践力を有することが期待されるようになった。

（2）社会福祉士に求められる専門性

社会福祉士は、今回改定された社会福祉士及び介護福祉士法の第2条において、「社会福祉士の名称を用いて、専門的知識及び技術をもつて、身体上若しくは精神上の障害があること又は環境上の理由により日常生活を営むのに支障がある者の福祉に関する相談に応じ、助言、指導、福祉サービスを提供する者又は医師その他の保健医療サービスを提供する者その他の関係者との連絡及び調整その他の援助を行うことを業とする者をいう」と規定されている。社会福祉士は、身体上、精神上、環境上の理由により日常的な生活を営むのが困難な

障害者自立支援法
自立と共生社会の実現を目的に、2005年10月に成立し、その翌月に公布された。ポイントとしては、障害者施策の3障害（身体・知的・精神）一元化、サービス体系の再編、就労支援の抜本的強化、支援決定の透明・明確化、安定的な財源の確保、があげられる。

児童福祉法の一部改正
1947（昭和22）年に公布された児童福祉法であるが、近年時代の要請から改正が繰り返されている。1997（平成9）年には、保育所入所方式を都市から選択するように変更する改正が、2004（平成16）年には、児童相談所は要保護性の高い事案を残し、相談業務を市町村に移行する改正が、2008（平成20）年には、家庭的保育事業、乳児家庭全戸訪問事業、養育支援訪問事業、地域子育て支援拠点事業、一時預かり事業法等が児童福祉法に位置づけられる改正が、それぞれ行われた。

人びとの生活に関する相談に応じながら，今回の改正によって他の領域の専門職や地域住民と連絡や調整を行い，福祉および保健医療に関するサービスが適切に提供され，総合的な生活の支援ができるように，地域に即した創意と工夫を行うための専門職として位置づけられるようになった。つまり社会福祉士の役割は，当事者が住み慣れた地域社会のなかで自立した生活を送れるように彼らの生活を支援することを主とした業務を担うのである。そのために社会福祉士は，当事者のニーズに対応した福祉サービスが提供できるように，主として保健・医療サービスと密接な連携を図り協働できる体制をつくるのである。同時に社会福祉士は，専門職が提供するサービスでは，利用者のニーズを充足できない部分については，ボランティアなどの地域社会の資源を活用しながら，場合によっては資源を作り上げるような役割を担うのである。

(3) 社会福祉士の資格

社会福祉士の国家資格としての特性は，「名称独占」という点である。わが国の国家資格には医師や弁護士といったその資格を有する者しか業を行ってはならない「業務独占」と，資格がなくともその業につくことができるが，資格をもつ者のみが名称を用いることが許される「名称独占」に分かれている。社会福祉士は，国家資格を有する者のみが名乗ることができる資格であるが，社会福祉の業務にはその資格がなくとも就くことができる。これが名称独占の意味である。社会福祉士が名称独占である理由としては，第一に福祉の仕事は歴史的に，専門的知識や技術が多く期待されるというよりも，援助活動は援助する側の人間性や精神性（あるいは宗教性）によって立つ部分が多くを占めると考えられていたことがあげられよう。そして第二は，社会的には社会福祉の実践活動が有資格者に限定される活動としてではなく，多様な有資格者が援助に携われるようにすることと，ボランティアなどの篤志的な立場の福祉の担い手などが幅広く活動することが期待される領域であることなどが挙げられる。しかしながら，今回の法改正にともなって，社会福祉士の業務として限定的に扱われる職種も生まれ始めている。地域包括支援センターへの社会福祉士の登用はひとつの例であろう。また業務上の独占ではないが，社会福祉協議会などは社会福祉士を有する者を職員採用の条件にしつつある。また自治体によっては，地域の福祉課題を把握し，地域資源を活用しながら諸問題の解決を目指すコミュニティソーシャルワーカーを設置するところも見られ，コミュニティソーシャルワーカーの人材は社会福祉士の有資格者を充てようとする動きがみられるなど，社会福祉領域における国家資格の登用や採用が広まりつつあるといえる。

(4) 社会福祉士の専門的活動（ソーシャルワーク）の意義

　人間はその基本的欲求のなかに，自己実現への欲求をもっていると考えられている。自己実現の欲求とは，「人生において，自分の力を発揮し，社会的に承認が得られるような生き方をしたい」という人間の社会的欲求の一部であり，「ある程度の自己実現欲求は，人生において実現できるものである」という暗黙の了解あるいは意識的無意識的な期待が含まれた欲求であると考えられている。この考え方によれば，健康で文化的な生活がある程度予定通り営めている人びとにとって，生活困窮，障害といった理由で人生が必ずしも思い通りにいかないように映る人びとの存在は，健康な生活を送っている人びとの基本的欲求の実現を脅かし，不安を招く存在となる。このことが強く働くと，生活困難から回復が難しい人びとの存在は，周囲の人びとに人間の自己実現の欲求を脅かす人びとと意識される。こういった認識によって人びとは，生活困難を抱える人びとを社会的に排除（エクスクルージョン）しようとする論理を作り上げるのである。つまり個人の力で解決不能な問題（＝社会的な問題であるのだが）を抱える人びとに対して，自己責任論を展開し，「そうなったのは本人や家族の責任」あるいは「運」といった神がかり的な理由をつけてでも，社会的関係から排除する働きに至ると考えられている。社会的弱者への排除や差別の論理はそういった，人間の不安や脅威といった根源的不安から生まれるのである。湯浅誠は現代の貧困問題について，椅子取りゲームの椅子が不足していく世のなかであると例えている。つまり自立や能力を活用する機会が減少しているにもかかわらず，椅子に座れない人びとを個人の責任にしか見ようとしない，椅子取りゲームといった現象の見方が，現代の貧困を自己責任に転嫁してしまっている怖さであると述べている。

　社会福祉士を含むソーシャルワーク専門職は，生活困難を抱える個人や家族を，その人びと固有の問題としてとらえる一方で，その問題を社会的問題として社会改良や制度改革をも視野に入れながら問題の軽減あるいは解決に取り組むことを目指そうとするものである。つまり社会福祉士およびソーシャルワークの専門職は，貧困や生活困窮を決して個人の責任や運によるものではなく，生活困難は誰にでも起こりうる「潜在的不安或いは潜在的社会問題」としてとらえる。社会福祉士の働きは，個人や家族への個別的な働きかけがその活動の中心であるが，目的としては地域社会における人びとの生活の質の向上であり，日常的な生活に対する潜在的不安の軽減である。社会福祉士をはじめとする専門職は，住民の地域からの孤立，精神的身体的健康の悪化，家族病理の深刻化というようなリスクを早期に発見し，改善するという対応的介入と同時に，そういったリスクが生じないように予防的介入が行えるように法制度や社会システムに働きかける役割を担っている。その意味では，社会福祉士をはじめとするソーシャルワーク専門職は，生活困難を抱える人びとを排除するのではなく，

> **エクスクルージョン（ソーシャル・エクスクルージョン）**
> 一般に，基本的な政治，経済，社会活動に参加できず，社会的に排除された状況をいう。行政の不当な判断な不平等かつ無差別なサービス分配によって社会サービスの対象から除外されたり，生産性が低く，信条や活動が社会的に逸脱していると見なされたりすることによって，多くの人びとは社会とのつながりを失っている。

逆に彼らを包み込む（インクルージョン）仕組みを地域社会のなかに作り上げることで，人びとやその生活に優しい社会を作り，そのなかで生活困難を予防し，あるいは援護を要する人びとが住みやすい地域社会を実現させ，安心した生活を送りたいという，すべての人びとがもつ自己実現の欲求が充足されるような社会を作ろうとするのである。ソーシャルワークの専門職性は，すべての人びとの人権の保障と権利の擁護，地域福祉の増進，社会制度を含んだ環境の改善を目指すような役割を担うという意義をもつのである。

2 ソーシャルワークの専門性

(1) ソーシャルワークとは

日本社会福祉士会では，その倫理綱領の前文で，「われわれは，われわれの加盟する国際ソーシャルワーカー連盟が採択した，次の「ソーシャルワークの定義」（2000年7月）を，ソーシャルワーク実践に適用され得るものとして認識し，その実践の拠り所とする。」として，国際ソーシャルワーカー連盟が定めたソーシャルワークの定義を紹介している。

国際ソーシャルワーカー連盟（IFSW）は，「ソーシャルワーク専門職は，人間の福利（ウェルビーイング）の増進を目指して，社会の改革を進め，人間関係における問題解決を図り，人々のエンパワメントと解放を促していく。ソーシャルワークは，人間の行動と社会システムに関する理論を利用して，人々がその環境と相互に影響しあう接点に介入する。人権と社会正義の原理は，ソーシャルワークの拠り所とする基盤である」とソーシャルワークを定義している。つまりソーシャルワーカーは，生活困難を抱え不利益を被っている人びとの問題解決を目指し，これらの人びとのエンパワメントを高めるための直接的なあるいは間接的な働きかけを行う。同時に人びとが生活する環境がより人びとのウェルビーイングを促進するために，国民の福祉に関する意識を高め，社会の改革を進めることを目指して活動を行う。このようにソーシャルワーカーは生活困難を抱える人びとと環境のそれぞれに働きかけ，あるいはその関係性に働きかけることを主たる活動としている。

では，以下の事例を検討しながら，ソーシャルワークの定義を考えてみよう。

(2) 事例1；在宅から施設入所となったAさん

Aさんは85歳の女性で，長年ひとり暮らしをしていた。二男と四女を授かった夫とは戦後直後に死別し，以来女手ひとつで働き子どもたちを育ててきた。子どもたちは皆自立し，現在は県外で生活していたが，高齢の母を心配した三女が5年前から同居を始め，Aさんはデイサービスを利用しながら三女と暮らしていた。利用しているデイサービスでは，出される昼食がおいしく，A

インクルージョン（ソーシャル・インクルージョン）
社会的包含。社会的に排除されている人びとを社会のなかに包み込み，支えあうこと。国際ソーシャルワーカー連盟の「ソーシャルワークの定義」では，ソーシャルワークを必要としている人は潜在的に問題解決を図る力が備わっているにもかかわらず，社会的に排除されているか，またはその恐れがあるととらえ，ソーシャル・インクルージョンを促進する必要があるとしている。

国際ソーシャルワーカー連盟
1956年，ミュンヘンで開催された「社会福祉についての国際会議」で誕生した。本連盟の事務局はスイスのジュネーブにあり，現在70を超す各国組織が加盟している。わが国は日本ソーシャルワーカー協会を調整団体として，他に日本社会福祉士会，日本医療社会事業協会，日本精神保健福祉士協会が加盟している。

ウェルビーイング
→p.82参照

さんは大変喜んでいた。それについて三女は「戦時中, 戦後と子ども6人を育てるために食べたい物を我慢していた母が, 食事を楽しみにしている姿はとても嬉しい」と施設の職員に話していた。ところが, その後三女の体調が悪化し入院せざるを得なくなったため, Aさんは利用していた在宅介護支援センターが併設して運営する特別養護老人ホームに入所することとなった。ところが, 入所前の健康診断で高血圧と腎機能の低下が見られた。医師は, 看護師, 介護職員と栄養士らに食事療法を指示したが, Aさんが食事を楽しみにしていたことを知っていた老人ホームの介護職員のひとりが, 支援センターのソーシャルワーカーにこのことを相談した。ソーシャルワーカーは, Aさんのこれまでの人生に思いを巡らせながら, ホームの生活指導員と食事療法について協議の場をもつことにした。生活指導員は話し合いの結果, 管理栄養士と献立や栄養価について話し合いをもつことにした。生活指導員から相談を受けた管理栄養士には, Aさんがこの施設を選んで入所した理由のひとつに, 食事がおいしくそれを楽しみにしていたことを十分に理解できたのである。その結果, ホームの管理栄養士は, デイサービスセンターの食事を管理する立場にある栄養士と協議し, Aさんがホームに入所することで食事の落差を感じないよう味付けやメニューに工夫を凝らした献立が考えられるよう配慮を加えた。そしてこれらの経緯と, 生活指導員および管理栄養士としての判断を, 介護職員や看護師および担当医師に了解してもらえるように, 管理栄養士との情報の共有が図られることとなったのである。特別養護老人ホームの管理栄養士は, 彼らの申し出を受け, デイサービスセンターの管理栄養士と連絡を取り合いながらメニューや味付けに工夫を凝らすことにした。また管理栄養士は食事介助に当たる介護職員に, Aさんの味の嗜好を聞いてもらうよう依頼した。Aさんへの対応をきっかけに, 介護職員は他の利用者の嗜好を聞き, 管理栄養士と共に食事のメニューや味付けを工夫するようになった。

　Aさんは, 自宅での生活を送りながらデイサービスでの食事を楽しみにしていたのである。このAさんの楽しみを, Aさんがホームに入ることで途絶えさせることがないようにソーシャルワーカーは, 管理栄養士をはじめ他の専門職と連携を図ったのである。結果としてAさんは在宅生活から切り離され, 楽しみにしていた生活の一部を喪失するという体験をせずに済んだ。つまり在宅生活と施設生活に連続性をもつことができたと解釈できる。また, ソーシャルワーカーの働きによって施設職員の連携が深まり, 他の利用者の食事が改良されるという, 施設の環境面の改善につながった事例である。利用者は住み慣れた在宅での生活から施設への入所という, それまでの生活からの大きな変化と喪失を体験するのだから, 職員は利用者の生活を連続性でとらえ, 生活の細かな部分に目を配るといった配慮が求められる。そういった職員の姿勢がなけ

れば，Aさんの食事場面での様子は，単なる個人のわがままとして理解されていたかもしれない。ソーシャルワーカーと職員の連携により，Aさんをはじめホームの利用者と施設環境の相互影響は望ましい方向に変化し，利用者の福利は増進しっていったのである。

　以上のような事例を参考にしながら，社会福祉士の専門活動の領域を国際ソーシャルワーク連盟の定義に則り解釈すると以下のように考えられるだろう。

(3) ソーシャルワークの定義にみるその固有性

　国際ソーシャルワーカー連盟のソーシャルワークの定義を構成している要点について，事例1に照らしてソーシャルワークの固有性を考えてみよう。

1）人間の福利

　福利とは，より望ましい状態，よりよい適応を意味する。福祉サービスを利用することで，生活を後退させるのではなく，より望ましい状態になるように支援が行われることとなる。たとえば，Aさんは，施設入所後の食事療法によって，生活の質が低下しつつあった。医療的ケアを優先させるならば，食事制限は治療の一環として受け入れるべきものであろう。単に本人の我慢を促すこと，つまりAさんの施設生活への否定的あるいは消極的適応がソーシャルワークの目指すところではない。医療的ケアを受けながら，在宅での生活と同様に生活の質を高めるような方策を考えるのがソーシャルワーカーの役割となる。

2）社会の改革

　社会とは，福祉サービスを利用する当事者を取り巻く環境を意味する。施設の生活環境，地域環境から自治体や都道府県，国の施策にまで至る。また住民や国民の福祉への意識は，社会環境をつくる要因のひとつである。事例では，Aさん自身がそれまでの在宅生活と異なる施設での生活を受け入れられるように，施設での生活リズムや食生活に適応することが求められる。その一方で施設というひとつの社会の側もAさんの不安を察知し，施設としてそれをどのように受け止め，対処していくかが問われる。食事という生活サービスの質を高められる知恵や方法を，職員が互いの専門性や役割を果たすうえで連携し対応していくことが求められるのである。

3）エンパワメント

　エンパワメントは，能力付与と訳される。人は多様な能力をもっているが，生活困難や権利の侵害に直面している人びとは，その能力が彼らの受けている制限や抑圧によって発揮できない状況に追い込まれていると考えられている。エンパワメントは，個人の可能性に期待し，コンピテンス（competence）が発揮されるような機会を作る。Aさんの場合，本人がもっている生きることへのエネルギーや気概が，施設の生活によって抑圧されたり，諦めさせられるこ

コンピテンス（competence）
　自己が環境と効果的な関係性をもち，絶えず発達，成長していこうとする，適合性あるいは能力をさす。具体的には，能力を高めたい，ある事柄を習熟したいなど，自らを高めながら，あるいは高めるために生活の中心となる環境に働きかけていこうとする動機付けを意味する。

とは望ましいことではない。むしろ逆に，施設での生活で，Aさんのもちうるエネルギーが発揮できるように，Aさんのこれまでの人生に寄り添いながら，本人に働きかけていくことを考えるのである。

4）人間行動の理解

利用者の立場になって心に接近するための方策を与えてくれるのが心理学，医学，精神医学などである。たとえば人は不安になるほどに怒りを表出させると考えられている。Aさんの不安の背景にはどのような心理が働いているのだろうか？大きな環境の変化によって自分の生活を自分で作り楽しみたいという尊厳が失われたことであろうか。あるいは家族や近隣住民との絆が断ち切られたことかもしれない。ソーシャルワーカーは人間理解の知識を動員しながら仮説を立て，それにしたがって支援方法の検討を行う立場にいる。

5）社会システム

制度施策は，福祉サービスや利用者に直接的に影響を与える。逆にひとりの意見や行動が制度施策に影響を与えることもある。社会福祉士は，福祉制度や施策を活用し，利用者の生活がより豊かになるようにかれらの生活を支えるが，一方で利用者の声が，彼らが利用しているサービスや制度・施策に反映されるようにすることも考え，専門職としての役割を果たしていこうとするものである。

6）人と環境の相互影響の接点

ジャーメイン（Germain, C.B.）によれば環境は，人間環境，社会環境，自然環境に分けられる。Aさんの不安は，Aさん（と家族）本人の気持ちや態度と，施設の職員のAさんへの思いや食事への考え方という，相互作用の接点で起きている問題である。つまり問題はAさん本人のみによるのではなく，職員のAさんへの対応や言葉かけといったコミュニケーション（＝相互に影響を与えあう）の場で起きている。Aさんの場合は，介護職員の機転によって，いち早く本人の食事に対する不安が受け入あれられた。その結果，職員はチームとなって食事に関する問題を解決できるように取り組むことができたのである。

このようにひとつの事例に沿ってソーシャルワークの定義を構成する要点を吟味すると，ソーシャルワーカーの働きは直接的な利用者への理解や利用者への相談・助言に加え，他の専門職との連携を保ち，さまざまなサービスが総合的に提供されるために間接的な援助を行うという，ソーシャルワークの固有性が存在することが理解できる。

ジャーメイン（Germain, Carel Bailey;1916-1995）
ソーシャルワークに生態学的視座を導入し，ライフモデルを提唱した研究者のひとり。従来「個人」だけに関心を寄せる傾向にあったソーシャルワークに対し，生態学から「人間と環境は不可分のもの」という視座をもたらした。

3 現代社会と地域福祉

(1) 社会福祉士に期待される役割－「総合的かつ包括的な相談援助」

　社会福祉士及び介護福祉士法の改正に伴い，社会福祉士を養成する教育カリキュラムも改正された。そのなかには「総合的かつ包括的な相談援助の理念と方法に関する知識と技術」と「地域福祉の基盤整備と開発に関する知識と技術」という柱が示されている。このことは日本のソーシャルワークが，従来の個別的問題への対応から新たに「地域を基盤にした包括的な援助」を展開することを意味している。従来の社会福祉六法による縦割り的なサービスではなく，人びとが生活する地域での問題の予防やその解決を目指そうとするものである。それに伴い社会福祉士には相談援助に関するより広範な知識と技法の獲得が求められ，同時に児童，障害，高齢といった領域別の知識に留まらず，総合的に家族への援助の視点を養い，新たに自立支援，就労支援，権利擁護と成年後見，更生保護といったサービスや制度の活用，あるいは新たな資源の開発や創造が期待されるようになった。つまり，社会福祉士の活動は，その活動を行う地域において住民の福祉を高めるために，住民の権利を守り，就労や自立に向けたサービスを開発し，住民が利用しやすいようにサービスを連携させ調整するといった，地域を基盤にした総合的で包括的実践活動を意味している。社会福祉士が行う総合的で包括的な実践活動は，利用者の立場で考えると，生活問題を相談する際に，対応する窓口をいくつも歩き回らなければならないような状況から，ひとつの窓口で大よそのサービスが提供されるワンストップ型の窓口の増加を目指すことである。「地域包括支援センター」はその一例である。これからは，対象者が窓口を求めて歩き回るのではなく，提供者側が情報交換や情報の共有を密にしながら，横の関係を強化することで，情報の一括提供あるいは窓口を一本化させたセンター型機能を整備していかなければならない。利用者の問題といった「点」から，利用者と援助者の関係の「線」が多様となり，多様な線が密に連携し合うことによって「面」へと活動が広がるのである。住民の生活問題に早期に対応できるセーフティネットを作るためには，ネットの「面」を作る線が細かくなり，接点の多さによってネットの粘りが生まれるようにすることである。

(2) 地域社会への視点とその背景

　社会福祉基礎構造改革によって福祉サービスは措置から契約へと転換し，援助する側が「与える援助・処遇」から，利用する側が「サービスを選ぶ・提供を受ける」というようにサービスの供給体制そのものが転換した。
　この制度改革の進行によって，地域社会への視点が重要となった理由をいくつか紹介する。

社会福祉六法
　児童福祉法（1947），身体障害者福祉法（1949），生活保護法（1950），知的障害者福祉法（1960．当時は精神薄弱者福祉法，1998年に現行名に名称改訂），老人福祉法（1963），母子および寡婦福祉法（1964．当時は母子福祉法，1982年に現行名に名称改訂）の六法。これに高齢者医療の確保に関する法律（1982．当時は老人保健法，2008年に現行法に名称改訂）と社会福祉事業法（1951）から改められた社会福祉法（2000年）を加えて社会福祉八法ともいう。

社会福祉基礎構造改革
　1998年中央社会福祉審議会社会福祉基礎構造改革分科会より「社会福祉基礎構造改革について（中間まとめ）」が報告され，その後2000年5月に「社会福祉の増進のための社会福祉事業法等の一部を改正する法律」が成立した。その中身は，①利用者の立場に立った社会福祉制度の構築（措置制度から利用制度への転換，支援費支給制度の導入，地域福祉権利擁護事業制度の創設など），②サービスの質の向上（サービスに関する質の自己評価など），③社会福祉事業の充実・活性化，④地域福祉の推進，⑤その他の改正となっている。

第一は，利用者主体のサービス提供である。つまり利用者自らが，地域社会のなかでサービスを選択し，実施主体と契約を結び，生活の質を維持するためにサービスを自分たちの判断で活用していくという，利用者主体の枠組みがつくられたことである。利用者の側にサービス利用の権利が委譲された制度のなかでは，利用者自らは自分たちが抱えている生活課題の，何に援助を求め，何を自助努力で克服するのか考えることができる。つまり言葉を換えれば，自分たちが抱える生活課題を吟味し，制度やサービスを選択するという責任が求められるようになったのである。一方，福祉サービスの担い手の側は，利用者のニーズに対応できるサービスを拡充し，それらが利用者にとって選択可能なように整備し，彼らが自らの力で自分たちの生活を守ろうとする，あるいはより良いものにしようとする権利を守るために情報を提供していくという，専門機関としての責任と役割が求められるようになった。利用者である地域住民の多様なニーズに対応できるようにするためには，援助を行う専門職やNPOあるいは地域のボランティアらが，情報を共有できるようなネットワークを構築し，効率的で質の高いサービスを調整し，足りない部分についてはそれを発見しサービスを開発し創り上げていくという役割が求められるようになった。そして介護保険サービスにみられるように，援助計画を立てる段階から当事者に参加してもらい，意見を交換しながらプランを決めていくような，当事者参加型の援助展開が今後多くの領域で期待されるところである。

　第二は，自立支援の方向性である。高齢者，障害者，母子家庭等が福祉サービスに依存し，自らのもつ潜在的な力を活用できない状態にあることを認めるだけではなく，地域で自立した生活が形成できるようにするための考え方である。そのためには，当事者が地域社会の活動に参加でき，あるいは自らの力を活用して就労し自立した生活が可能となるように，援助の担い手は，地域社会のなかに利用者が参加できるような受け皿と，それらが連携し合いながら利用者の能力に応じた支援が可能となるような仕組みを創り出すという役割が求められるようになった。

　第三は，対象となる問題の複雑化，深刻化である。地域の結びつきが弱く，家族が小規模化する現代社会では，家族が生活課題を抱えると一挙に生活困難に陥る危険性を伴っている。家族内や親族間あるいは地域社会の人間的な結びつきのなかで機能していたセーフティネットが弱体化しつつある社会では，これらの役割を多くの専門機関が担い，専門機関と家族あるいは地域住民との有機的な結びつきを強化することで，問題の深刻化を食い止めるのである。顕在化している虐待問題は，地域住民の見守り体制が不可欠な問題で，その体制に児童や高齢者の専門機関がどのような支援を行うのかが問われているといえよう。

　第四は，みえなかった貧困，外国籍住民，犯罪者の更生といった新たな福祉

> **Blaming the victim**
> Victim は犠牲者，被災者，被害者で，Blame は，責任を負わせる，責任転嫁の意味。本来は社会的，環境的な要因で被害を被っているにもかかわらず，その責任を当事者の自己責任としてのみ負わせようとする人びとの意識あるいは社会構造をさす。

課題の顕在化である。これらの問題は Blaming the victim といわれるように，すでに述べたソーシャル・エクスクルージョン（社会的排除）と同質の問題を作り出す危険性を伴っている。つまり，当事者に責任が転嫁されあるいは問題そのものを排除しようとするベクトルが働きやすいのである。経済や政治が国際化し規制が取り除かれた結果生まれた市場主義，新自由主義の社会で必然的に起きるこれらの問題は，国が法整備を含め解決に向けて主導しなければならない問題であることにかわりはないが，一方で地域社会も当事者を受け入れる福祉を中心としたセーフティネットやサービスを整備し，供給できる体制を構築し整備しなければならない。特に高齢者や障害者が生活困難に陥り，捕まることを覚悟で罪を犯すケースが増加している。そのなかには刑期を終了しても，受け容れる家族や親族がなく，あるいは行く宛としての地域社会もないなかで再び犯罪に手を染めてしまういわゆる累犯ケースも多くみられるという。これらは，罪を犯してしまう高齢者や障害者本人がその責任のすべてを負うものではないと考えるべきではないだろうか。彼らが罪を犯してしまう社会の構造的問題であり，福祉における更生の仕組みや地域福祉のネットワーク形成の課題として考えることもできる課題であろう。社会福祉士をはじめとするソーシャルワークの専門職には，社会の変化のなかで顕在化した問題に対する新たな役割を担うことが期待されている。

第五に，地域社会で多様なニーズをもつ当事者の自立した生活を支えようとするためには，既存の支援サービスを活用するだけではなく，当事者やその家族の視点でサービスを評価あるいは吟味し直しながら，新たなサービスを創造していくような役割が期待されるのである。地元自治体の関連業職との連携はもちろんのこと，NPO やボランティア団体との連携を密にしながら，常にソフト面（サービス）を造る仕組みや体制を設計しようとするのである。

社会の流れのなかで，社会福祉士の役割は相談，助言，指導に留まらず，住民が生活する地域社会における利用者を中心に据えた，サービスの連携や調整そして開発や創造といった機能が「その他の役割」として明確になりつつあるといえる。

(3) 事例２；中途障害者の自立過程と社会福祉士の役割

Bさんは35歳の男性で，2年前に交通事故に遭遇し四肢麻痺となった。救急治療とリハビリの成果で車いす生活は可能となったが，着脱衣や車いすの移動は介助が必要で，退院後半年間は家族と同居していた。しかし母親が介護疲れで倒れ入院し，退院後はうつ病を併発するようになったのである。母親の入院後，Bさんは家族に負担をかけまいと自室に籠ることが多かったため，身体機能が低下していた。主治医はBさんと相談し，リハビリを目的に再入院しながらBさんの生活の立て直しを考えることを提案し，本人も了承した。主治

医からBさんを紹介された病院のソーシャルワーカー（社会福祉士）Cさんは，Bさんと面談を繰り返しもった。当初療護施設への入所を希望していたBさんであるが，待機期間が長いことや高齢者が多いことなどを知り，自分の将来を諦めるようになっていった。Cさんは，事故前は活動的だったBさんに，'思い切ってひとり暮らしをしてはどうか'と勧めてみた。Bさんは，自分がひとり暮らしをしているところが想像できず当初は消極的であったが，Cさんが同じ障害で車いす生活を送っている方を紹介し，その暮らしを見学したのを機に，'おもしろそうだから挑戦したい'と意欲をもつようになった。そこでCさんはBさんを伴って，普段から懇意にしている不動産屋に住居探しを依頼した。数日して公団の1階に空きがあることが判明し早速Bさんは仮手続きを行った。住居がみつかるまでの間，CさんはBさんと，ひとり暮らしを行うに当たって必要な支援について相談を重ねた。そして，ホームヘルパー，訪問看護，ガイドヘルパーの調整が必要となったために，地域包括支援センターの社会福祉士であるDさんも加わりケアプランを立てることにした。その結果，食事は近くの福祉施設から弁当を，主たる身辺介助と家事援助は私費（事故にともなう慰謝料や保険金を充当）で家政婦を雇い，その家政婦が泊まれない週に3日の身体介助は近隣大学のボランティアセンターから学生ボランティアを派遣依頼してもらうこととした。学生ボランティアは，Dさんが実習を受け入れている大学に相談し紹介されたものであった。入居1週間前には入居予定の部屋にBさん，Cさん，Dさん，福祉事務所職員，社会福祉協議会職員，ヘルパー，訪問看護師，学生ボランティアと10名近い支援者が集合し，Bさんは自ら具体的に必要な支援を説明し，支援者からは次つぎと新しいアイディアが出されるという活気に満ちたものとなった。Bさんは'最初の退院で自宅に帰った時には，自分の人生をほとんど諦めていたが，ひとり暮らしをする夢が実現し心から嬉しい'と支援者らに感謝を述べ，さらに'今後は残っている身体機能を使いこなして自分で出来る仕事を作り出すことにチャレンジをしたい'と抱負も語られた。

　この事例でのCさんの役割は，Bさんとの粘り強い個別関係の形成と家族調整，そしてひとり暮らしを支援するためのサービスの調整であった。不動産屋や夜間の学生ボランティアの派遣などは，Bさんのひとり暮らしを支えようとする熱意から生み出されたものである。中途障害者の自立という事例であるが，総合的かつ包括的な相談援助活動を実現するためには，社会福祉専門職としてネットワークの活用と同時に支援への熱意と資源開発の柔軟な発想が求められるということが理解できるであろう。

4　相談援助と地域福祉の基盤整備

（1）社会福祉士とソーシャルワーカーの関係性

　ソーシャルワーカーは誰なのか。またはどのような役割をもつ専門職をさすのだろうか。国際ソーシャルワーカー連盟の定義や日本ソーシャルワーカー連盟の規定によれば，次のように整理できるだろう。それらはすなわち，①人間の福利を目指して，個人と彼らが所属する社会制度やシステムに働きかけることを主要な目的とし援助活動を行うが，②利用者および家族への直接的な福祉サービスの提供を行うことを主な活動とし，③その福祉サービスを提供するためには，福祉，保健，医療，司法，教育といった関連団体，関係者や関係機関との連絡，情報の共有，サービスの調整を図り，④必要であれば関連団体と協働しながら，地域社会において必要な資源の開発を試みる。そして，⑤実践活動のなかで必要に応じて利用者の権利の代弁を行い，⑥地域社会における福祉の価値を高める役割を担う。⑦その任用資格（一定の条件を満たしたうえで職に就くことによって与えられる資格）としては，相談業務に携わる社会福祉主事，社会福祉施設等における生活指導員，および都道府県や政令指定都市における福祉司が挙げられるが，⑧国家資格としては，社会福祉士と精神保健福祉士がその業務に携わる専門職と位置づけられる。

　このように考えると，ソーシャルワーカーと社会福祉士は，その役割を共有する専門職であり，期待される役割は広義には同質であるが，資格の有無において狭義の立場が異なるととらえられるだろう。ちなみに，諸外国においてソーシャルワーカーは大学または大学院で専門教育を受けたものをさし，北米では州ごとに実施する認定試験に合格したものだけに与えられる名称である。そういった意味から考えると，社会福祉士はわが国で認定されたソーシャルワーカーの資格ということができる。また精神保健福祉士が，その活動領域が精神分野に限定されている名称であることを考え合わせると，わが国の社会福祉士は総合的・全般的な福祉領域をカバーする専門職としてジェネリック・ソーシャルワーカーと位置づけることができるであろう。

（2）地域社会生活の尊重

　地域社会生活の尊重は，ソーシャルワークの基本的原理にも謳われているひとつである。いうまでもなく，人間の生活と地域社会との関係は密接に関連している。意識的無意識的に人間は地域社会のなかで生活している。ある独居老人と話す機会があったソーシャルワーカーは，その老人が外出はほとんどせず，隣近所の人びとと顔を合わせることがなくても，隣人の声や音を聞き，投函される市民ニュースに目を通し，地域で起きていることをしっかりと把握していたことに驚いたという。このように人間が地域のなかで呼吸をしながら生活し

ていることを考えれば，人びとの在宅での生活に関していかに尊厳をもって支えるか，そういった体制システムやサービスを地域社会のなかにどのように整備するのか，また施設で生活する利用者にとっては，施設が利用者とともに地域に受け入れられることは，利用者の生活の質（QOL）を守るためにも非常に重要となってくる。

　都市部にある特別養護老人ホームは，認知症の高齢者が多く入所しているが，施設は日中門扉を開放している。当然のことながら利用者のなかには，施設外へ徘徊する人もおり，そのような場合，職員は総出で探さなければならない。しかしながらそのような取り組みのなかで，地域住民は施設の存在とその役割を知り，徘徊する高齢者の発見を助け，商店街では喫茶店の利用が実現し，居酒屋で宴会もできようになったのである。利用者は施設という住居を中心にした地域社会に受け入れられた。そのことが，利用者のリハビリテーションへの動機づけを高め，地域の住民からホームへのボランティアの申し出が多くなったという。つまり施設の地域化を進めた結果として福祉文化の発展にも寄与することができたのである。ソーシャルワーカーは地域における在宅生活を支援するために，福祉関連サービスの連携，調整，提供を行うが，同時に入所施設が地域福祉で受け入れられ，利用者が生き生きと地域で生活することによって，地域の福祉文化の創造にも一役買うことが期待されるのである。

> **生活の質**
> **(Quality of life)**
> QOLは「自分自身に対する満足度，充実感，安心感，幸福感」など個人の意識面を中心にとらえる立場と，「人びとの幸福と満足な生活を実現にするための社会システムの創造」として生活の質を社会環境から考える立場とがある。「生活の質」の向上の客観的条件づくりが公的に保障されるとともに，個々人が自分の生活の質をどう受け止め，どのようしていきたいかの視点が取り入れられなければならない。

(3) 地域社会のウェルビーイングを実現する

　地域社会が希薄化しあるいは過疎化し，人びとの結びつきが弱くなった現代社会において，社会福祉士の役割には地域社会において人びとの関係を再生し強化することが期待される。当然のことであるが，地域には人びとの支えを必要としている人たちが多く生活しているからである。支援を必要としている人たちを地域社会の中心に置くことで人びとのネットワークは生まれ，新たな支援策が創造されることが期待できよう。社会福祉士は，福祉サービスを利用する人びとの力を信じるだけではなく，地域住民の力を信頼し，時には利用者の代弁者の役割を担いながら，積極的な働きかけを試みることを通して，利用者と地域住民のウェルビーイングを実現していこうとする専門職である。

5　精神保健福祉士の役割と意義および社会福祉士との関係

(1) 精神保健福祉士の役割と意義
1) 精神保健福祉士の業務

　精神保健福祉士法によれば，精神保健福祉士は，「精神保健福祉士の名称を用いて，精神障害者の保健及び福祉に関する専門的知識及び技術をもって，精神科病院その他の医療施設において精神障害の医療を受け，又は精神障害者の

社会復帰の促進を図ることを目的とする施設を利用している者の社会復帰に関する相談に応じ，助言，指導，日常生活への適応のために必要な訓練その他の援助を行うこと（以下「相談援助」という。）を業とする者をいう」となっている。また，精神障害者とは，精神保健福祉法によれば「この法律で「精神障害者」とは，統合失調症，精神作用物質による急性中毒又はその依存症，知的障害，精神病質その他の精神疾患を有する者をいう」ということになっており，法律を根拠に説明すれば，「精神保健福祉士は，統合失調症，種々の依存症，知的障害，精神病質その他の精神疾患を有する人に対して，保健および福祉に関する専門的知識および技術をもって，受療中であれ社会復帰施設利用中であれ，社会復帰に関する相談に応じ，助言，指導，日常生活適応のための訓練を行う」という業務をもつことになる。

　精神保健福祉士はこのように，精神障害者の社会復帰の促進をその主業務とし，しかもその業務は誰が行っても良いが，資格のないものはその名称を名乗れないとする名称独占の専門職である。

2）精神保健福祉士とサイキアトリックソーシャルワーカー

　サイキアトリックソーシャルワーカー（Psychiatric Social Worker：PSWと略）と精神保健福祉士の関係について述べると，精神保健福祉士は，最近では，精神保健福祉士法に定められる範囲の社会復帰業務だけでなく自殺予防や引きこもりなど，精神保健の領域の業務も行っているので，法律に忠実であろうとすると，PSWを名乗った方がいいことになる。しかし，社会復帰を広義にとらえると，精神保健福祉士のままで良いことになる。一方，その数は減少していっているが，PSWにアイデンティティをもっているソーシャルワーカーのなかには，精神保健福祉士の資格をもっていない人たちもいる。

　PSWは，最初は精神医学ソーシャルワーカーと訳され，次に精神科ソーシャルワーカーと訳された。しかし，2001年度から厚生省（当時）「21世紀における国民健康づくり運動（健康21）」に「心の健康」が取り上げられて以来，産業精神保健関係への進出も期待されており，最近は精神保健ソーシャルワーク，あるいは精神保健医療ソーシャルワークといった言葉を良く見聞するようになった。

　「日本精神医学ソーシャルワーカー協会」はその名称を1999年に「日本精神保健福祉士協会」と改めているが，現状では，PSWのなかに精神保健福祉士が含まれると理解するのが妥当と思われる。

3）精神保健福祉士の役割と意義

　1997年，精神保健福祉士法が制定された頃は，「精神障害者の社会復帰に関する相談援助を行うことに独自の専門性がある」とされていた。しかし，既述のようにその後，2001年度から始まった「21世紀における国民健康づくり運動（健康21）」に「心の健康」が取り上げられて，アルコール，自殺，ストレ

ス等の精神保健の問題が，精神保健福祉士の対象として浮上してきている。また，大阪教育大学附属池田小学校事件を契機にして定められた2003年の「心神喪失等の状態で重大な他害行為を行った者の医療及び観察等に関する法律」（心神喪失者等医療観察法）の制定以後，精神保健参与員や社会復帰調整官，その他としての司法関係への精神保健福祉士の参入がみられるようになった。

2005年に成立した「障害者自立支援法」は，3障害（身体・知的・精神）の一元化，サービス体系の再編等を行い，就労支援を強化するものであった。これにより，精神保健福祉士のみならず，その他の社会福祉専門職も，今まで以上に福祉サービス利用者の社会復帰業務にも加わることになった。つまり，社会復帰業務はPSW以外の人によってもますます促進されることになり，その分，精神保健福祉士は他の領域にもその業務を拡大する下地ができてきた。こうしたなか，2006年に「自殺対策基本法」が成立した。このなかでは，その自殺の背景にさまざまな社会的要因があることを踏まえ，社会的な取り組みとして自殺対策が実施されることが謳われた。そして，その専門性に照らし合わせて考えれば，精神保健福祉士もこうした取り組みの一環を担うことになる。

このように，精神保健福祉士がその業務をもって参入する領域は，社会復帰領域のみならず，自殺，ストレス，引きこもり等の精神医療・保健や出社拒否などの産業精神保健の領域，保護観察等の司法の領域，不登校，いじめ等の学校関連領域にも拡大してきている。

図表1－1　ソーシャルワーク専門職の資格制度の再編成

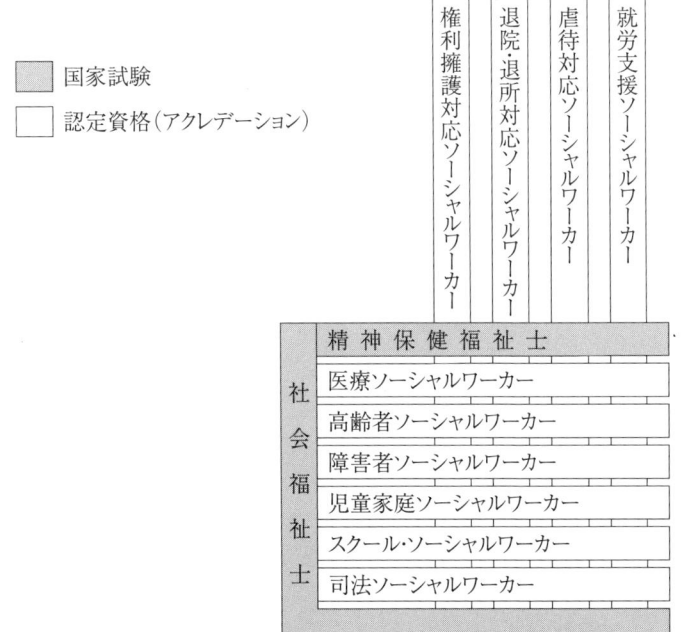

出所）日本学術会議社会学委員会社会福祉学分科会「提言　近未来の社会福祉教育のあり方について－ソーシャルワーク専門職資格の再編成に向けて－」2008年，p.11

**図表1-2　精神保健福祉士と社会福祉士の統合を視野にいれた
ソーシャルワーク専門職の資格制度の再編成**

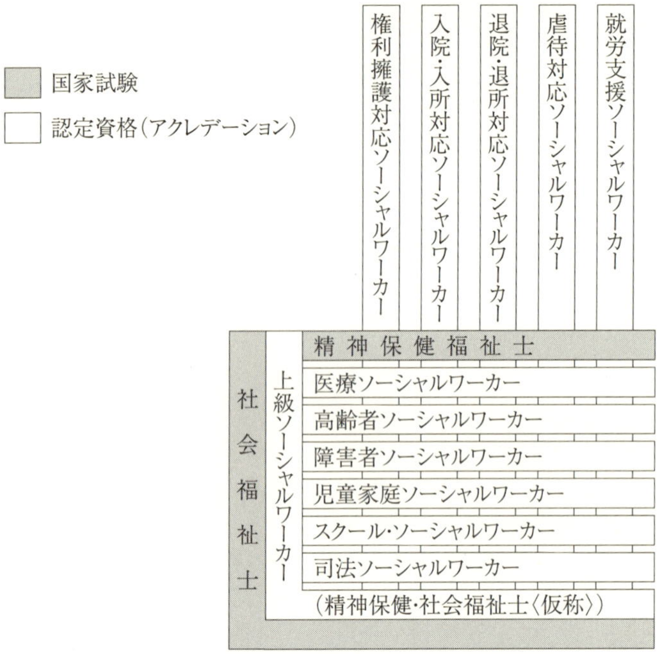

```
□ 国家試験
□ 認定資格（アクレデーション）
```

縦書きラベル（右から左）：権利擁護対応ソーシャルワーカー／入院・入所対応ソーシャルワーカー／退院・退所対応ソーシャルワーカー／虐待対応ソーシャルワーカー／就労支援ソーシャルワーカー

社会福祉士（上級ソーシャルワーカー）：
- 精神保健福祉士
- 医療ソーシャルワーカー
- 高齢者ソーシャルワーカー
- 障害者ソーシャルワーカー
- 児童家庭ソーシャルワーカー
- スクール・ソーシャルワーカー
- 司法ソーシャルワーカー
- （精神保健・社会福祉士〈仮称〉）

出所）日本学術会議社会学委員会社会福祉学分科会案に加納加筆

　こうした領域での精神保健福祉士の役割も，社会復帰領域と同じく，対象者とその社会環境の交互作用に注目し，社会福祉と精神保健医療の知識をもって，人間の尊厳と，人権と，社会正義（社会公正）を守る倫理と価値観に則って，対人支援・生活支援の技術を駆使しつつ，生活モデルを基本としてソーシャルワークを行うことである。

　精神保健医療の領域は，とくにその社会的背景を抜きに治療・医療を行っても，短期的のうちに入退院を繰り返す，いわゆる回転ドア現象を招きがちになると思われる。「医療ソーシャルワーカーの父」といわれたキャボット博士の言葉にみられるように，「重荷を軽くすることのできない患者に軽くする方法を工夫する」[1] ことは，まさしくソーシャルワーカーの役割であり，存在意義である。

（2）精神保健福祉士と社会福祉士

　精神保健福祉士も社会福祉士もソーシャルワーカーである。

　日本学術会議の社会福祉学分科会は図表1-1のように，社会福祉士をジェネリックな専門資格と位置づけて，精神保健福祉士は医療ソーシャルワーカー等の特化された認定資格と並置している。

　しかし，精神保健福祉は，医療，高齢者，障害者，児童家庭，学校，司法のどの領域にも必要であるので，筆者は図表1-2のように，考えている。

図表1-2では，社会福祉士と精神保健福祉士の資格を合わせもつ人を認定上級福祉士，または精神保健・社会福祉士（仮称）と位置づけている。もちろん，社会福祉士のみで認定医療ソーシャルワーカー，認定高齢者ソーシャルワーカー，その他になることは可能である。

　なお，縦には，入院・入所対応ソーシャルワーカーも必要であると考え加筆しているが，ここでは，精神保健福祉士と社会福祉士の関係について述べているので，このことについての是非を述べることは，別の機会に譲りたい。

注
1）中尾仁一『医療社会事業』メジカルフレンド社，1956年

プロムナード

　社会福祉士は，地域社会における人びとの生活を支援するとともに，地域の福祉に関する意識を地域の住民と共に豊かにするためにその役割を果たします。また社会福祉士は，社会福祉施設で生活する人びとに対して，彼らの生活が福祉施設のある地域においても受け入れられることで，生活の質（Quality of life）が高まるよう，福祉施設と地域社会の双方の交流が深まるような働きかけを行います。変容する現代社会では，社会福祉へのニーズは複雑化，深刻化，そして広範化しています。今日の社会福祉士は，このような多様化する福祉ニーズに関して，利用者のウェルビーイングを豊かすることを目標に，同時に地域の福祉が進むことを目指して，「総合的かつ包括的な相談援助活動」を展開します。

　本章では，①社会福祉士および介護福祉士法が成立した背景を説明した上で，2007年度の法改正の意義を考えます。次に，②社会福祉士がその実践の基盤としているソーシャルワークについて基本的な考え方を整理します。

学びを深めるために

カレル・ジャーメインほか著／小島蓉子編訳・著『エコロジカル・ソーシャルワーク　カレル・ジャーメイン名論文集』学苑社，1992年
　今日のソーシャルワークの基礎を成すこととなった，エコロジカル・ソーシャルワークの考え方について紹介されている。第6章「人間と環境との相互作用」，第8章「治療モデルから生活モデルへ」，第10章「実践における生態学とは何か」は，今日のソーシャルワークの基本概念が詳しく紹介されている。

黒木保博・山辺朗子・倉石哲也『キーワードシリーズ　ソーシャルワーク』中央法規，2002年
　ソーシャルワークの基礎的な用語が理論，技法，展開，専門職，分野，間接・関連領域の順にコンパクトに紹介されている。単なる用語解説に留まらず，相談援助，ソーシャルワークの考え方が理解できるキーワード集である。

▶今日の社会において期待される社会福祉士の役割とは何か？法改正の背景等を参考に整理してみよう。

▶相談援助活動を地域社会のなかで進めるにあたって，社会福祉士やソーシャルワーカーの活動の在り方について考えてみよう。

福祉の仕事に関する案内書

山縣文治・津崎哲郎・小山隆・荻布孝・明石隆行編著『福祉の仕事(第3版)』朱鷺書房，1994年

第2章

相談援助の定義と構成要素

1 ソーシャルワークの構成要素

(1) 広義と狭義の構成要素

　ソーシャルワークの構成要素は，広義には，パールマン（Perlman, H.H.）がその著『ソーシャル・ケースワーク：問題解決の過程』(1957)で示したケースワークの構成要素である「4つのP」，すなわち，Person（人），Problem（問題），Place（場所），Process（過程）ととらえることができる。彼女は後に（1986論文），この4つの構成要素に Profession（専門職）と Provision（援助制度対策）を加えて「6つのP」としたが，これらを今日のソーシャルワークの構成要素に言い換えると，クライエント，ニーズ，機関と社会資源，援助過程，専門職としてのソーシャルワーカー，専門職制度を含む諸制度，ということになる。

　一方，狭義にとらえた場合のソーシャルワークの構成要素は，山室軍平が「社会事業家の要性」(1925講演) のなかで述べた，Heart, Head, Hand の「3つのH」に代表的に示されるように，専門職であるソーシャルワーカーが有する価値／倫理，知識，技術の3点であるといえる。

　本章では，この狭義にとらえた場合に表されるソーシャルワークの構成要素について考えていく。

(2) ソーシャルワークの専門性の構造

　ソーシャルワークの構成要素について考えるとき，その前提となるソーシャルワークの専門性の構造について理解しておく必要がある。それを図示したものが図表2-1である。

　個々のクライエントは，生活歴や生活様式，心理的側面（スピリチュアリティを含む），身体的側面，ADL（日常生活動作），IADL（手段的日常生活動作），QOL（生活の質），社会的側面，経済的側面といった諸側面を備えたひとりの生活主体者である。かつて嶋田啓一郎はその論文「社会福祉思想と科学的方法論」（嶋田編『社会福祉の思想と理論』1980, 所収）のなかで，社会福祉の目的を，全人的人間の統一的人格の確立にあるとし，ソーシャルワークにおいて人間を the whole human being として理解することの重要性を説いた。初学者が実習などでクライエントの前に立ったとき，いま目の前にみえている姿や言動だけでその人を理解しようとしがちであるが，専門職であるソーシャルワーカーは，クライエントを全人的生活主体者として把握し理解することを，つねに意識していなければならない。

　また，ソーシャルワーカーは，価値／倫理，知識，技術の3つの要素を備えた専門職者としてクライエントに関わる。しかし，この3つの要素は個人の内的な資質や努力のみで会得できるものではない。今日の専門職制度（具体的に

スピリチュアリティ（Spirituality）
　精神的（霊的）であること，霊性，崇高，脱俗等と訳される（研究社新英和大辞典）。窪寺俊之の定義によると，スピリチュアリティとは，人生の危機に直面して「人間らしく」生きるための「存在の枠組み」が失われた時，それらのものを自分の外の超越的なものに求めたり，あるいは自分の内面の究極的なものに求めたりする機能のこと。

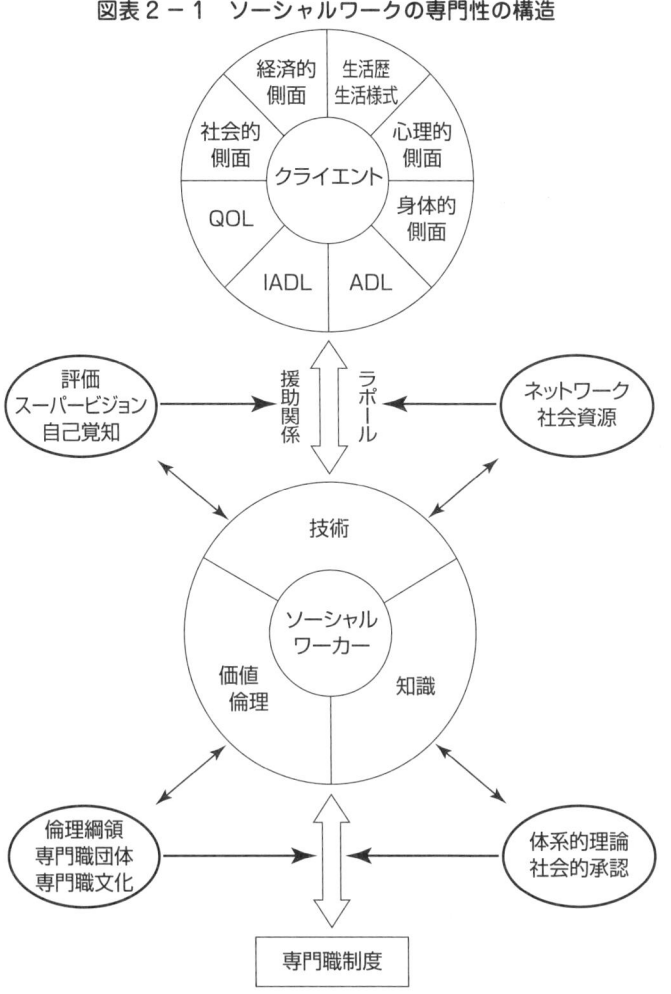

図表2-1 ソーシャルワークの専門性の構造

は社会福祉士制度，精神保健福祉士制度）の確立と発展を支えている外的な諸条件との間で相互に影響し合って，はじめて獲得されるものである。

　ソーシャルワーカーが専門職として社会的に機能するためには，第一に，専門職団体が組織されて倫理綱領を有しており，独特の専門職文化が形成されていることが前提となる。これがソーシャルワーカーの価値／倫理の側面を支える。そして逆に，価値／倫理の醸成が，その専門職団体をより高度な専門性と倫理性を備えた信頼される組織へと成長させる。

　第二には，ソーシャルワークの学問としての体系的理論が確立しており，この職が広く社会的承認を得ていることが必須となる。これがソーシャルワーカーの知識の側面を支える。そして知識の涵養が体系的理論や社会的承認をさらに発展させる。

　第三に，クライエントに対する援助実践においては，有効な社会資源が整えられかつネットワークが形成されていると同時に，つねにスーパービジョンに

社会資源
社会福祉サービスを利用する人びとの生活上のニーズを充足するために活用できる有形無形の資源。制度，政策，施設，法律，人材など。

スーパービジョン
ワーカーは，自分自身の考えや行動に自信がもてなかったり，自身では気づかないまま好ましくない行動を取っていたりする場合がある。このような時，他者からの視点で助言を得たり指導を受けたりすることをさす。助言・指導をする側をスーパーバイザーといい，受ける側をスーパーバイジーという。

> **自己覚知**
> 援助関係を適切に展開していくには，ワーカーが，自身の個性，性格，能力，言動の傾向を知り，偏見，先入観や感情的反応などを持ち込まないよう心がけねばならない。このワーカー自身の傾向を知ることをいう。スーパービジョン等を通して行われる。

よって自己の実践を評価し，自己覚知を深めることのできるシステムが必要となる。これらがソーシャルワーカーの技術の側面を支える。そしてたゆまざる技術の向上が，また新たな社会資源の開発やスーパービジョンの充実を導く。これらが全体的に整えられて，ソーシャルワーカーとクライエントとの間にラポール（信頼関係）に基づく援助関係が形成されるのである。

(3) ソーシャルワークの定義に表された3つの要素

次に，ソーシャルワークの代表的な定義として，国際ソーシャルワーカー連盟（IFSW）が，2000年7月27日にモントリオールで開催された総会において採択した定義を見ておこう。これは社団法人日本社会福祉士会が掲げる「社会福祉士の倫理綱領」（2005年6月3日第10回通常総会にて採択）の「前文」のなかにも載せられ，ソーシャルワーク実践の拠り所とされるものである。この定義は，第1章の第2節に記載されているとおりである。

この定義を構成している主要な要素を表す語を，価値／倫理，知識，技術のソーシャルワークの3つの構成要素に照らして抽出すると，次のようになる。

1) 価値／倫理の要素：人間の福利（ウェルビーイング），人権，社会正義
2) 知識の要素：人間の行動と社会システムに関する理論，人びとがその環境と相互に影響し合う接点
3) 技術の要素：社会の変革，人間関係における問題解決，エンパワメント，解放，介入

> **ウェルビーイング**
> →p.82参照

これらの語を手がかりとして，ソーシャルワークの3つの構成要素について考えていきたい。

なお，最近のこのほかのソーシャルワークの定義としては，次のものがあるのであわせて紹介しておく。

① 全米ソーシャルワーカー協会（NASW）

ソーシャルワークとは，人びとの心理社会的機能が，効果的なレベルに到達できるように支援すること，および，すべての人の福利の増進が高められるよう社会の改革に影響を与える応用科学である（2003, NASW『ソーシャルワーク辞典』）。

② 日本学術会議

ソーシャルワークとは，社会福祉援助のことであり，人びとが生活していく上での問題を解決なり緩和することで，質の高い生活（QOL）を支援し，個人のウェルビーイングの状態を高めることを目指していくことである。日本では，国家資格である社会福祉士および精神保健福祉士がソーシャルワーカーとして位置づけられている（2003,『日本学術会議・社会福祉・社会保障研究連絡委員会報告』）。

2 ソーシャルワークと価値／倫理

(1) 価値と倫理の語意

　ソーシャルワークをめぐる価値／倫理に関する記述が，日本の社会福祉教育の教科書に多くのページを割いて登場するようなったのは，社会福祉専門職制度が成立した1980年代後半以降のことである。それは，価値／倫理がソーシャルワークの専門性を構成する要素の中核に据えられるべきものであるという認識が，専門職制度の確立とともに社会福祉界に定着してきたからにほかならない。

　国語辞典（広辞苑）によると，一般的に「価値」とは，「1) 物事の役に立つ性質・程度。2)『よい』といわれる性質。『わるい』といわれる性質は反価値。広義には価値と反価値とを含めて価値という。① 人間の好悪の対象になる性質。② 個人の好悪とは無関係に誰もが『よい』として承認すべき普遍的な性質。真・善・美など」とされる。

　他方，「倫理」とは，「人倫のみち。実際道徳の規範となる原理。道徳」とされている。この説明のなかに人倫と道徳という語が登場するが，ドイツの哲学者ヘーゲルが示した「人倫」(Sittlichkeit) は，「客観化された理性的意志。その実体は家族・市民社会・国家で，道徳性を超える立場とされる」という。倫理の語は道徳と同義で用いられることが多いが，「道徳」については，「人のふみ行うべき道。ある社会で，その成員の社会に対する，あるいは成員相互間の行為の善悪を判断する基準として，一般に承認されている規範の総体。法律のような外面的強制力をともなうものではなく，個人の内面的な原理」と説明されている。つまり道徳よりもより客観性と社会性を帯びたものが倫理といえよう。

　これらの用語説明から推し測ると，「価値」とは「何がよいか，何がよくないか」を示すものであり，「倫理」は，それらの価値に基づいて，「何をなすべきか，何をなしてはならないか」という，その時代・その社会・その文化・その職（仕事）における人間の行動の基準を示すものといえよう。

(2) 価値／倫理に関する海外（とくにアメリカ）の展開

　現在の全米ソーシャルワーカー協会（NASW）倫理綱領の策定（1996年8月代表者総会可決，1997年1月施行，1999年小改訂）に改訂委員会委員長として関与したリーマー（Reamer, F.G.）は，その著『ソーシャルワークの価値と倫理』（原著1999，日本語版秋山智久監訳2001）のなかで，ソーシャルワークの価値／倫理についての展開には，NASWの最初の倫理綱領採択に至るまでに次のような4つの段階があったと分析している。

1) 第1段階：19世紀末，ソーシャルワーカーが公に専門職として出発した時期。クライエントの側の道徳性に関心があった。
2) 第2段階：20世紀初頭，セツルメント運動の台頭と進歩派の時期。ソーシャルワークは社会問題を改善することを意図した。
3) 第3段階：1940年代終わりから50年代初め，ソーシャルワーカーの道徳性や倫理性に焦点が当てられた時期。1947年，アメリカ・ソーシャルワーカー協会代表者会議が倫理綱領を採択した。専門職倫理の課題が研究および学問の課題となった。
4) 第4段階：1960年代，ソーシャルワーカーが社会正義，権利，改革といった倫理を構成する概念への関心を高めた時期。ソーシャルワークの訓練や実践に，社会的平等，福祉権，人権，差別，抑圧といった価値を注入した。1955年にNASWが結成され，1960年に最初の倫理綱領が採択された。

これ以降，アメリカでは1970年代にソーシャルワークの価値／倫理のテーマが大学教育のなかに取り入れられ，NASW倫理綱領は細部の改訂が繰り返された。1980年代には価値／倫理の体系がより明確になっていくとともに，批判的な著書も登場した。そして以後はもっぱら，ソーシャルワーカーの倫理上のディレンマの課題に焦点が当てられるようになった。

そして1996年，NASWは新たな倫理綱領を策定し，そのなかで6点の価値とそれに対応する「倫理原則」および155項目から成るソーシャルワーカーの行動指針としての「倫理基準」を示した。6点の価値とは，①サービスの精神，②社会正義，③人の尊厳と価値，④人間関係の重要性，⑤誠実，⑥適任性（力量）である。また，倫理基準は，①クライエントに対するソーシャルワーカーの倫理的責任，②同僚に対するソーシャルワーカーの倫理的責任，③実践場面におけるソーシャルワーカーの倫理的責任，④専門職者としてのソーシャルワーカーの倫理的責任，⑤ソーシャルワーク専門職自体に対するソーシャルワーカーの倫理的責任，⑥社会全般に対するソーシャルワーカーの倫理的責任の6つのカテゴリーから成る。

他方，IFSWは2000年に発表したソーシャルワークの定義とともに，次の3種のソーシャルワークの価値を示している。

1) 基盤的価値：①人道主義と民主主義の価値はすべての人びとの平等，存在価値および尊厳を尊重する。②社会的公正。
2) 実践の価値：①人びとのニーズの充足，②人間の潜在的な可能性の発達，③不利な立場にある人びととの連帯，④貧困の緩和とソーシャル・インクルージョンの促進，⑤権利侵害されやすい人びとや抑圧されている人びとの解放。
3) 価値の具体化：ソーシャルワークの価値は倫理綱領に具体化される。

(3) 価値／倫理に関する日本の展開

　海外のソーシャルワークの価値／倫理についての展開は，日本の社会福祉界にも大きな影響をもたらした。日本では社会福祉専門職論議が盛んに行われた1970年代から，専門職研究とあわせて価値／倫理の研究も進展した。そして，1986年4月には，同年秋に東京で国際社会福祉会議が開催されることを見据えて，再編成された日本ソーシャルワーカー協会が，格調高い前文と17の項目から成る「ソーシャルワーカーの倫理綱領」を宣言した。そして翌1987年には，社会福祉専門職制度を定めた「社会福祉士及び介護福祉士法」が成立した。

　21世紀に入り，国際ソーシャルワーカー連盟（IFSW）に加盟しているソーシャルワーカー職能4団体（日本ソーシャルワーカー協会，日本医療社会事業協会，日本社会福祉士会，日本精神保健福祉士協会）が共同で倫理綱領の改訂作業に取り組んだ。そして2005年1月，日本のソーシャルワーカーに共通の倫理綱領最終案が提示され，各団体はそれぞれの会員総会で当該団体の倫理綱領として決議し採択した。たとえば，日本社会福祉士会は，文中で用いられているソーシャルワーカーの語を社会福祉士に置き換え，さらに「社会福祉士の行動規範」を追加して総会の承認を得ている。

　新しい倫理綱領は，「前文」にはIFSWのソーシャルワークの定義が含まれており，「価値と原則」（5項目），「倫理基準」（26項目）および「社会福祉士の行動規範」（84項目）には，NASW倫理綱領およびIFSW倫理綱領の内容が大きく反映されている。このように，日本のソーシャルワークの価値／倫理に関する研究や実践は，ソーシャルワークの国際化・国際協力の進展のなかで整備されてきたといえる。

　倫理綱領の内容と倫理的ディレンマについては，第9章で詳しく学ぶ。

(4) ソーシャルワークの価値／倫理

　さてここで，ソーシャルワークの価値／倫理を，先に示したIFSWのソーシャルワークの定義に登場する語をもとに，わかりやすい例話などを交えて考えていく。

1) 人間の福利（ウェルビーイング：well-being）

　第1章でもみたが，福利（ウェルビーイング）とは，一人ひとりの生活が快適であることであり，言い換えれば幸福な状態のことである。日本国憲法第13条には，国民の幸福追求権の保障がうたわれており，第25条の生存権の保障と並んで社会福祉の目的とされる。日本のソーシャルワークは，その始まりが生活困窮者の救済を対象としていたことから，公的扶助ソーシャルワークに見られるように生存権の尊重により重点が置かれてきたが，今日では，人権の尊重と自己実現の尊重を内容とする幸福追求権の尊重へとその重点が移ってきた。

> **憲法第13条**
> すべて国民は，個人として尊重される。生命，自由及び幸福追求に対する国民の権利については，公共の福祉に反しない限り，立法その他の国政の上で，最大の尊重を必要とする。

> **憲法第25条**
> すべて国民は，健康で文化的な最低限度の生活を営む権利を有する。
> ②国は，すべての生活部面について，社会福祉，社会保障及び公衆衛生の向上及び増進に努めなければならない。

もっとも，昨今，格差社会における新たな貧困が指摘されるようになり，今また生存権の重要性も見直されている。なお，IFSWの定義が「福利」の前にわざわざ「人間の」という語を冠しているのは，ソーシャルワークが目指すウェルビーイングは，単に個人が幸福感をもつという主観的な価値ではなく，地球上のすべての国や地域に暮らす人びとの平和と幸福の実現という，包括的で普遍的な価値を含んでいるからにほかならない。

2）幸福な状態・自己実現・QOLの関係

幸福な状態とは，人間に共通する生理的・心理的・社会的等の諸欲求が満たされ自己実現に到達した状態といえる。これを理解するにはマズロー（Maslow, A.H.）の欲求階層説が参考になる。彼は人間の生来的な欲求は，もっとも原初的な①生理的な欲求から，それが満たされれば，②安全の欲求へ，そして次に，③所属と愛情の欲求へ，さらには，④承認の欲求へと順を追って発達していくヒエラルヒー（ピラミッド型の階層）を成すととらえ，その最上位に，⑤自己実現の欲求を置いた。①〜④の4つについては，低位の欲求が満たされることによってより上位の欲求が刺激されるという欠乏動機に促され，⑤の自己実現の欲求については成長動機によって促されると考えた。それらの欲求はそれぞれ単独のものではなく，全体として一体をなす全人的なものであり，人間の生涯発達のプロセスにも通じる。ここでも全人的視点が必要となる。

また，自己実現とは，自己がもつ顕在的および潜在的な能力や可能性を最大限に発揮することであり，自分が成りたいと思う最高の状態を現実的なものにすることである。そのためにはその人の日々の暮らし方，すなわち生活の質（QOL）が問われる。つまり，幸福な状態は，自己実現を果たすために必要なQOLによってもたらされる。したがって，QOLはあらゆる欲求の充足を可能にするための人間にとって不可欠な要素といえる。ソーシャルワークは，クライエントのQOLを整え，支え，自己実現を通して幸福な状態へと至る手助けをする役割をもつ。

この視点に立つ支援方法に，10年ほど前オーストラリアから移入されたダイバージョナルセラピー（Diversional Therapy，以下DTと略す）がある。「人生を楽しく」をモットーにしたQOL向上を目指す全人的ケアの考え方であり方法である。レジャー憲章（1970）やオタワ憲章（1986）にうたわれた理念を反映して発展した。主として認知症高齢者や障害者を対象とするが，従来，回想法，音楽療法，レクリエーションなど，ばらばらに，ときに恣意的に行われてきた各種の援助技法を，トータルな生活支援の視点に立って包括的にマネジメントし，クライエントのエンパワメントと自己選択・自己決定の促進をはかり，QOLを高め自己実現とウェルビーイングを目指すものである。

わかりやすい例で説明しよう。わたしたちは通常仕事をもち，家族や近隣に責任をもち，あるいは趣味や生きがいをもち，きょうはこれをしなければなら

生涯発達
成人期や高齢期は，かつては加齢に伴い発達が衰退する老化過程と考えられていたが，老年学や高齢期の精神発達研究の進展により，乳幼児期から高齢期までを連続した生涯発達（life-span development）ととらえるようになった。

レジャー憲章
レクリエーションは，年齢，性別，教育程度に関係なく，また，心身に障害をもつ人や寝たきりの高齢者にいたるまで，すべての人が享受すべきである。人はすべてレジャーに対する権利を有する（1970年，国際レクリエーション協会，現在は世界レジャー・レクリエーション協会）。

オタワ憲章
ヘルスプロモーションとは，人びとが自らの健康をさらにうまくコントロールし，改善していけるようになるプロセスである。（中略）ただ保健医療部門にゆだねられる責務というよりは，健康的なライフスタイルをさらに越えて，幸福（ウェルビーイング）にまで及ぶものである（1986年，WHO第1回ヘルスプロモーション国際会議）。

ない，これをしようという動機によって導かれ日々の生活を送っている。しかし，高齢になり仕事からリタイアして家族に対する責任も減少し，友人や近隣との付き合いや楽しみも希薄になってくると，朝ベッドから起き上がる理由がなくなる。そうなれば，あらゆる生活部面への意欲が低下して，やがては本当にベッドから起き上がることができなくなってしまう。人間は役割や楽しみを失くしたとき，自己実現の欲求はおろか低位の欲求さえも湧かなくなり，やがては生活も人格も崩壊してしまう。DTワーカーは，このような環境下にあるクライエントの危機的な生活の局面に介入し，生きる意欲を取り戻しQOLを修復する手助けをする。簡単にいえば，クライエントが朝ベッドから起き上がる理由すなわち楽しみを作り出し維持する手助けをする。そして，クライエントがウェルビーイングを回復するのを助けるのである。

3）人権尊重

人間は，存在しているという一事のみにて尊厳を有する。その人間の尊厳性に基づく固有の権利が人権である。権利は人びとの共通の欲求（ニーズ）が社会的に表明されたものであり，日本国憲法第11条には基本的人権の永久不可侵性が明示され，各権利はそれぞれの条文に分けられて明文化されている。

世界的には，世界人権宣言（1948），国際人権規約（1966），児童権利宣言（1959），児童の権利に関する条約（1989），障害者の権利条約（2006）等がある。ソーシャルワークは，これらの人権を尊重し，凌辱・侵害から人びとを守り，人びとのウェルビーイングを実現するという価値／倫理に立つ。それはソーシャルワークの理念として定着しているものである。詳細は第5章で学習する。

ここで，具体的な話を加えよう。糸賀一雄は，障害児の療育に生涯を捧げた実践家であり思想家であるが，その著『福祉の思想』（1968）のなかに次のような記述がある。少し長くなるが引用する。「ちょっと見れば生ける屍のようだとも思える重症心身障害のこの子が，ただ無為に生きているのではなく，生き抜こうとする必至の意欲をもち，自分なりの精一ぱいの努力を注いで生活しているという事実を知るに及んで，私たちは，今までその子の生活の奥底をみることのできなかった自分たちを恥ずかしく思うのであった。重症な障害はこの子たちばかりでなく，この事実をみることのできなかった私たちの眼が重症であったのである。」続いて，「脳性小児麻痺で寝たままの15歳の男の子が日に何回もおしめをとりかえてもらう。おしめ交換のときに，その子が全力をふりしぼって，腰を少しでも浮かそうとしている努力が，保母の手につたわった。保母はハッとして，瞬間，改めて自分の仕事の重大さに気づかされたという」[1]とある。この書には，利用者主体の視点に立った人権尊重の思想が貫かれている。

障害児施設に勤めるひとりのワーカーの体験例を記そう。彼女は毎日繰り返される仕事に喜びを失いかけていたとき，この本を読み感銘を受け，自分も同

憲法第11条
国民は，すべての基本的人権の享有を妨げられない。この憲法が国民に保障する基本的人権は，侵すことのできない永久の権利として，現在及び将来の国民に与へられる。

基本的人権
すべての人間が人間として生まれながらにしてもっている当然の基本的な権利。自由権（精神的・経済的・身体的自由，幸福追求など），社会権（生存，教育，労働など），参政権に大別される。近年新しい権利として，環境権，プライバシーの権利，知る権利などが加えられている。

じような体験を得たいと思った。そこで，重症児の起床のケアをするとき，笑顔で心を込めて「Aちゃんおはよう。今日はいいお天気よ，ほら窓の外を見て」といつも以上に懸命に言葉をかけた。だがAちゃんはいつもどおり無反応だった。次におむつを交換した。汚れたおむつを取り除き温かいタオルでお尻を丁寧に拭いた。そして「新しいおむつを入れるね，一緒にしようね，いちにのさん」と声をかけると，次にはなんとAちゃんが足を突っ張って自分でお尻を持ち上げたように感じたという。

ワーカーは「あなたは大切な人です，わたしがお手伝いします，一緒にしましょう」というメッセージを伝え続けた。すると，重症児がそれに応えて腰を浮かし，自らおむつ交換に参加したと感じとった。糸賀の書にあるのと同じ体験をし，ワーカーは自分の援助実践が正しいことを確信したのである。

この一連の援助行為のなかには，人間を徹底して大切にする，クライエント自身のワーカビリティを引き出しエンパワメントする，そして自己決定を促し協働しともに喜ぶ，という福祉実践の価値／倫理が体現されている。とくに重い障害をもつ人や認知症の人などの援助にあたるとき，本人の意思を確かめることは困難である。何を目安にその援助行為を進めればいいのだろうかとワーカーは悩む。「人にしてもらいたいと思うことを，人にもしなさい」（ルカによる福音書6：31）という聖書の黄金律は，この問にひとつの答えを与えてくれるが，このワーカーは，それを行った次に相手からの反応を受けて援助の確信を得るという，いわばクライマックスの場面を経験した。ワーカーが確固たる価値観に立ち確信をもって行う行為のなかに，利用者主体の人権尊重の援助が成立する。価値／倫理は単に倫理綱領に示されるだけではなく，このように実際の援助場面のなかに現れるものである。

4）社会正義

ソーシャルワーク実践には，何のために援助実践を行うのか，というワーカーを実践に向かわせるモチベーション，すなわち動機づけあるいは契機が必要である。社会正義は，その実践にモチベーションを与える価値である。それは，差別，貧困，抑圧，排除，暴力，環境破壊などのない，自由，平等，共生に基づく社会の実現への希求を意味する。

リー（Lee, Porter R.）は，ソーシャルワークは大義（cause）から機能（function）へと発展するととらえたが，その大義の中核をなすのが社会正義といえる。ロールズ（Rawls, John）は，その著『正義論』（原著1971）のなかで「公正としての正義」の概念を示した。そして，アジア初のノーベル賞経済学者セン（Sen, Amartya）は，『不平等の再検討』（原著1992）において，ロールズの正義概念を下地にして社会福祉における平等・不平等を論じた。その基底にある価値は，公正あるいは平等という，格差社会や貧困の是正に向かうソーシャルワークの大義であり，社会正義である。ソーシャルワークと社会正義に

ワーカビリティ

パールマンによって指摘された，クライエント自身が援助を活用する能力のことであり，クライエントのもつ情緒的・知的・身体的な能力から成る。適切な機会（opportunity）に，適切な動機付け（motivation）をもって，適切な能力（capacity）を発揮することにより自身が直面する課題を解決していく。

関しては第5章でさらに詳しく学ぶ。

　また例を挙げよう。阪神・淡路大震災地元NGO連絡会議代表を務めた故草地賢一は，世界各地の被災者救援に奔走した熟達ワーカーであった。大震災以前に，「わたしが援助実践に向かうのは，社会的悪に対抗しようとする正義心からだ」と語るのを聞いたことがあった。今日のソーシャルワークは，リーがいうように機能としての社会的システムに発展しており，このような精神的な契機による実践は時代遅れではないかと，そのときは感じた。しかし，震災直後，彼を被災者支援に向かわせたものは，システムではなくこの正義心であった。そして次に，彼は現地にやってきた多数の人たちの救援活動をシステム化した。リーの日本への紹介者である岡田藤太郎は，晩年の著『社会福祉学汎論―ソーシャル・ポリシーとソーシャルワーク―』(1998)のなかで，大義は前近代的で古く機能は近代的で新しいものと見られがちだが，機能は大義の上に加えられ大義を生かすために必要なものであるとのリーの主張点を強調している。これに照らせば，草地は個人の大義としての正義心に突き動かされ救援に向かい，機能であるNGO組織による救援システムを形成し，社会連帯による支援という社会的大義すなわち社会正義を貫徹させた。機能によって大義がより強められて，個人の正義心が社会正義へと高められた例である。

　このほか，ノーマライゼーションやソーシャルインクルージョンというソーシャルワークを支える重要な価値／倫理があるが，第6章で詳細に述べられているのでここでは省略する。

3　ソーシャルワークと知識

(1) 知識の体系

　ソーシャルワークを支える知識体系はきわめて学際的であるといわれる。それは人間を全人的にとらえ，かつ環境と人間の相互影響の下に生起する諸課題を扱うソーシャルワークの視点に合致している。そのため既存の学問を広く取り込み発展したが，他方で独自の学の確立に至るまでには長い時間を要した。またソーシャルワーク課題は，他の多くの学問領域から研究の対象として取り込まれ，社会福祉（ソーシャルワーク）は学問の植民地であるとさえいわれた。

1) 研究領域分類による学問体系

　社会福祉学が独立した学として公的に認められるようになって日が浅いが，現在は研究領域分類（独立行政法人日本学術振興会）で以下のように位置づけられている。これらはソーシャルワークの知識の体系を公的に定めたものといえよう。

　領域・社会科学のなかに法学，政治学，経済学，経営学，社会学，心理学，教育学の分科がある。分科・社会学のなかは社会学，社会福祉学の細目に分か

れる。細目・社会学と細目・社会福祉学の下位分類は次のキーワードで示される。

①社会学：社会哲学・社会思想，社会学史，一般理論，社会学方法論，社会調査法，数理社会学，相互行為・社会関係，社会集団・社会組織，制度・構造・社会変動，知識・科学・技術，政治・権力・国家，身体・自我・アイデンティティ，家族・親族・人口，地域社会・村落・都市，産業・労働・余暇，階級・階層・社会移動，文化・宗教・社会意識，コミュニケーション・情報・メディア，ジェンダー・世代，教育・学校，医療・福祉，社会問題・社会運動，差別・排除，環境・公害，国際社会・エスニシティ

②社会福祉学：社会福祉原論・社会福祉理論，社会福祉思想・社会福祉史，社会保障・社会福祉政策，ソーシャルワーク・社会福祉援助技術，貧困・社会的排除・差別，児童・家族・女性福祉，障害児・障害者福祉，高齢者福祉，地域福祉・コミュニティソーシャルワーク，保健・医療・介護福祉，学校・司法ソーシャルワーク，福祉マネジメント・権利擁護・評価，国際福祉・福祉NGO，ボランティア・福祉NPO，社会福祉教育・実習

2) 社会福祉士に必要な知識体系

また，ソーシャルワークの国家資格である社会福祉士に必要な知識としては，2009年度に改訂された養成カリキュラムで，次のものが科目として挙げられている。

①人・社会・生活と福祉の理解に関する知識と方法：人体の構造と機能および疾病，心理学理論と心理的支援，社会理論と社会システム，現代社会と福祉，社会調査の基礎

②総合的かつ包括的な相談援助の理念と方法に関する知識と技術：相談援助の基盤と専門職，相談援助の理論と方法

③地域福祉の基盤整備と開発に関する知識と技術：地域福祉の理論と方法，福祉行財政と福祉計画，福祉サービスの組織と経営

④サービスに関する知識：社会保障，高齢者に対する支援と介護保険制度，障害者に対する支援と障害者自立支援制度，児童や家庭に対する支援と児童・家庭福祉制度，低所得者に対する支援と生活保護制度，保健医療サービス，就労支援サービス，権利擁護と成年後見制度，更生保護制度

⑤実習・演習：相談援助演習，相談援助実習指導，相談援助実習

(2) ソーシャルワークの知識

ソーシャルワーカーは，上述の知識を網羅して習得する必要があるが，IFSWの定義では，とりわけ，人間の行動と社会システムに関する理解と，人間と環境との相互影響の理解が重要であるとしている。

1）人間の行動の理解

人間の行動を研究するのは心理学，その人間の行動の背景にある人間関係を探求するのは社会学とされる。いずれも人間理解にとって必須の知識分野である。発達，認知，行動，情緒，疾病，コミュニケーション，対人関係といった課題別の側面から，児童，高齢者，障害者といった援助対象別に，あるいは性別，年齢別，地域別，社会階層別に，類としての人間の特性を把握しておく必要がある。クライエントを全人的に理解するためには，個別の理解に先立って類としての理解が必要である。また，種々の療法や介入の方法は，これら人間に関しての科学的根拠に基づいて組み立てられているので，ソーシャルワークの技術を理解するためにも必要となる。たとえば，アセスメントやニーズ把握に必要な情報項目は，このような人間理解に基づいて設定される。

2）社会システムの理解

人びとは，社会の歴史，構造，機能，変動，文化，宗教，諸制度，政治，経済，教育，社会意識，家族など種々の社会のシステムのなかに置かれ，それらに規定されて生活している。ソーシャルワークに必要な社会資源やネットワークの活用・開発には，これら社会システムの理解が欠かせない。

3）人間と環境（社会システム）との相互影響の理解

人間は各ライフステージに応じて，種々の環境と相互に影響し合う。その環境は家族，学校，近隣，友人，職場であったり，地域社会や国家や国際社会であったりする。ここでいう環境はすなわち社会システムと置き換えられる。

ソーシャルワークの創始者といえるリッチモンド（Richmond, M.）のケースワーク理論は，環境が人間に及ぼす影響と同時に，人間が環境に及ぼす影響をも重視したものであった。そこでは個人への介入とともに環境への介入も必要となる。1970年代以降主流となった生活モデルはこの視点に立ち返り，ジェネラリスト・アプローチ（gneralist approach）を導き，やがて1980年代のエコロジカル・アプローチ（ecological approach）を生んだ。この視点では，個人と社会システムとの間だけでなく，社会のなかにある種々のシステム同士が相互に影響し合い，さまざまなソーシャルワーク課題を生んでいるととらえる。個人と社会システム，あるいは社会システム同士が複雑に影響し合っている社会状況を理解することは，ソーシャルワーカーにとって不可欠である。

> **生活モデル**
> 従来の医学モデルと異なり，問題の因果関係を個人と社会環境との関係性に求め，それらが相互に影響されるとする。interaction（相互作用）ではなくtransaction（相互影響作用または相互交流）ととらえ，因果律を円環するものと考える。

4 ソーシャルワークと技術

（1）従来の技術の体系

知識の体系が学際的であるように，技術体系もきわめて学際的で多様に分化発展してきた。

ソーシャルワークの技術は，従来，ケースワーク，グループワークの直接援

助技術、コミュニティワーク、ソーシャルワーク・リサーチ、ソーシャル・アドミニストレーション、ソーシャル・プランニング、ソーシャル・アクションの間接援助技術、ネットワーク、ケアマネジメント、スーパービジョン、カウンセリング、コンサルテーションの関連援助技術に分類されてきた。テキストによって多少の差異はあるが、これが社会福祉士養成のなかで示されてきた援助技術の体系であった。

（2）ソーシャルワークの統合化と共通基盤

1970年代に登場したバートレット（Bartlett, H.M.）は、これまでいくつもの技術に分化発展してきたソーシャルワークを統合化してとらえる立場から、それらには共通基盤があることを提唱した。彼女は、ソーシャルワークを、人びとの社会生活機能に視点を据えた、何らかの困難な状況下にある人びとに対し関心をもつ、価値、知識、技術の総体と考えた。その技術とは、人間と環境との相互作用への多様な介入方法をさす。これがジェネラリスト・アプローチであり、後の総合的かつ包括的な視点に立つジェネラリスト・ソーシャルワークを導く基礎となった。

（3）ソーシャルワークの技術

今日のソーシャルワークの技術は、総合的かつ包括的な視点からとらえられ実践される。IFSWの定義もこの視座に立ち、社会の変革、人間関係における問題解決、エンパワメント、解放、介入といった技術に関連する用語を盛り込んでいる。

1）社会の変革を進めるという技術

ソーシャルワーカーは社会の変革に関心をもち、それに向けて実践しなければならない。制度・政策を変え、人びとの意識を変える働きかけをする必要がある。それは社会正義の価値／倫理に基づき、人間と環境との間に生起する困難や不充足な状況に介入する技術といえる。

たとえば、少子高齢社会における介護・医療問題、近年の経済不況が招いた格差社会による失業・ホームレス・子どもの貧困といった諸課題は、いずれもソーシャルワークの課題であるが、個別の人びとへの支援だけでは解決しえない。あわせて制度やその運用方法の改革を促す社会への働きかけが必要となる。自治体や社会福祉協議会等に設置される福祉関係の各種委員会に委員として参画し、計画立案や施策改革への提言をしていくのもその好機である。

2）人間関係における問題解決のための技術

人間関係における問題は、主として家族内、学校や職場、地域社会、利用している施設等で生じる。それらの問題の解決は、ソーシャルワーカーが、環境と個人との間に展開されるクライエントの生活の局面に介入し、かつその人が

今ここで体験している独自の世界に寄り添うことから始まる。その問題解決のための技術は、ソーシャルワークの各種の技法として現れる。技術の詳細については『相談援助の理論と方法』のテキストで学ぶが、そのもっとも基本となる対人援助（面接）の技術として次の3種を挙げておく。

　①身体動作による技術：イーガン（Egan, G.）の傾聴技法ソーラー（SOLER）
　②面接過程における技術：エヴァンス（Evans, D.R.）らの面接技法
　③援助関係を形成する技術：バイステック（Biestek, F.P.）の7原則

　また、利用者を全体像として理解するための技術は、ソーシャルワークの一連の援助過程における情報収集やアセスメントの方法のなかに見られる。これらには記録の技術もともなう。筆者らはオリジナルの「利用者理解」の記録法を考案したが、記録法を開発していくことも技術といえる。

　ほかに、個人と環境の両方に働きかけて人間関係における知識と技能を活用するアート（art：芸術）ととらえる、バワーズ（Bawers, S.）の独特の技術の視点もある。このようにソーシャルワーカーが体得しなければならない技術は、クライエントに個別に関わる技術から社会のシステムに関わる技術まで幅広い。

3）エンパワメントと解放を導く介入の技術

　問題解決に際しソーシャルワーカーは、クライエントのワーカビリティ（workability）を確認し、その現有能力と潜在能力を引き出さねばならない。またこれまで気づいていなかった未開発能力をも引き出し、クライエントが自ら問題解決の意志を高めていくよう促すという、エンパワメントが重要な技術となる。そのとき、従来、クライエントのできないことに目が行きがちであった視点を、クライエントの主体的側面から、できること、できそうなこと、望んでいることに着目するストレングス視点に切り替えねばならない。それが利用者主体・自立支援のソーシャルワークであり、排除され抑圧された人びとを解放へと導く介入の技術である。先に例示したDTによる介入や障害児施設のワーカーの体験例に見られた技術である。

注）
1）糸賀一雄『福祉の思想』日本放送出版協会、1968年、p.175

参考文献
　狭間香代子『社会福祉の援助観』筒井書房、2001年
　リーマー, F.G.著／秋山智久監訳『ソーシャルワークの価値と倫理』中央法規、2001年
　鈴村興太郎・後藤玲子『アマルティア・セン―経済学と倫理学』実教出版、2001年
　Barker, R.L., *The Social Work Dictionary* (5th ed.), NASW Press, 2003.
　木原活信『対人援助の福祉エートス』ミネルヴァ書房、2003年
　秋山智久・平塚良子・横山穰『人間福祉の哲学』ミネルヴァ書房、2004年
　新野三四子『福祉マインド教育実践論』ナカニシヤ出版、2007年

イーガン（Egan, G.）の傾聴技法ソーラー（SOLER）, 1976年
1) Squarely：利用者とまっすぐに向き合う
2) Open：開いた姿勢
3) Lean：相手へ少し身体を傾ける
4) Eye Contact：適切に視線を合わせる
5) Relaxed：リラックスして話を聞く

エヴァンス（Evans, D.R.）らの面接技法, 1984年
1) 焦点を当ててついていく
2) 閉じられた質問
3) 開かれた質問
4) 感情の反映
5) 反復による内容の反映
6) いいかえによる内容の反映
7) 要約による内容の反映
8) 明確化による内容の反映
9) 感情の伝達
10) 情報の構造化
11) 対決
12) ワーカーの自己開示

バイステック（Biestek, F.P.）の7原則, 1957年,（左）旧訳1965年,（右）新訳1996年
1) 個別化：クライエントを個人としてとらえる
2) 意図的な感情の表出：クライエントの感情表現を大切にする
3) 統制された情緒関与：援助者は自分の感情を自覚して吟味する
4) 受容：受けとめる
5) 非審判的態度：クライエントを一方的に非難しない
6) 自己決定：クライエントの自己決定を促して尊重する
7) 秘密保持：秘密を保持して信頼感を醸成する

ストレングス視点
→ p.93参照

> **プロムナード**
>
> 　2009年夏の衆議院選挙の結果，自民党から民主党へと政権が交代しました。人びとの暮らしが良くなることを願っての国民の選択でしたが，急激な政策の変更に戸惑うことも多くあります。8割がたできたダム建設を中止するというのも，あまりに急展開で驚かされましたが，福祉の世界にも影響が出てきました。たとえば，始まったばかりの後期高齢者医療制度（2008年4月施行）の廃止や障害者自立支援法（2006年4月施行）の廃止などです。これらの制度ができたときには，たしかに障害者や高齢者に冷たい悪法であるとの批判の声が多くありました。しかしそのために，国や自治体そして福祉現場では多大の経費をかけ知恵を絞って新制度の実行を準備したことも事実です。
>
> 　ソーシャルワーカーは，制度・政策の下に規定されているとはいえ，ときの為政者によって進むべき道標（価値／倫理）を見失わされることがあってはなりません。おかしなことであれば「ノー」と言え，よいことであれば積極的に推進する力をも備えていなければなりません。ソーシャルワーカーにも力強さ（エンパワメントとストレングス）が必要なのです。

学びを深めるために

住谷磬・田中博一・山辺朗子編著『人間福祉の思想と実践』ミネルヴァ書房，2003年
　人間福祉の視点から，ソーシャルワークの思想，方法，実践を，高齢者，児童，障害者，ジェンダーといった分野から広く紹介し，深く分析している。12名の著者によるバラエティ豊かな学びの書である。

　国際ソーシャルワーカー連盟（IFSW）のソーシャルワークの定義のなかに登場する，ソーシャルワークの構成要素を示すことばを書き出そう。そしてそれらのことばの意味を，具体的な例をあげて説明しよう。

福祉の仕事に関する案内書

社団法人日本社会福祉士会倫理委員会編『社会福祉士の倫理―倫理綱領実践ガイドブック』中央法規，2007年
市川一宏『知の福祉力』人間と歴史社，2009年

第3章

相談援助の形成過程
（欧米）

1　ソーシャルワークの源流

　ソーシャルワークの源流は，19世紀以降のイギリス，ドイツ等における諸活動において見られる。たとえば，イギリスのスコットランドの長老派教会牧師のチャルマーズ（Chalmers, Thomas）の「隣友運動」，ドイツの救貧制度であるエルバーフェルト制度やイギリスの慈善組織協会（COS）の「友愛訪問」，「慈善事業の組織化」，そして同国のセツルメントやYMCA・YWCA等である。これらのソーシャルワークの源流について，以下，具体的にみることにする。

(1) チャルマーズの「隣友運動」

　チャルマーズは，1819年グラスゴー市のセント・ジョン教区（市のもっとも貧困な地区）に赴任した。当時のグラスゴーは全人口のうち労働者が80％近くを占め，イギリスでも有数の工業都市であった。そのためイギリス北部の各地から労働者が集まり，スラム（貧民街）を形成していた。そこで生活する多くの労働者の生活環境は，劣悪で，疾病や貧困や犯罪が多数存在する地域であった。こうした状況下で彼は地域社会における救貧活動を行った。これが著名な「隣友運動」（Neighbourhood Movement）であり，その理念は「施与より友人であれ」となっている。チャルマーズの隣友運動の思想は，マルサス（Malthus, T. R.）と同様の貧困観（貧困は個人の責任）に立脚するもので，救貧法による公的救済を否定し，救貧は自発的な民間の慈善によって取り組むべきものであると主張した。その方法は，教区を25の小教区に分け各区に1名の担当者（富裕なボランティア）を置き，精神的，生活上の問題等の相談に応じた。また，家庭訪問をして貧窮状況を観察し，どのような援助が適切であるかに留意して，救済活動を行うと同時に自立を促した。その結果，救貧費は，大幅に減少した。彼の貧民救済の特徴は，公的救済を否定し，地域社会あるいは教会の支援のもとでの相互扶助的貧民救済である。したがって，公的救済は貧民の自助意識を阻害し，貧困を新たに創出するものであるとして否定したのである。そして，貧民の救済案として，①貧困の原因を追究するための「科学的救済法」の必要性，②貧民救済のための公金使用の禁止，③貧民に対する教育の充実，等を提案した。また，彼は，救済の順位を，①自助，②親類による援助，③貧民の相互扶助，④富裕階級の援助の4種類に分類し，その順序で行わなければならないとした。彼の業績は，近代的社会事業の礎を築くとともに友愛訪問の先駆的形態を作り上げたのである。

(2) エルバーフェルト制度

　エルバーフェルト制度（Elberfeld system）は，1852年にドイツのハイト

（Heydt, D. V. D.）の発案によってエルバーフェルト市（現，ヴッパータール市）の条例として制定された同国の貧民救済制度のひとつである。ドイツでは，すでに貧民救済制度として，1788 年にハンブルブルグ制度が実施されていたが，都市の発展とともに社会問題に適応できず消滅してしまった。

　このエルバーフェルト制度は，全市を 56 に細分化し，1 単位の人口を平均 300 名とし，それぞれの区に 1 名の救貧委員（Armenpfleger）を置き，区単位から 4 名以上の貧民を出さないようにすることを目標とした[1]。同制度の救済方法の特徴は，救貧委員が貧困家庭を訪問し，調査並びに生活相談を実施，医療や雇用の世話も行った。同制度は行政中心（中央主権的）に展開し，個々のケースに対して個別的に対応することにより，被保護者数の減少に努め，公的費用の削減を図った。なお，エルバーフェルト制度をモデルとして，大阪府知事の林市蔵のもとで，小河滋次郎によって方面委員制度（現・民生委員制度）が 1918 年に創設された。エルバーフェルト制度は，貧困者の家庭を訪問し，調査，相談等を行ったが，その際，ケースワーク的方法を用いたとされ，ケースワークの礎として位置づけられている。

> **小河滋次郎**
> 長野県に生まれる。内務省監獄局，地方局勤務を経て，1913（大正 2）年，当時大阪府知事出会った大久保利武に招聘され救済事業嘱託に就任する。1918（大正 7）年には，大阪府知事林市蔵のもとで方面委員制度の創設に携わる。その内容は『社会事業と方面委員制度』（1924）などに記されている。

(3) 慈善組織協会（COS）

　慈善組織協会は，1869 年にロンドンにおいてウィルキンソン（Wilkinson, W.M.）の提案のもとで「慈善救済組織化および乞食抑圧のための協会」(Society for Organising Chritable Relief and Repressing Mendicity）として産声をあげ，翌年には慈善組織協会（the Charity Organisation Society, 以後 COS）に改称した。

　当時のイギリスは産業革命後の貧富の格差，人口の都市への流入，病気と貧困の悪循環に陥っていた。そのため慈善・博愛事業の組織化，社会改良思想の拡大化と民間社会事業が発達する環境にあった。こうした状況下で創設されたのが，COS であった。この時代，すでに，公的救済制度として，1834 年に「新救貧法」(New Power Law）が成立し，懲罰的救貧が行われていた。同法はマルサスの思想的影響のもと，① 全国的統一の保護基準，② 劣等処遇の原則，③ 有能貧民の居宅保護救済を禁止し，労役場処遇に統一するという（つまり有能貧民を強制労働させる）非常に厳しい内容となっており，懲罰的，非人間的処遇を基本としていた。

　これに対して，COS の基本的貧困観は道徳主義に基づくものとなっている。しかし，理論的指導者であるロック（Lock, C. S.）の貧困観は，マルサスの思想を継承するもので，貧困に陥るのは個人的責任によるものであって，けっして社会の側には責任は存在しないというものであった。よって COS における救済を無差別に行うことは，好ましくなく，救済は貧民を惰民にするものであるので，戸別の家庭訪問と十分な相談援助（ケースワーク）に基づいたものでなければならないとした。同協会の目的を，① 慈善事業団体の調整・連絡，

②友愛訪問によるニーズの適切な把握（個別訪問指導：ケースワーク），③慈善事業の組織化（コミュニティ・オーガニゼーションの先駆的実践活動）とし，公私の棲み分け（貧民の「救済」を目的とする救貧法に対して，COSは貧民になるのを「予防」する手段として用いられるものであるとした）の役割を果たした。慈善事業の対象を「救済に値する貧民」（COSの対象）と「救済に値しない」（懲罰的救貧法の適用）に分類し，前者に対して，貧困調査を実施した。その方法は貧困家庭を個別訪問し，調査・相談を行うというものである。これが「友愛訪問」（Friendly Visiting）であり，ケースワークの源流となった。また，全国の慈善組織団体の連絡・調整を行い，各団体の組織化を行ったのである。この活動が，コミュニティ・オーガニゼーション（Community Organization）の草分けとなった。この慈善組織協会は，1887年にアメリカのバッファローでも設立され，同協会の職員であったリッチモンドによってケースワークの理論的構築がなされることとなった。なお，COSの活動において，ケースワークを論じた代表的な人物としてヒル（Hill, O.）をあげることができる。彼女は，住居改善運動，ナショナルトラストの創設者としても有名である。また，同協会の活動は「友愛訪問」という個別訪問の形式をとったが，この原型をチャルマーズの「隣友運動」に求めることができる。

(4) セツルメント

セツルメント（settlement）運動の創始者は，イギリスのデニスン（Denison, E.）であり，「セツルメントの父」とよばれている。彼は，イギリスのロンドンの東部（イースト・エンド）に暮らす下層労働者の悲惨な生活状況をみて，慈善事業に一生を捧げることを決心し，慈善組織協会（COS）に参加すると同時にイースト・エンドに住みこんだ。この運動の目的は，民間の知識人がスラムなどに住み込み，地域住民と隣人関係を結んでグループワーク（集団援助技術）を通して，地域住民の生活改善や自立を促し，コミュニティ・オーガニゼーション（地域組織化運動）によって，生活環境や制度の改善を図ることである。

デニスンの思想的継承者であり，セツルメント運動を組織的に行った牧師で，社会改良家のバーネット（Barnet, S.A.）は，1884年のイギリスのイースト・エンドにセツルメン運動の拠点として，トインビー・ホール（Toynbee Hall）を建設した。彼は，オックスフォード大学で学んだ後ロンドンのイースト・エンドの教会に赴任し，教区の貧困者に深く同情した。トインビー・ホール開設後，教育改革や年金の国民支給という政策を提言した。

このトインビー・ホールは経済史家，社会改良家でありセツルメント運動の参加者で，若くして亡くなったトインビー（Toynbee, A.）を記念して建てられたものである。彼は「産業革命」の用語の生みの親で，1881年から1882年に

セツルメント

豊かな知識と高い問題意識をもつ人が貧困地域（スラム）に移り住み，住民との知的・人格的交流を通して，福祉の向上をめざす運動である。19世紀後半，深刻なスラム問題に直面したイギリスで始まり，バーネット夫妻を中心とするトインビー・ホールの設立によって本格化した。貧困者の自立意識を高めるため，社会教育，住民の組織化，社会資源の動員を行ったり，科学的貧困調査に基づいて生活環境，社会制度の改善を促すなど，社会改良主義的な取組を特徴とした。

かけて著した『イギリス産業革命史講義』(Lectures on the Industrial Revolution of the Eighteenth Century in England) のなかで「産業革命が労働者階級の貧困の原因である」とし，産業革命を批判した。

セツルメント運動の成果は，若い青年たちに社会問題の関心と実践の場を提供すると同時にセツラー（セツルメント活動家）と地域住民の信頼と協働関係のもとで，社会連帯 (social solidarity) が構築されたことである。

イギリスのセツルメント運動は後に各国に広まったが，その代表的拠点が1889年にアメリカのシカゴのスラム街にアダムズ (Adams, J.) によって建てられたハル・ハウス (Hull House) である。彼女は，1910年に全米社会事業会議の議長となり，翌年の1991年に全米セツルメント連合を設立し，のちに会長となる。そして，長年のセツルメント活動の業績が認められて，1931年にノーベル平和賞を受賞した。彼女のセツルメント活動の特徴は，クラブ組織によるグループ活動（子どもクラブ，若い婦人の読書会，移民のためのプログラム等）を通して，グループ活動の経験からグループワークの展開や地域調査活動まで展開する点にあった。また，日本におけるセツルメント活動としては，1897（明治30）年にキリスト教社会主義者の片山潜が東京・神田三崎町に開設した「キングスレー館」がある。彼は，アメリカのエール大学で学び，労働運動，社会問題に取り組んだ。

このようにセツルメント活動は地域住民との連帯のもとで行われたが，ソーシャルワークのグループワーク並びにコミュニティ・オーガニゼーション（＝コミュニティ・ワーク）の原型を形成したといえるであろう。

(5) YMCAとYWCA

YMCA (Young Men's Christian Association) は，1844年に産業革命のもとでロンドンにて「青少年による青少年のための団体」として12人の青年達によって設立された。

その中心メンバーは，ウイリアムズ (Williams, G.) である。彼は，イギリス南部の農園の出身で，14歳から呉服商に徒弟奉公していた。当時の労働者の労働条件は厳しく，長時間労働（1日平均14時間）のため，疲労を癒すため，酒におぼれる者も多く，健康を害する者もいた。彼は，疲労が心身を害するとし，健康な生活を維持するためにキリストへの信仰が必要であると思い，信仰のグループとしてYMCAを創設したのである。また，YWCA (Young Women's Christian Association) もキリスト教信仰に基づくグループとしてYMCAと対応するものであるが，これはクリミヤ戦争に従軍したキナード (Kinnaird, M.J) が1855年に設けた看護師のホームがその起源とされ，1877年に同様の団体が合体してYMCAが発足したといわれている。そして，こうした活動はグループワークに影響を与えた。

2 ソーシャルワークの基礎確立期

(1) リッチモンドの貢献

　前節で述たようにソーシャルワークの源流となってきたのはチャルマーズの「隣友運動」，エルバーフェルト制度，COS，セツルメント，YMCA・YWCA等における生活困窮者，青年男女に対するインフォーマルな援助実践であった。

　この節では，フォーマルな援助実践であるソーシャルワークの確立期に関して検証することにする。イギリスで設立・発展したCOSが，大西洋を渡ってアメリカのバッファローに，1877年に設立された。同国のCOSの活動は「貧民状態改良協会」(AICP) の活動と同様，貧困に対して基本的に道徳的，個人主義的自助に立脚するが，有給専任職員を配属し，科学的視点に基づいて貧困の原因を分析することであった。

　当時のボルチモアのCOS職員であったリッチモンド (Richmond, M.E.) は，ケースワークの理論化，体系化を『社会診断』(*Social Diagnosis*, 1917) あるいは『ソーシャル・ケースワークとは何か』(*What is Case Work?*, 1922) 等によって著した。

　ここで，リッチモンドの生育歴に簡単に触れると，彼女は，1861年にイリノイ州ベレビィレで誕生した。その後，ボルチモアに移転するが両親を結核で亡くし，祖母と叔母に引き取られるが，孤独な幼年時代を過ごすことになる。16歳で高等学校を卒業後，ニューヨークで事務員として働くが，都会での一人暮らしと過労で自らも両親と同じ結核に罹患し，死ぬのではと思い悩む。ニューヨークを引き上げたのちボルチモアに再び戻り駅の会計係の職をみつけて働くようになった。1889年にはボルチモア慈善組織協会 (Charity Organization Society of Baltimore) に採用され，働いた。このなかで彼女は，ケースワークの会議に出たり友愛訪問員となって，ケースワークを体験することになる。そして，前掲の著書を発表し，ケースワークの科学的実践方法を提示し，その理論化，体系化を成すことによって実践家，指導者，教育者として確固たる地位を構築することになる。1878年に組織されたフィラデルフィア慈善組織協会 (Philadelphia Society for Organizing Charity) で，彼女は，指導的役割を果たすようになった。また，1898年のニューヨーク慈善組織協会「応用博愛夏季学校」(Summer School of Applied Philanthropy) 開設にともなっても，翌年から講座を担当することとなり，ケースワークの指導的立場を担うようになった。彼女は，ケースワークの定義を「ソーシャル・ケースワークは人間と社会環境との間を個別に，意識的に調整することを通してパーソナリティを発達させる諸過程から成り立っている」[2] としている。このように，ケースワークを「人間」と「社会環境」との間に存在する問題に個別的 (「貧困世帯」) に焦点をあて調整することによって，最終的にパーソナリティの発達を目指した

図表3-1 リッチモンドのケースワーク理論の特徴

①ケースワークに諸科学の知見を導入し、その理論化、体系化に尽力した。
②ケースワークを直接的活動人から、人に働きかける直接的活動と社会関係を通じて、働きかける間接的活動に区分した。
③ケースワークにおいて個別性に焦点をあてた。
④ケースワークの援助対象の中心を移民貧困世帯や母子世帯とした。
⑤ケースワークの最終目標をパーソナリティの発達とした。
⑥ケースワークを社会改良の一環としてとらえた。

のである。

彼女の功績は、これまでの経験主義・道徳重視の従来の個別的援助に対して諸科学の視点を導入して科学的・合理的なケースワークの基礎を確立したことであるが、問題点として、ケースワークの最終目標を個人のパーソナリティの発達においたため、のちのケースワークの実践者、研究者たちが、個人と社会環境の間の問題に注目することから目をそらす結果となった。そのため、第一次世界大戦後のケースワークは、フロイト（Freud, S.）の開発した戦争後遺症（兵士の神経症）の治療を主目的とした、精神分析学に近接することとなった。

(2) 医療ソーシャルワーク

イギリスの慈善組織協会（1869）からアルモナー（almoner）として、同協会のロックに推奨されてロンドンの王室施療病院（Royal Free Hospital）に派遣されたのが、メアリー（Mary, S.）であった。この病院の患者は貧困層であったため、治療費は無料であった。そのため、患者が多数押し寄せたが、なかには、貧困でない患者も多く含まれていた。本来、アルモナーの業務は、貧困患者の救済にあったが、彼女の役割は、外来患者の「濫診」の防止であった。しかし、調査の結果、濫診は制度の不備にあることが判明した。このようにアルマナーが、王室施療病院の専門職として病院組織のなかに組み込まれたのであった。アルモナーは、ロンドンの王室施療病院以外のウェストミンスター病院（1898）、セントジョージ病院（1901）、セント・トーマス病院（1905）にも配属された。初期のアルマナーは慈善思想を基盤とし、患者との関係において適切な援助関係を構築する努力と地域の関係機関との連携を図ることを目的とした。具体的には、患者の問題に対して、適切な指導・助言を行うと同時に医師との関係においては、協力を得られるよう努めたのである。こうした医療実践活動においてソーシャルワークの技法（ケースワーク、グループワーク、コミュニティ・オーガニゼーション）が芽生えていたのである。1903年には病院アルマナー協会（Hospital Almoner's Association）、1906年には病院アルマナー協議会（Hospital Almoner's Council）が組織された。そして、1965年にア

ルモナーの呼称が，医療ソーシャルワーカーに改められた（現在では，病院ソーシャルワーカーあるいは保健関連ソーシャルワーカーとよばれている）。一方，アメリカではキャボット（Cabot, R.C.）博士が，1905年にマサチューセッツ総合病院（Massachusetts General Hospital）に医療ソーシャルワーカーの導入を行った。その根拠は，患者の治療に対して，医学的アプローチのみではなく，社会病理学的アプローチが正しい診断・治療において必要であることから医療ソーシャルワーカーを病院組織に加えたのである。マサチューセッツ総合病院に最初に医療ソーシャルワーカーとして採用されたのは，看護師のペルトン（Pelton, G.I.）であった。残念ながら彼女は病に倒れるが，その後をついだのが訪問看護師のキャノン（Cannon, Ida.M.）であった。

アメリカにおける医療ソーシャルワークの発展はキャボット博士の功績によるところが多く，結核，性病，未婚者の妊娠等の疾病の患者に対する援助が際立っていた。このようにして，次第に病院等医療現場にソーシャルワーカーが配属されていくことになるのである。

> **キャボット**
> 1905年に医師として，アメリカにおける最初の医療ソーシャルワーカーであるソーシャル・アシスタントを設置する。1892年，ハーバード大学医学部卒業後，ボストン児童援護協会と関わり専門的社会事業に触れる。1893年よりマサチューセッツ・ジェネラル・ホスピタルの外来診療所医師となり，日々の診療業務のなかで，患者の生活歴，経済状況，心理面，社会的環境条件の情報を治療へ活用することの必要性を感じ，看護師出身のガーネットを採用，二代目の社会事業を学んだアイーダらとともにケースにチーム医療で関わり，医療社会事業を発展させた。

(3) ソーシャルワークの専門化

1923年から1928年にわたって，アメリカのペンシルバニア州ミルフォードで当時，専門分化しつつあったケースワークを分析し，整理するための会議が開催された。この会議にはケースワークを実践していた6つの組織の代表が集まった。すなわち，アメリカ家族福祉協会，アメリカ病院ソーシャルワーカー協会，アメリカ児童福祉連盟，アメリカ精神医学ソーシャルワーカー協会，全国訪問教師協会，全国保護観察協会等である。そして，この会議の論議の中心は以下の通りとなった。

① ジェネリック・ソーシャル・ケースワークとは何か。
② ケースワークにとって適切な機関とは何か。
③ 地域でケースワーク機関の分業はどうなされるべきか。
④ ケースワークの訓練はどう編成するか。

また，ジェネリック・ソーシャル・ケースワークに包含されていくものとしては以下の通りである。

① 一般に認められた社会生活の水準から逸脱している典型例についての知識
② 人間生活と人間関係にかんする規範の利用
③ 困窮状態にある人を個別化していく基礎として社会歴の重視
④ 困窮状態にある人を調査し治療していくにあたって，確立されている方法の活用
⑤ 社会的治療をするにあたって，確立されている地域社会資源の活用
⑥ ケースワークの要請に応じ，科学的知識と公式化された経験の適用
⑦ ケースワークの目的，倫理，責務を決定づけている哲学の意識化

⑧ 前述の諸点と社会的治療との融合 3)

　これらの点を踏まえて1929年に報告書 (American Aassociation of Social Workers, Social Case Work: Generic and Specific) が出された。報告書のサブタイトルにもあるように，この報告書の中心はジェネリック・ソーシャル・ケースワーク（各分野共通概念）とスペシフィック・ソーシャル・ケースワーク（各分野において専門分化したもの）の混乱の整理にあった。結果として，ケースワークを個々の専門分野の形態から明確に分化することは不可能であり，むしろ，当時萌芽しつつあったジェネリックという概念を認識する方がスペシフィック概念を強調するより重要であることを示唆した。この報告書は，その後のケースワークの基本概念の枠組み構想に影響を与えると同時に今日のジェネリック・ソーシャル・ケースワークの統合化への先鞭をつけたのである。

3　ソーシャルワークの発展

(1) 診断主義派と機能主義派の台頭

　1914～1918年の4年間にわたる第一次世界大戦 4) は，これまでの地域間の小火器による戦争と異なって，兵器も近代化され，実戦に大砲や戦車や戦闘飛行機が登場し，戦場に砲弾がさく裂した。こうした戦況のもとで戦場に赴いた兵士たちのなかには，身体の負傷・損傷のみならず，神経に異常をきたす者があらわれた。アメリカもこの第一次世界大戦に200万を超える兵士を送り込んだが，戦争神経症に罹患した兵士が多く出現した。

　そして，アメリカは一時期戦争好景気による経済的繁栄期を迎えたが，その後，未曾有の経済的大恐慌に陥る。この状況に対して「経済保障委員会」(Committee on Economic Security: CES) の勧告に基づいて，大恐慌による経済的危機（失業者問題等）に対処するためルーズベルト (Roosevelt, F.D.) 大統領は，ニューディール（新方式）の一環として「社会保障法」(Social Security Act) を1935年に成立させた。その内容は3部分から構成されている。すなわち，① 社会保険（老齢年金，失業保険），② 公的扶助（老人扶助，盲人扶助，母子扶助），③ 社会福祉サービス（母子保健サービス，肢体不自由児サービス，児童福祉サービス）である。そして，社会保障法の成立は，公的機関・福祉施設におけるソーシャル・ワーカーの雇用を促進するとともに，ソーシャルワーカーの専門教育が重要視されることとなった。

　このように社会保障法の成立は，国民の最低生活保障システムを確立させ，公的福祉を充実させることとなった。そして，ケースワークの対象が生活困窮者から，戦地に赴いた軍人やあるいは精神的支援を必要とする残された家族も含まれるようになり，心理的・精神的側面の援助に関心がもたれるようになった。そして，この時代のケースワークは民間のケースワーク機関を中心に展開

ニューディール政策

　1993年，第32代アメリカ合衆国大統領に就任したルーズベルト (Roosevelt, F.D.) が世界大恐慌により生じた大量失業・貧困対策として打ち出した政策をいう。従来の自由競争原理に基づく資本主義経済に対して，国家が経済活動に介入し積極的な統制をおこなうものであり，具体的には，銀行に対する監督強化，金本位の停止などの金融操作，並びにＴＶＡ（テネシー渓谷開発公社）の設立による雇用の創出を挙げることができる。1935年にはワグナー法，社会保障法が成立している。

したのであるが、この直接的要因として小松源助は次の点をあげている。

①大恐慌という未曾有の事態に対応するために確立された社会保障制度にともなって公的福祉がいちじるしく拡大し、これまでの民間ケースワーク機関（主として家族福祉の機関）が担っていた救済機能を所管するようになったこと、②そのため、民間のケースワーク機関は、それまでの救済機関を離れて、新しいサービス（なかんずく、「カウンセリング・サービス」）を発展させるよう尽力しなければならなくなったこと、③20年代に拡張した児童指導クリニックなど財政難で多く閉鎖され、そのスタッフが民間のケースワーク機関または公的福祉機関へ流入して、そこで活動を推進するようになった、等である[5]。

以上のような背景のもと民間機関を中心としてケースワークは展開したのであるが、新たな活路を見出すためケースワーク自体にフロイト（Freud, S.）の創設した精神分析論が導入されることとなった。このように精神分析への傾斜は、リッチモンドのケースワークにおける科学的知見の導入と比較して格段に影響を及ぼしたのである。こうして、ケースワークはリッチモンドのパーソナリティ論に精神分析論が結合された「診断主義派」（Diagnostic school）が誕生した。また、「診断学派」に対立する学派としてランク（Rank, O.）の「意志心理学」（will psychology）を基礎理論とした「機能主義派」（Functional school）もやや遅れて誕生した。この両派の特徴についてアプテカー（Aptekar, H.H.）は次のように指摘している。「診断主義派はパーソナリティと処遇についての見解にフロイトの概念を用いるが、診断そのものについてはフロイトよりはるかに多くメアリー・リッチモンドの業績によってきた。機能主義派はオットー・ランクのパーソナリティ理論を用い、処遇に関する考え方は主としてランクに由来している」[6]。その後、2つの立場は、共にケースワークの関心を心理的あるいはパーソナリティに合わせたが、方法において際立った相違をみせたため長期間にわたって鋭く対立することになる。

(2) 診断主義派

フロイトの精神分析学の概念をケースワークに取り入れたのが診断主義派（または、診断派）である。フロイトはオーストリアのモラビア地方（現チェコ）の小都市でユダヤ商人の子として生まれる。その後、1881年ウイーン大学医学部を卒業後、臨床神経学者となり、ウイーン総合病院神経科に勤務することになる。パリで神経学者シャルコー（Charcot, J.M.）からヒステリー治療法を学びウイーンに帰国後、ヒステリー療法を実践に移すため開業する。そして、治療法に改良を重ね自由連想（free association）を毎日施すことによって患者はすべてを自由に思い出すと彼は理解し、この治療法を精神分析（Psychoanalysis）とした。

そして、彼は心的外傷（心理的損傷）から無意識のものへ関心を移し、精神

図表3-2 ケースワークの発展略図

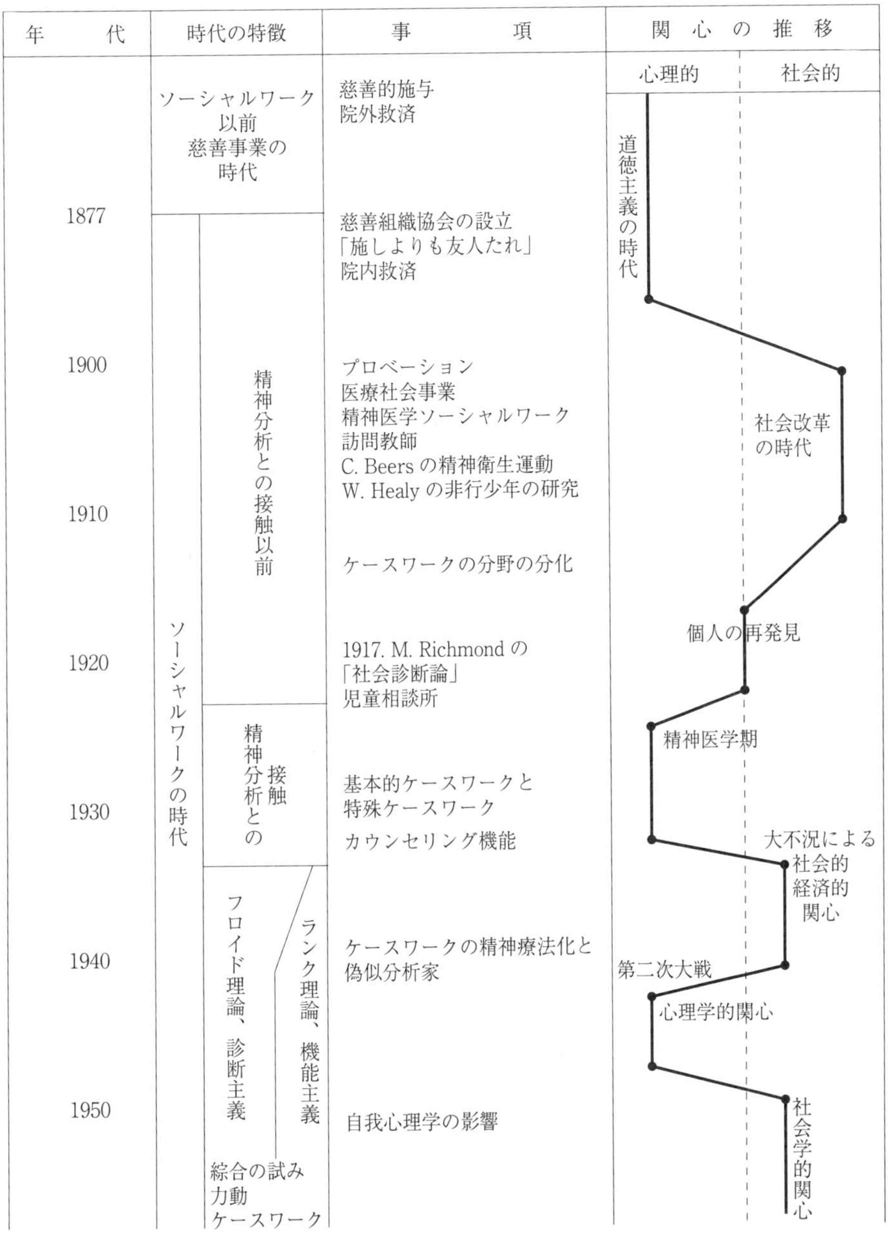

年代	時代の特徴	事項	関心の推移 心理的 / 社会的
	ソーシャルワーク以前 慈善事業の時代	慈善的施与 院外救済	道徳主義の時代
1877		慈善組織協会の設立 「施しよりも友人たれ」 院内救済	
1900	精神分析との接触以前	プロベーション 医療社会事業 精神医学ソーシャルワーク 訪問教師 C. Beersの精神衛生運動 W. Healyの非行少年の研究	社会改革の時代
1910		ケースワークの分野の分化	
1920	ソーシャルワークの時代	1917. M. Richmondの 「社会診断論」 児童相談所	個人の再発見
	精神分析との接触		精神医学期
1930		基本的ケースワークと 特殊ケースワーク カウンセリング機能	大不況による社会的経済的関心
1940	フロイド理論、診断主義 / ランク理論、機能主義	ケースワークの精神療法化と 偽似分析家	第二次大戦 心理学的関心
1950	綜合の試み 力動ケースワーク	自我心理学の影響	社会学的関心

出所）黒川昭登『ケースワークの基礎理論』誠信書房，1985年，p.57

分析は無意識に対する科学として位置づけた。結果として，無意識的人格構成としてイド（id: 本能），エゴ（ego: 自我），スーパーエゴ（super-ego: 超自我）の3つの構成要素に分類し，その3者の力動的葛藤を明らかにした。この点に関して岡本民夫は，診断学派のケースワークの理論的根拠として，「この3者からなる精神構造のなかで，イドと自我，超自我と自我，さらには現実界と自我などの相互の葛藤の所産が人間行動であると理解し，その自我が相互の葛藤を

> **フロイト**
> オーストリアの神経学者で、自由連想法を用いた精神分析法を創始した。彼は神経症の治療を通じて、人間の心の無意識的な領域について考察し、欲望（イド）・自我（エゴ）・超自我（スーパーエゴ）という精神構造とその力動的葛藤を明らかにした。また、人間の本能の働きを重視し、本能が生物学的な種の保存と自己の保存を統合した生の本能（エロス）と、生きるための欲求を解消し無の状態に帰ろうとする死の本能（タナトス）からなると考え、エロスを維持しようとする心のエネルギーをリビドーと名づけ、幼児期から性欲が存在するとの汎性欲論を展開した。しかし、批判も多かった。

補償し、修復しえない場合に、その働きが挫折し、破局に陥る。これが不適応をもたらす結果となる。しかし、反面、この自我の力は種々の働きかけによって、変化させ、強化させうるものであるとしており、この仮説が、診断と治療の意味および効果を決定づける理論的根拠となっている。」7）としている。すなわち、診断学派のケースワークは、①フロイトの精神分析の概念をケースワークに導入する、②社会調査－社会診断－社会治療のプロセスを経て行われる、③援助者が主体となって利用者に働きかける過程を重視する、④面接を中心とした援助である、⑤ケースワークの視点を社会環境よりも、個々の精神的、心理的側面にあるとし、治療的意味を重視する等となっている。

1920年頃からケースワークは、フロイトの精神分析学の影響を受けたのであるが、その後、機能主義派とともにケースワークの主流をしめることになる。

ハミルトン（Hamilton, G.）の主著『ケースワークの理論と実際』（1940）は、診断学派のケースワークの理論化に貢献した。彼は診断主義に依拠しながら、インテーク－社会調査－社会診断－社会治療といったプロセスを確立した。また、シカゴ大学で教鞭をとっていたトウル（Towle, C.）は、主著『コモンヒューマンニーズ』（1945）のなかで、人間の基本的欲求の充足がいかに大切であるかについて社会福祉関係者に多くの示唆を与えた。そして、1960年代にホリス（Hollis, F.）は主著『ケースワークにおけるパーソナリティ診断』（1955）や『心理社会療法』（1964）を通じて、診断主義の立場に立って、心理社会的アプローチを試みた。すなわち、フロイトの精神分析や自我心理学あるいは力動精神医学等をケースワーク理論のなかに取り入れ、応用したのである（図表3－3参照）。

図表3－3　診断主義派の特徴

> リッチモンドの「社会診断」のながれを汲みながら、フロイトの力動精神医学の理論を取り入れ、利用者の抱える問題の原因は、社会環境にあるのではなく、各個人の精神の内面にあるとして、治療的意味を強調し、援助者が主体となって利用者に働きかける。

（3）機能主義派

フロイトの診断主義派と対立したのが、1930年代に登場したランクの「意志心理学」を基礎理論とした機能主義派である。ランクは、オーストリアのウィーンで生まれた。機械商として生計を立てていたがフロイトの著作に出会って精神分析に興味を示し、その後、フロイトの弟子となって、精神分析の道を歩むことになる。フロイトの援助を得ながらウィーン大学にて哲学博士の称号を取得し、彼は、フロイトの薫陶を受けて、医師以外の精神分析家として成長

図表3−4 機能主義派の特徴

> 機能主義派の特徴は，ランクの意志心理学を基盤とし，利用者が援助者に対して働きかけることによって，利用者に内在する成長力を自ら引き出すことである。すなわち，ワーカーは援助関係のなかで，利用者が本来もっている意志力（能力）を引き出す場を提供し，利用者が自らサービスを選択し，活用するのを援助するのである。

する。その後，彼は，フロイトの高弟として活躍するが，2人は袂を分かつことになる。その原因は，ランクがフロイトのエディプス・コンプレックス（Oedipus complex）が神経症の原因であるという考え方に同意できず，すべての神経症は出産時の外傷によって起因するとした「出産外傷説」を展開したためである。出産外傷が神経症の原因になっているというランクの考え方に基づいた治療法を意志心理学という。フロイトのもとを離れたランクは，アメリカに活動の場を移し，同国の心理療法に影響を与えることとなる。つまり，機能主義派のケースワークは，ランクの意志心理学を基礎理論とし，診断主義派の社会調査−社会診断−社会治療（医学モデルへの依拠）のプロセスに対して，人間関係の土台となる人間理解とワーカーの態度を重要視する。そして，人間は内在する意志（will）と創造を有するものであると規定し，ワーカーは利用者に内在するものを引き出す役割をする者として，ケースワークのプロセスに参加する。

　この機能主義派を確立させたのは，ペンシルバニア大学のソーシャルワーク学部教授で主著『ソーシャル・ケースワーク―心理学の変遷』（1930）を著したロビンソン（Robinson, V.）であり，ロビンソンと並ぶ論客で同大学の教授であったタフト（Taft, J.）であった。その後，スモーレ（Smalley, R.）によって継承・発展されることになった。同派の理論はアメリカの臨床心理学者であるロジャーズ（Rogers, C.R.）のクライエント中心療法に影響を与えることにもなった。以上，診断主義派と機能主義派について検討してきたが，両派の特徴についてアプテカーは，「この二群のひとたちはいずれも環境的または社会的なものを強調せず，心理的あるいはパーソナリティの要因に目をむけ，これこそケースワーカーが関心をいだき，活動するのにふさわしい領域であると考えた」[8]と指摘し，「治療」（セラピィ）として，ケースワークを規定する。両派の統合の試みが始まるのは1950年代以降である。

(4) グループワーク，コミュニティ・オーガニゼーションの発展
1) グループワーク

　第1節で既述したように，グループワークの源流はイギリスのセツルメント運動やYMCA・YWCA，ボーイスカウト等の青少年育成運動や成人教育運動

等に求めることができる。

グループワークの発展は，第二次世界大戦中から戦後にかけてのアメリカの伝統的民主主義の危機感から，その擁護策として軍隊，産業，地域等における成人教育の一環として取り入れられた。グループワークを最初に定義したのは，アメリカのニューステッター（Newstetter, W.I.）で，「集団援助技術とは，自発的なグループ参加を通して，個人の発達と社会適応能力を図る教育的プロセスである」としている。彼はインターグループワーク（Inter group work）の提唱者としても有名であるが，この定義からグループワークは教育かあるいはソーシャルワークかで議論が始まった。この決着はコイル（Coyle, G.）の全米ソーシャルワーク協会（National Conference on Social Work）での報告（1946）を待たねばならなかった。すなわち，同報告によって，グループワークはソーシャルワークの一方法であるということが認知されることとなる。そして，ドイツ系アメリカ人のコノプカ（Konopka, G.）は，グループワークにおける「社会的目標モデル」を掲げた。このモデルはソーシャルワークにおける伝統的実践モデルで，セツルメントや青少年育成運動にて用いられてきた。このモデルの特徴は民主的態度の形成と社会問題の解決を図ることを目標とする。なお，グループワークのモデルには他にヴィンター（Winter, R.）等が開発した「治療モデル」（予防あるいはリハビリテーションモデル），シュワルツ（Schwartz, W.）等によって提唱された「相互作用モデル」がある。コノプカは，著書『ソーシャル・グループワーク』（1963）のなかで，「グループワークとは，ソーシャルワークのひとつの方法であり，意図的なグループ経験を通じて，個人の社会的に機能する力を高め，また個人，グループ，地域社会の諸問題に，より効果的に対処しうるよう，人びとを援助するものである」[9]であると定義している。

このようにグループワークは，第二次世界大戦後アメリカで病院や社会福祉施設そして精神衛生機関での治療的処遇として発展することになり，ソーシャルワークの一方法としてあるいは，社会福祉専門職として認知されることとなる。1946年には，アメリカグループワーク協会がアメリカ・グループワーカー協会（American Association of Group Workers）となり，グループワーカーの専門職団体として誕生した。その後，同協会は1955年に全米ソーシャルワーカー協会（National Association of Social Workers; NASW）に吸収されることになる。

2）コミュニティ・オーガニゼーション（CO）

コミュニティ・オーガニゼーションの源流は，慈善組織協会の組織化運動に求めることができる。イギリスを発祥の地としたソーシャルワークの一方法であるCOは，アメリカで発展することになる。そのきっかけとなったのが，1939年に全米社会事業協会に提出された「レイン委員会報告」である。この

> **全米ソーシャルワーカー協会**
> 1955年に5つの専門職団体と2つの研究団体が統合された社会福祉専門職団体である。
> 倫理綱領を制定し，認定ソーシャルワーカーの資格を付与するなど，会員の専門性の向上と実践の発展を推進するとともに，政策提言や「Encyclopedia of Social Work」等の出版活動を行っている。

なかでCOの理念が体系化され住民参加の概念が明確化されることとなり，統計調査によるニードの把握や地域住民参加の促進のもとでコミュニティ・オーガニゼーションの専門化が図られた。COは，1960年代以降，イギリスで発達したコミュニティ・ワークに継承されることとなった。ここで，両者の類似点と相違点について述べることにする。アメリカで発達した，①コミュニティ・オーガニゼーションは，個人に対する直接的な運動ではなく，福祉計画の具体化と地域社会の全体的調和が中心となり，地域住民が抱える問題に対して社会資源を活用しながら問題解決を組織的に行うものである。これに対して，②コミュニティ・ワークは，前述したようにイギリスで形成，発展し，両者は同意義ととらえられ，当初，地域福祉活動あるいは地域社会活動とされていた。現在では，「コミュニティ・ワーク」とするのが一般的である。その定義は「地域福祉を推進するためにソーシャルワーカーが用いる専門援助技術である」。すなわち，両者はどちらも地域住民の生活向上を目指すが，①は，個人に対する直接的な運動ではなかったが，②は，直接地域住民との協働による活動を目指している。このようにアメリカで展開したコミュニティ・オーガニゼーションは1960年代以降，イギリスで発展したコミュニティ・ワークに継承されたのである[10]。

4 ソーシャルワークの統合の試み（折衷主義）

診断主義派と機能主義派の対立に対して，ケースワークの専門職団体は，状況の打開を図るため組織，団体を設立した。たとえば「アメリカ家族サービス協会」は，「ケースワーク実践の基礎概念検討委員会」を1949年に設立し，両派の一致点と相違点を明らかにしようとしたが，結果的に両派の相違点を明らかにするだけに留まり，両派を統合させることはできなかった。しかし，1950年代に入り診断主義派と機能主義派が互いに接近し，統合が試みられた。その背景には，両派がこれまで精神分析あるいは心理学に依拠し，社会環境のテーマを軽視し見落としていたということがある。折衷主義台頭の旗頭としてまず，診断主義派の立場に立ちながら機能主義派の理論を取り入れ，1958年に「問題解決アプローチ」（problem solving approach）を発表し，両派の折衷を試みたパールマン（Perlman, H .H.）をあげることができる。彼女は，ケースワークを「問題解決過程」としてとらえ，動機づけ―能力―機会という枠組を示唆した。すなわち，ケースワークの主体者は，利用者であり，ケースワークは施設・機関の機能を担う援助者と問題を担う利用者の役割関係に基づく問題解決の過程であるとした。また，第2章でもみたように，彼女は，ケースワークを構成する要素として，4つのPをあげている（詳しくは第2章p.22参照）。このほかパールマンは「利用者の援助を活用する能力」をワーカビリティ

(workability）とし，その要素を「適切な動機づけ」(motivation），「適切な能力」(capacity），「適切な期会」(opportunity）としており，このモデルをＭＣＯモデルという。次に折衷主義を唱えた人物として，アプテカーをあげる。彼は，機能主義派の立場にたち，診断主義派の理論を導入して両派を折衷した。すなわち，アプテカーは，ケースワークに内在する「力動的理論」によって，診断主義派と機能主義派の折衷を試みたのである。彼は主著『ケースワークとカウンセリング』(The Dynamics of Casework and Counseling）を 1955 年に発表し，そのなかで，ケースワークとカウンセリング並びに精神療法の 3 者の関係性について明らかにした。彼はカウンセリングとケースワークとの関係について「カウンセリングにおいて，社会的関係についての個々の領域に専門化した問題が"つねに"優位を占め，一方，治療そのものにおいては，心の内部の問題にはるかに多くの注意が向けられる。ケースワークは，つねに人と問題に注意をはらっているけれど，いつも舞台の中心を占めるものはサービスである。」と述べている[11]。

このように 2 人の研究者により，両派の折衷・統合が試みられ，専門職団体においても統合化が進められた。医療ソーシャルワーカー協会（1918），学校ソーシャルワーカー協会（1919），アメリカ・ソーシャルワーカー協会（1912），アメリカ精神医学ソーシャルワーカー協会（1926），アメリカ・グループワーカー協会（1946）の 5 つの専門職団体とコミュニティ・オーガニゼーション研究協会（1946），社会調査グループ（1949）の 2 つの研究団体が統合され，1955 年に全米ソーシャルワーカー協会（NASW）が誕生した。そして，ソーシャルワークの教育面においても統合化が進められた。全米ソーシャルワーク教育協議会（1948）に代わって，ソーシャルワーク教育協議会（Coucil on Social Work Education: CSWE）が設立されたのである。この協会は 1953 年に『カリキュラム研究』を発表し，その後のアメリカの社会福祉教育のカリキュラム研究の基本となった。

5　ケースワークの批判期

公民権運動（American Civil Rights Movement）とは，1950 年代から 1960 年代にかけて，アメリカにおいて黒人（アフリカ系アメリカ人）の差別撤廃を求める運動である。それまでアメリカにおいて，南北戦争以降，黒人に対する選挙権の制限，公共施設の隔離が行われてきた。これに対して，「全米黒人地位向上協会」（NAACP）が 1909 年 2 月 12 日に設立され，人種差別闘争を展開した。運動が巻き起こるきっかけとなったのは，1955 年 12 月 1 日にアラバマ州モンゴメリーで起こった「バス事件」（黒人女性が白人専用座席に座り，人種差別闘争のきっかけとなった）であった。この事件でキング牧師（King, M.

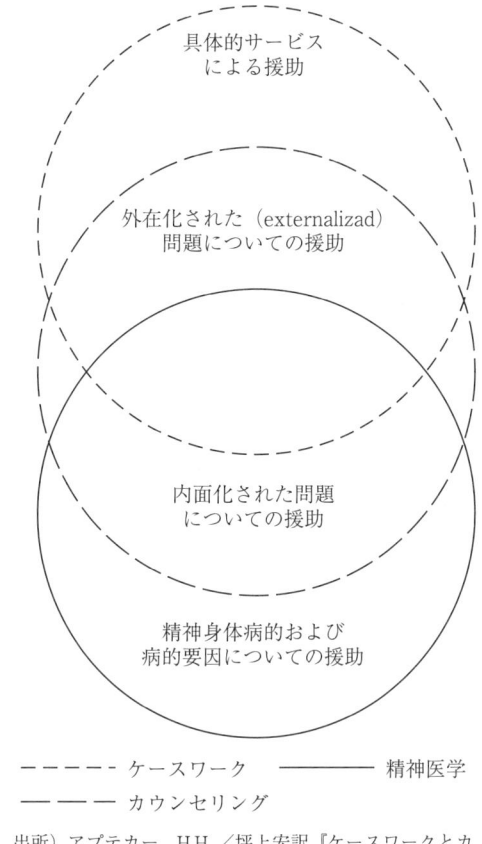

図表 3 − 5　ケースワーク，カウンセリングおよび心理療法の重なり

```
        具体的サービス
         による援助

       外在化された（externalizad）
         問題についての援助

         内面化された問題
          についての援助

        精神身体病的および
        病的要因についての援助
```

------ ケースワーク　　――― 精神医学
――― カウンセリング

出所）アプテカー，H.H.／坪上宏訳『ケースワークとカウンセリング』誠信書房，1969年，p.122

L.Jr.）は，市民に対して1年にわたるバスボイコット運動を呼びかけたのである。彼の呼びかけは，黒人のみならず白人にも共感する者があらわれ，ボイコット運動を盛り上げた。もっとも公民権運動が盛り上がったのは「ワシントン大行進」（1963）であり人種差別撤廃を求めてワシントンD.C.に20万人もの人びとが集まった。この際のキング牧師の演説「I have a Dream」は，あまりにも有名である。

このようにして，公民権運動はアメリカ全土を巻き込んで広まったのである。そして，ジョンソン（Johnson, L.B.）大統領のもとで，公民権法（1964）の成立と投票権法（1964）が成立し，黒人の差別撤廃に繋がったが，経済的機会の不平等は未解決のままとなった。

福祉権運動とは，公的扶助受給者を中心とした権利要求運動であるが，第二次世界大戦後のアメリカは冷戦構造のなかで，2つの問題を抱えていた。ひとつはベトナム戦争であり，他のひとつは，国内の貧困戦争（貧困撲滅）であった。大戦後，アメリカの社会福祉は，かつてのニューディール政策の反動により公的扶助に対する締め付けが厳しくなった。その極めつけは「ニュー

バーグ事件」である。当時のニューバーグ市は公的扶助費の削減のため受給制限を意図的に行った。受給を不快なものにすることによって受給制限を行った。具体的には扶助の基準の低下，受給期間の短縮，就労の促進等であった。こうした差別的処置を行うことによって受給者の制限を図ろうとしたのである。こうしたなかで，社会復帰や更生を促進する一助として，ケースワークが利用され受給者数削減に寄与することになった。福祉権運動は公民権運動の影響のもとで，各地に「福祉権組織」(welfare rights organization) が結成された。1967年には「全国福祉権組織」が結成された。この福祉権運動が目指したものは，公的扶助制度の根本的解決であり，その内容は，① 健康で人間らしい体面を保てる水準までの扶助基準の引き上げ，② 視力調査活動の縮小，③ 家族単位原則の排除，④ プライバシーの侵害に対する反対，⑤ 追加的所得を理由とした扶助削減反対，⑥ 法的諸権利の尊重[12] 等となっている。

　ところで，アメリカにおける貧困の実態を明らかにしたのはハリトン (Harrinton, M.) の『もうひとつのアメリカ—合衆国の貧困』(*The Other America : Poverty in the United States*) である。このなかで，アメリカにおいて，多数の貧困者が存在することが明らかとなり，貧困者は，「貧困の文化」のなかで再生産されていると指摘した。彼は，貧困政策が単なる公的扶助の引き締めで解決される問題ではなく，総合的な政策が必要であると指摘した。こうした状況下でケネデイ (Kennedy, J.F.) 大統領の後継者であるジョンソン大統領のもとで，「貧困戦争」(War on Poverty) が展開された。この政策を推進するため1964年に大統領直属の「経済機会法」(Economic Opportunity) が成立した。

　このように1950年代から1960年代にかけてアメリカは，社会の構造的問題としての人種差別と貧困問題が一気に噴出した。それにともなって，これまでの精神分析中心のケースワークのあり方が厳しく問われることとなった。新たなモデルとして，診断主義派の流れを汲むホリス (Hollis, F.) が，心理社会的アプローチを提唱した。主著『ケースワーク—心理社会的療法』(*Casework: A Psychosocial Therapy*, 1964) のなかで，利用者を「状況のなかの人」または「人と環境の全体関連性」であると理解し，直接的技法と間接的技法を体系化した。彼女の理論はフロイトの理論と社会学の知見を利用し，個人と社会環境との相互作用という観点を明確化し，ソーシャルワークにシステム的観点を導入したことである。ハミルトン (Hamilton, G.) もこの代表的論者であるが，彼は，インテーク−社会調査−社会診断−社会治療のプロセスを確立した。彼は従来の診断主義派が，利用者の課題は心理的側面からのみから引き起こされるという立場に立脚するのではなく，個人をとりまく環境が大きく寄与していることを提示することによって，1960年代のケースワークのあり方に多大なる影響を与えた。

　ホリス等の対象とした利用者は，この時代のアメリカ社会の構造的欠陥から

生じた貧困問題―人種差別・経済的差別・公的扶助受給者―を抱えた人びとではなく，中産階級を対象としたところにケースワークとしての限界性がみられる。このような社会変革をともなわない心理療法的手法を強調するケースワークのあり方に対して，全国福祉機構等から厳しい批判をうけた。そこで，全米ソーシャルワーカー協会は，ソーシャルワーカー共通の役割として「権利擁護」を明確化した。その結果，ソーシャルワーカーは，利用者の個別ニーズより，貧困，差別，権利擁護，地域改善，環境問題等の社会的問題に着目するようになった。カナダの社会福祉研究家のロス（Ross, M.G.）は，1955年に主著『コミュニティ・オーガニゼーション―理論・原則と実際』（*Community Organization: Theory and Principles*）を発表した。このなかでコミュニティ・オーガニゼーションを地域の住民が自ら目標を発見し，地域住民が協力しながら対策を講じていく過程であるとし，地域住民の主体性の原則を強調した。また，ロスマン（Rothman, J.）は，1968年に『コミュニティ・オーガニゼーションの3つのモデル』（*Three Model of Community Organization Practice*）を発表した。このなかで，コミュニティ・オーガニゼーションの実践モデルを，①地域開発モデル：自助とコミュニティの諸集団の全体的調和を目標とするモデル，②社会計画モデル：社会資源の効率的配分による課題達成を目標とするモデル，③ソーシャル・アクションモデル：被害を受けている地域住民が組織化することによって発言権・意志を獲得し，社会資源を活用しながら地域の機構改善を図るモデルに分類した。

　コミュニティ・オーガニゼーション実践は社会変革のなかで一定の役割を果たすと同時に，理論的にも発達したのである。こうして，ソーシャルワークの方法として，ケースワーク，グループワーク，コミュニティ・オーガニゼーションの枠組みが確立するのである。

6　ソーシャルワークの動向

（1）新しいモデルの登場

　1970年代になって，新しいケースワークのモデルが，数多く登場した。たとえば，1960年代から1970年代にかけてソロモン（Solomon, B.）は，著書『黒人のエンパワーメント』（*Black Empowerment*）において，差別される黒人がパワーを獲得していくのを観察，注目してソーシャルワークにおいて利用者自身を主体者としてとらえ，利用者の強さを重視した援助方法であるエンパワメント・アプローチ（Empowerment Approach）を開発した。また，医学モデルが利用者の病理等の側面に焦点を合わせるのに対して批判的に登場したのがストレングス・アプローチ（ストレングス視点）（Strengths Approach）である。このアプローチは，利用者の長所に視点を合わせ，ワーカーは利用者の強さを引

き出すために利用者の話す内容に関心を示すことになる。この視点はエンパワメント・アプローチへの視点と同様である。このアプローチはサーリベイ (Saleebey) 等によって提唱された。

　危機に面している利用者に対して，適切な時期に介入して援助することによって，利用者を危機的状況から脱出させることを目的とした危機理論がある。危機介入アプローチ（Crisis Intervention Approach）としてケースワークに導入，理論化をしたのがリンデマン（Lindemann, E.）や，キャプラン（Caplan, G.）である。この理論の沿革は，地域予防精神医学，大事故での死別による急性悲嘆反応，自殺予防運動等から理論化された。そして，既述したように，1960年代のアメリカにおいてフロイトの精神分析学を導入したケースワークやグループワークが社会問題に対応できず批判の的になっていたが，同年代の後半頃から学習理論（learning theory）を土台とした行動変容アプローチ（Behavioral Approach）が登場した。この理論の特徴は，①リスポンデント条件付け，②オペラント条件付け，③社会的学習理論，④認知行動療法の技法を用いるところである。この理論は，社会的不適切な感じ方あるいは行動などを学習理論に基づいて利用者の行動を良い方向に変容させることを目的とする。なお，この理論は，バンデューラ（Bandura, A.），フィッシャー（Fisher, V.）等によって提唱された。

　利用者が解決を希望する問題に対して，その取り組むべき課題と目標に焦点を合わせ，作業計画策定，実行，評価を伝統的ケースワークが長期にわたる処遇を短期間で問題解決を図ろうとするモデルがある。この課題中心アプローチ（Task‐Centered Approach）を提唱したのは，シカゴ大学で実用的ケースワーク研究を進めていたエプスタイン（Epstein, L.）とリード（Reid, W.J.）であった。そして，ソーシャルワークにシステム理論と生態学の視点を導入した生活モデル（ライフモデル）を提唱したのが，ジャーメイン（Germain, C.B.）とギッターマン（Gitterman, A.）である。このモデルは，「個人」にだけ関心を寄せる傾向にあった従来のソーシャルワークに，生態学（生物の生活に関する科学）の視点を導入することにより，「人間と環境は不可分である」という視座をもたらした。生活モデルは，利用者を治療の対象とするのではなく，個人と環境の交互作用を通じて，利用者を生活主体者としてとらえ，利用者自ら働きを重視するのである。よって，生活問題とは「人」と「環境」の交互作用の結果であるとみるのである。そして，援助道具としてハートマン（Hartman, A.）が考案したエコマップ（生態地図）を用いる。このモデルの登場によって，ソーシャルワークは，「医学モデル」から「生活モデル」への転換を図ることとなる。

(2) ソーシャルワークの統合化

　ソーシャルワークの統合化に向けて必要なことは，①ジェネリック・ソー

シャルワークの統一化・体系化を図るための新しいモデルの構築（ケースワーク，グループワーク，コミュニティ・ワーク 3 方法の統合），② 専門職としてのソーシャルワークの共通基盤の確立である。

① 統合化への歴史的展開の兆しは，全米ソーシャルワーカー協会（1955）の設立による。それまで分離していた 5 つの専門職団体と 2 つの研究団体が，この協会に統合された。これまで各専門職・研究団体で行われていた活動が統一化・統合され，以後その理念においてソーシャルワーカーの同一化が図られたのである。

ミルフォード会議（1923～1928）において，ソーシャルワークが共通の技術を有する専門職（ジェネリック：一般性）か，あるいは特別の技術を有する専門職（スペシフィック：特殊性）かについて論議された。その結果，報告書に「ジェネリック・ソーシャルワーク」という概念が登場し，ソーシャルワークの統合化の先駆けとなった。イギリスにおいて社会福祉制度の改革の一環として 1968 年に出された「シーボーム報告」（Seebohm Report）の影響も無視できない。このなかで，地方自治体の児童，福祉，保健，教育，住宅等の社会関連サービスを対人社会サービスに一括した。その結果，統合論的立場から援助を展開するソーシャルワーカーの養成・配置が行われた。

ジェネリック・ソーシャルワークの体系化にあたって影響を与えたのが，ソーシャルワークへの一般システム理論の導入と生態学的視点[13]であった。

まず，一般システム理論（systems theory）についてであるが，この理論は科学者ベルタランフィ（Bertalanffy, L.von.）によって提唱された理論で，コンピュータや電子回路等の人工的物質から生物の身体，社会集団に至るまでさまざまな現象をシステムとしてとらえるという理論である。また，システム理論的ソーシャルワークとは，社会システム（社会を構成しているミクロ的要素がマクロ的全体を作り上げていることをいう）に一般システム理論の概念を適用し，人間（利用者）と環境の交互作用としてとらえ，個人・家族・集団・地域社会を統合するものである。つまり，システム論的ソーシャルワークは，ケースワーク，グループワーク，コミュニティ・ワークの 3 方法を統合して実践するジェネラリスト・ソーシャルワークの一翼を担っているのである。このジェネラリスト・ソーシャルワークはエコロジカル・ソーシャルワーク（Ecological Social Work）の流れの中で，1970 年代後半から始まったソーシャルワークの概念である。このシステム理論をソーシャルワークに導入し，統合理論を全体的モデルとしたのは，ピンカス（Pincus, A.）とミナハン（Minahan, A.）である。また，ジョンソン（Jonson, L.）等によってジェネラリスト・ソーシャルワークが体系化された。ところで，ピンカスとミナハンは，ソーシャルワーカーが実践活動を展開するためのシステムアプローチ（system approach）として，4 つを提示した。① チェンジ・エージェント・システム（ワーカーシステム）：

ワーカーの所属機関、組織全体をいう、②クライエント・システム：ワーカーのサービスを受け入れる人、家族、集団、地域社会をいう、③ターゲット・システム：ワーカーとクライエントが努力目標達成するために働きかけなければならない人びとや組織をいう、④アクション・システム：ワーカーの目標達成するために影響を与える人びとや資源をいう。

だたし、このシステム理論は、抽象的であるため、システム理論と生態学理論（ecological theory）の視点を取り入れて、1980年に「生活モデル」（life model）を発表したのがジャーメインとギッターマンであり、現在のソーシャルワークの主流となっている。なお、地域福祉やコミュニティ・ワークにおいて用いられる支援として、ソーシャルサポート・ネットワーク（社会的支援ネットワーク）がある。

ソーシャルワークの共通基盤に関して著名なのはバートレット（Bartlett, H.M.）である。彼は1970年に『社会福祉実践の共通基盤』（*The Common Base of Social Work Practice*）を著している。そのなかで、専門職の本質的な要素として、価値・知識・技法を挙げ、「これらの本質的要素は① ソーシャルワーク実践のどの「部分」にも現れていなければならない。② 共通している、すなわち、すべての実践者によって共有されるという意味で、基礎的なソーシャルワーク要素とみなすことができる」[14]とソーシャルワーク実践の共通基盤の本質的要素であると指摘している。ここで、3つの要素について触れておくことにする。まず、「価値」であるが一般的に価値とは「人間性」であると理解されている。価値は人間（主体）が、ある対象（客体）の善さを感じ会得し、承認することによって成立する。

価値へのアプローチとして、① 自立支援を可能にするため利用者のニーズを明確らかにすること、② 利用者の人権の尊重を重視するためのワーカーの人間性が大切であること、③ ノーマライゼーション、QOLの理念を具備すること等をあげることができる。

これらのなかで、着目すべきポイントは、利用者の人権尊重、すなわち、権利擁護（アドボカシー）である。わが国の権利擁護を目的とした法律、事業として、介護保険制度施行と同時にスタートした成年後見制度、日常生活自立支援事業等やオンブズパーソン（代理人）等によって利用者の権利擁護を行っている。これらは権利喪失の危機にある高齢者や障害者の社会生活あるいは日常生活における権利擁護機能を有するものである。ソーシャルワークにおいて大切となるのはいかにして、利用者の権利擁護（人権尊重）をするかである。そのためソーシャルワークにおいて倫理基準に反する行為の予防としてリスクマネジメントが重要課題となっている。そのため、ソーシャルワーカーの専門職団体である全米ソーシャルワーカー協会、日本社会福祉士会等が倫理綱領を規定している。

アドボカシー（権利擁護）
自分の権利やニーズを自ら主張するのが困難な人に代わってその権利やニーズを主張し、また自分で権利を行使できるよう支援することをいう。日常生活自立支援事業にもみられるが、ソーシャルワーカーの重要な役割のひとつと考えられている。ケース（またはパーソナル）アドボカシーとクラス（またはシステム）アドボカシーがある。

図表3－6　ソーシャルワーク実践の共通基盤

```
          中心をなす焦点
          社会生活機能
       生活状況に対処している人びと
      社会環境からの要求と人びとの対処努力
           との間の均衡
                ↓
             志　　向
        公共のなかに巻き込まれている
         人びとに対する第一義的関心
                ↓
     ┌──────────────┴──────────────┐
    ・・                            ・・
   価値の総体                      知識の総体
 人びとに対する態度 ──────────── 理解の仕方
                ↓
          調整活動レパートリー
        個人，集団，社会的組織体に，
        直接的に，また協働活動をとお
        して働きかけていく
```

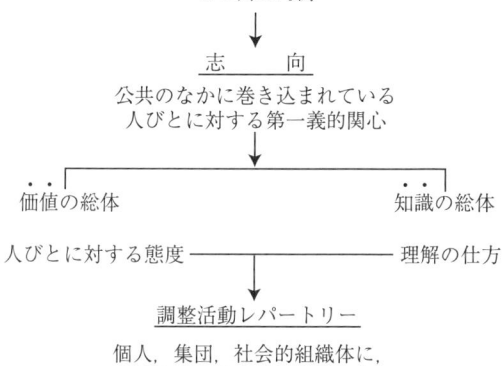

出所）バートレット，H.M.著／小松源助訳『社会福祉実践の共通基盤』
　　　ミネルヴァ書房，1989年，p.141

　次に「知識」は，ソーシャルワーカーとして具備すべき専門的知識である。具体的には，①社会福祉に関する専門知識（福祉の理念，制度・施策，関係法律等），②医学，心理学，精神分析等人間に関する知識，③人文科学，自然科学，社会科学に関する知識等である。最後に，技法とは，ソーシャルワークに関する固有の技術である。つまり，ソーシャルワークの統合化理論であるジェネリック・ソーシャルワークやジェネラリスト・ソーシャルワークに関する技術である（詳しくは，第2章，第11章参照）。

　なお，統合化の段階を，①コンビネーションアプローチ（combination approach），②マルチメソッドアプローチ（maltimethod approach），③ジェネラリストアプローチ（generalist approach）と分ける考え方もある。①はケースワーク，グループワーク，コミュニティ・オーガニゼーションを単純に合わせた統合であり，適宜組み合わせて用いるものである。②は①と同じ認識ではあるが，各方法に共通する，共通基盤を確立しようとするものである。③は専門職としてソーシャルワーカーの共通基盤をもった上で，そこから各方法を捉えなおそうとするものである。

注）
1）岡本民夫『ケースワーク研究』ミネルヴァ書房，1973年，p.26
2）リッチモンド，メアリー著／小松源助訳『ソーシャル・ケース・ワークとは何か』
　　中央法規出版，1991年，p.57

3) 小松源助『ソーシャルワーク理論の歴史と展開』川島書店，1995年，p. 75
4) この戦争を描いた著名な映画として，戦争によって運命を左右される兵士と看護師のロマンスを描写したアメリカのノーベル賞作家であるヘミングウェイ（Hemingway, E.M.）の『武器よさらば』，またフランスのノーベル賞作家デュガール（Du Gard, R.M.）が，第一次世界大戦により一家の運命が翻弄される2人の兄弟の青春と反戦を描いた『チボー家の人びと』等がある。
5) 小松，前掲書，pp. 77-78
6) アプテッカー，H.H. 著／坪上　宏訳『ケースワークとカウンセリング』誠信書房，1969年，p. 24
7) 岡本，前掲書，p. 51
8) アプテッカー，前掲書，p. 41
9) コノプカ，G. 著／前田ケイ訳『ソーシャル・グループ・ワーク』全国社会福祉協議会，1967年，p. 27
10) 井岡　勉・成清美治編著『地域福祉概論』学文社，2002年，pp. 38-41
11) アプテッカー，前掲書，p. 21
12) 仲村優一・一番ヶ瀬康子編集代表『世界の社会福祉―アメリカ，カナダ』旬報社，2000年，p. 53
13) 北本佳子・湯浅典人編著『社会福祉援助技術論』学文社，2005年，p. 42
14) バートレット，H.M. 著／小松源助訳『社会福祉実践の共通基盤』ミネルヴァ書房1989年，p. 56
15) 社会福祉士養成講座編集委員会編集『新　社会福祉士養成講座　6　相談援助の基盤と専門職』中央法規出版，2009年，pp. 71-72

参考文献

児島美都子・成清美治編『現代医療福祉概論（第2版）』学文社，2007年
高野史郎『イギリス近代社会事業の形成過程』勁草書房，1985年
Microsoft『エンカルタ総合大百科』2009

プロムナード

2007年12月に「社会福祉士及び介護福祉士法等の一部を改正する法律」が公布されました。今回の改正の目的は近年の介護・福祉ニーズの多様化・高度化に対応し，人材の確保・資質の向上を図ることとなっています。具体的な変更点は，①定義規定の見直し，②義務規定の見直し，③資格取得方法の変更，④任用・活用の促進等です。たとえば，社会福祉士の定義の見直しでは「福祉サービスを提供する者又は医師その他の保健医療サービスを提供する者その他の関係者との連絡および調整」が新たに加わり，「近接領域との連絡および調整がまた，義務規定においてその者の立場に立って，誠実にその業務を行わなければならない。」が新たに付け加えられました。すなわち，知識・技術・価値を具備した質の高いソーシャルワーカーの養成がいわれています。その一環として，ソーシャルワークの歴史的形成過程・発展・動向を学ぶことが重要となってくるのです。

学びを深めるために

小松源助『ソーシャルワーク理論の歴史と展開』川島書店，1995年
　同書はケースワークの発展過程をアメリカ中心に歴史的―とくにリッチモンドに焦点を当てている―に説き明かした好著である。初めて，ソーシャルワークを学

ぶ者にとって必読書である。

- リッチモンドが果たしたソーシャルワークにおける役割について述べなさい。
- 診断主義派と機能主義派のケースワークにおける相違と果たした役割について述べなさい。

福祉の仕事に関する案内書

岡本民夫『ケースワーク研究』ミネルヴァ書房，1973年

第 4 章

相談援助の形成過程
（日本）

1 ソーシャルワークの前史

日本のソーシャルワーク（Social Work）の前史に，明治期の慈善事業の展開がある。1874（明治7）年制定の恤救規則は，天皇制を背景とした慈恵策であり「無告ノ窮民」に救済対象を制限した。これに対して，個人の博愛精神に発し，救済対象を対等な人格として尊重するところに慈善事業は登場した。この時期の代表的な慈善事業の実践家に石井十次や留岡幸助がいる。石井は，1887年，岡山孤児院をつくり孤児に対する近代的な育児事業に尽力した。留岡は，1899年，家庭学校をつくり非行少年に対する感化事業と監獄改良に寄与した。両者は，キリスト教信仰をもち，海外の先進事業に学び，人格を尊重した実践をくり広げた。また，この時期の代表的な慈善事業の理論家でもあった留岡は，学術的慈善事業を説いた。これは，学術的な成果に基づく，また学術的な展開を導く慈善事業にほかならない。

この慈善事業は，育児事業や感化事業のほか諸種の分野に発展した。貧困児の保育，障害児の教育，更生保護，養老事業，婦人保護，職業紹介や宿泊所等の経済保護である。しかし以降，慈善事業は日本のソーシャルワークの前史で変質した。慈善事業は，日露戦争後の社会の変化に応ずる感化救済事業に転化する。内務省が1908年に主催した感化救済事業講習会は，その契機であった。このとき，慈善事業従事者が全国各地から集結して，中央慈善協会が発足する。このことは，慈善事業従事者の団体の成立と，また慈善事業従事者の教育の端緒を意味した。しかし感化救済とは，慈恵救済にかえて道徳的な規制で社会の不安を鎮める国策の一環である。もとより慈善事業は，個人に発する民間の立場にあった。しかし，ここでは官僚の主導の国策を担った。中央慈善協会は，後に社会事業協会，次に中央社会事業協会と改称した。そして第二次世界大戦後には，前身団体の1つとして全国社会福祉協議会になった。

2 戦前のソーシャルワーク

大正期半ば，社会や経済の変動が進み，人びとの生活の不安が深まった。これに対して，大正デモクラシーの気運を受けた貧困の対策が始まる。このことは，慈恵救済や感化救済に対して社会事業の成立を意味した。日本のソーシャルワークが欧米の影響の下に生起するのは，この時期であった。

(1) 方面委員制度とケースワーク

1) 方面委員制度の整備

方面委員制度は，日本のケースワーク（Casework）の原点である。この制度は，貧困に対する地域委員制度であった。1918（大正7）年，大阪府でこの制

恤救規則
1874（明治7）年12月，太政官達162号として公布された，前文と5条からなる明治初期の救貧法。前文の「済貧恤窮ハ相互ノ情誼ニ因テ」にみられるように，公的扶助責任を親族や地域の相互扶助に代替させ，対象者をこうした親族や地域の相互扶助をうけることのできない「無告ノ窮民」に限定するという厳しい制限主義をとった。給付は米代で下米の価格に換算して行われた。1932（昭和7）年の救護法施行にともない廃止。

中央慈善協会
1908（明治41）年9月1日から10月7日にかけて開催された，内務省主催の第1回感化救済事業講習会最終日に設立された慈善救済事業の全国的組織。初代会長は渋沢栄一である。その設立趣意書によると，当面の事業計画として，㈠慈善救済事業の方法，状況等の調査報告，㈡慈善団体間の連絡，㈢慈善団体と慈善家の連絡，㈣慈善救済事業を指導奨励し，これに関する行政を翼賛すること，があげられている。同会では，1909（明治42）年7月より機関誌『慈善』を発行するなど，いわゆる上からの民間組織として，慈善救済事業をリードしていった。

度は始まった。

　大阪府知事の林市蔵の下で方面委員制度を設計したのは，このとき大阪府顧問の小河滋次郎である。前年には，岡山県知事の笠井信一による済生顧問制度が同様の地域委員制度として存在した。また翌年には，東京府慈善協会が東京府救済委員制度を同様の地域委員制度として整備した。小河は，済生顧問制度とドイツのエルバーフェルト制度を参考にして，方面委員制度を考案した。

　この制度は，小学校通学区を単位にして，市町村吏員，警察吏員，学校関係者，救済事業関係者などを方面委員として任命する。そして，地域住民の生活状態を調整し改善したり，また要救護者の個別状況を調整し救済したりすることを方面委員の任務とした。この方面委員のはたらきは，日本のケースワークの原形となった。なお，方面委員制度は，大阪府のみならず以降急速に全道府県に普及した。

2) ケースワークの移植

　戦前期の代表的なケースワーク論者の一人に，小澤一がいる。小澤は，慈善組織協会 (Charity Organization Society) を見聞し，ケースワークに傾倒した。イギリスやアメリカの慈善組織協会は，ケースワークの母胎である。

　第3章でみたように，慈善組織協会は19世紀後半，イギリスやアメリカの都市に誕生した貧困者救済の地域機構である。特徴は，私的な慈善団体や公的な救済制度を組織化する点にあり，また窓口を一本化して救済を個別化する点である。この個別化や組織化は，濫救や漏救を防ぐとともに，救済対象の自立を促す目的があった。ケースワークはこの救済活動を原形に生成し，後年リッチモンド (Richmond, M.E.) がその理論体系を樹立した。なお，慈善組織協会の組織化の面はコミュニティ・オーガニゼーション (Community Organization) の起源でもあった。

　小澤は，日本で方面委員制度を軸にした個別化や組織化を構想した。そして，方面委員のはたらきがケースワークの発達に寄与することを期待した。1925（大正14）年，論文「組織社会事業とその元則——オーガナイズド・チャリチーとケース・メソッドの発達」でこのことを小澤は発表し，リッチモンドに学びケースワークは社会的調査と社会的処置からなるとも説明した。また小澤は，リッチモンドのケースワークの発展方向から方面委員の専門職化を提起した。

3) ケースワークの探求

　日本にケースワークを移植することに挑戦したこの小澤と同様に，戦前期の代表的なケースワーク論者に福山政一と三好豊太郎がいる。福山と三好のケースワークの探求は，リッチモンドの理論体系の根幹部分に迫った。

　福山は，リッチモンドのケースワーク論を支える人間観や社会観を確認した。ケースワークの理念には，「社会は，成員のパーソナリティをきわめて十分に促進するとき，最高の秩序をえる」[1)]とするマッキーヴァー (MacIver, R.M.)

リッチモンド，M.E.
(米 Richmond, Mary E.；1861-1928)
　アメリカ，イリノイ州で生まれる。アメリカにおいて19世紀後半の慈善組織協会運動発展に貢献し，優れた実践家，指導者，理論家として活躍した。具体的活動では友愛訪問の専門的水準を高め，ケースワークの科学的実践方法を提示し，その理論化，体系化をしたことで「ケースワークの母」と称されている。主著は『社会診断論』(Social Diagnosis, 1917)，『ソーシャルケースワークとはなにか』(What is Social Case Work？, 1922) などがあり，これらはケースワークの古典となっている。

の社会学説の大きな影響があった。ここから1928（昭和3）年の論文で，ケースワークが民主主義に即して個人と社会の関係を扱うことを福山は指摘した。また三好は，リッチモンドのケースワーク論を支える背景や経緯を確認する。ケースワークの視座は，慈善組織協会の貧困者救済のみならずそこから派生した住宅改良や公衆衛生の運動，少年審判所や医療社会事業の活動の大きな影響があった。ここから1929年の論文で，ケースワークが多様な観点から個人の生活の全体を扱うことを三好は指摘した。

リッチモンドのケースワーク論はアメリカで社会的かつ歴史的に誕生した。一方，方面委員制度は日本特有の社会と歴史の上に発想があって定着した。日本にケースワークを移植する小澤の挑戦が抱える難点がここにあった。

4）救護事業指針の提示

1929（昭和4）年，救護法の制定は，明治期以来の恤救規則を改廃した。しかし，財政問題から施行は延期となり，昭和恐慌の影響を受けた人びとの生活の困窮は深刻化した。この惨状を眼前に立ち上がった方面委員は救護法実施促進運動を起こし，1932年に救護法の施行を実現させた。

救護法下で，小澤一はケースワークの必要性をより一層強調し，ケースワークを通じて積極的な救貧を切望した。ここには，救護法の義務救助主義が被救護者の自立意欲を抑え，イエや隣保の崩壊と財政の逼迫に結び付くという懸念も強かった。無論，救護法は方面委員が重要な役割を果たす方向をもち，方面委員にケースワークを充てる小澤の挑戦に拍車をかけた。

1934年，大著『救護事業指針─救貧の理論と実際』を小澤は刊行した。ここでは，市町村の救護係員と方面委員を核に公私事業の組織的な連絡と，方面委員が救護係員と連携する個別的な居宅救護の展開を救護法下のケースワークとして示した。そして，「人間が真の救済と如来の絶対力とを見出す大乗的信仰の境界がある。之れが実に聖徳太子以来の我邦大乗仏教の信仰であり，国民思想の最も深い淵源である。」[2]とも示した。リッチモンドに学ぶ反面，日本の伝統や実情を尊ぶ点に，小澤の貢献と限界があった。

なお，昭和期初めには磯村栄一らマルクス主義の論陣から代表的なケースワーク論者に対する批判が相次いだ。ここでは，資本主義の理解がなく資本主義の擁護に陥る代表的なケースワーク論者の観念論的な点が問題であった。これに対して，代表的なケースワーク論者も反論をくり出し，社会事業の本質をめぐる論争が断続的に起こった。

（2）病院社会事業と少年審判所

1）ケースワークと医療

医療社会事業の発祥とともに，日本のケースワークもまた歩み出す。泉橋慈善病院（現三井記念病院）の病人相談所などではケースワーク的な活動がいち

救護法

時代の要請にもはや応え得なくなっていた恤救規則にかわって，1929（昭和4）年公布，1932（昭和7）年に施行されたわが国の救貧法。戦後，旧生活保護法の制定によって廃止された。内容としては，恤救規則に比すれば大幅な前進がみられるものの，いちじるしく性行不良または怠惰とみなされた者は救護の対象としないとされたり，被救護者からは選挙権・被選挙権を奪うなど，貧困の社会的原因を認識し，要救護者の救護をうける権利を承認した救貧法であるとは到底評価できない。実際の救護には，市町村と補助機関としての方面委員があたった。

救護法実施促進運動

社会の実情から乖離したまま生き長らえてきた恤救規則にかわって，1929（昭和4）年にようやく制定公布された救護法であったが，政府は翌年度より実施すべしとの議会における附帯決議を無視した。昭和5（1930）年には，方面委員を中心に救護法実施期成同盟会を結成し，同法の実施促進運動を開始，陳情を繰り返した。それでも実施には至らない中で，方面委員たちはついに上奏を決意し，上奏文「救護法実施請願ノ表」を出した。その内容は，天皇制国家の枠組みを一歩も超えるものではなく，陛下の赤子を飢えさせてはならぬからというものであった。

早く展開した。しかし，ケースワークの本格的な展開は済生会病院と聖ルカ病院（現聖路加国際病院）が最初である。

ここで日本に医療社会事業とケースワークの本格的な導入をはかったのは，生江孝之と浅賀ふさである。生江は，1926（大正15）年に済生会病院でケースワークの展開を期して済生社会部を設置した。また聖ルカ病院では，1929（昭和4）年に医療社会事業部を開設し，ケースワークの展開を果たした。

2）ケースワークと司法

少年審判所の業務にもまた，日本のケースワークが浮き上がる。1922（大正11）年制定の少年法の規定が新設したのが，少年事判を取り扱う少年審判所である。この少年審判所の少年保護司の業務には，原初的なケースワークの展開があった。

日本にその少年審判所を設置することを提唱し，少年法の制定時に貢献したのは穂積陳重であった。少年審判所は，東京と大阪に開設し，「少年審判官ヲ補佐シテ審判ノ資料ヲ供シ観察事務ヲ掌ル」（旧少年法第23条）少年保護司を配置した。そして，少年保護司は善良な師友として少年を指導訓諭して性格の矯正や境遇の改善をはかる援助を行った。

> **生江孝之**
> **（なまえたかゆき；1867-1957）**
> 宮城県に生まれる。青山学院神学部卒業後，1900（明治33）年から4年間渡米し，ディバイン（Devine, E.）等に師事する。1909（明治42）年，内務省の嘱託として慈善救済事業に従事する。また，中央慈善協会『慈善』の編集にあたる。内務省を退職後は日本女子大学等で社会事業の教鞭を執る。著書に，『社会事業綱要』や『細民と救済』などがある。

（3）セツルメントの日本的展開

1）セツルメントの始期

第3章でみたように，セツルメント（Settlement）は，グループワーク（Group Work）やコミュニティ・オーガニゼーションの起源でもあった。最初のセツルメントは19世紀後半，ロンドンで設立のトインビーホールである。知識人や富裕層がスラムに定住し，生活環境や労働条件の諸種の改善活動がさまざまに展開した。アメリカの都市にも，このセツルメントが続々と誕生してソーシャルワークの源流を形成した。

日本でも，イギリスやアメリカの影響を受けてセツルメントが誕生する。

まず，1891（明治24）年設立の岡山博愛会である。岡山花畑の地で，アメリカの宣教師アリス・アダムズ（Adams, A.）が着手した貧困者の教育や医療がセツルメント活動の発端であった。また，1897年開設のキングスレーホールがある。トインビー・ホールに滞在経験をもつ片山潜が神田三崎町に労働者教育の拠点を創始してセツルメント活動を展開した。ただし，片山はこのセツルメント活動をこえて社会主義運動に専念したため，3年で閉鎖した。

2）セツルメントの盛期

大正期半ば，日本のセツルメントは隣保事業の呼称をもって活発になる。1923（大正12）年には，ジェーン・アダムズ（Adams, J.）の来日を盛大に歓迎する風潮があった。アダムズは，シカゴにセツルメントのハルハウスを開設し，社会事業を中心に女性運動や平和運動を精力的に展開した人物であった。

> **アダムズ，J.**
> **（米 Addams, Jane；1860-1935）**
> アメリカの女性社会事業家，社会運動家。英国遊学中にトインビーホールのセツルメント活動に影響をうけ，帰国後の1889年にスター（Starr, E.）とともにシカゴのスラム街に，ハル・ハウス（Hull-House）を創設し，就労児童の保護や児童公園創設，貧民の保護などに貢献した。しかし，アメリカの第1次世界大戦参加への反対運動をきっかけに，平和運動へと活動の場をかえていった。1931年ノーベル平和賞を受賞，その著書に『ハル・ハウスの20年』（1910）がある。

日本の代表的なセツルメントは、キリスト教系では賀川豊彦が1909（明治42）年に始めたイエス団や、仏教系では長谷川良信が1919（大正8）年に始めたマハヤナ学園、公立セツルメントでは志賀志那人が率いた1921年設立の大阪市立北市民館、大学セツルメントでは大学関係者が担った1924年設立の東京帝大セツルメントなどがあった。

1926年、大林宗嗣は著書『セッツルメントの研究』を出版し、セツルメントの事業として教育、修養、クラブ、経済的施設、社会事業的施設、慰安及び娯楽、研究調査を列挙した。

(4) 戦前ソーシャルワークの行方

1) 竹内愛二のケースワーク

戦前から戦後にかけて、ソーシャルワークの代表的な論者として活躍したのは、竹内愛二である。1938（昭和13）年、竹内は著書『ケース・ウォークの理論と実際』を出版する。これは、アメリカの研究動向を汲み取り翻訳論文を含めて構成した体系的なケースワーク論であった。

アメリカのケースワークは、リッチモンド以降、科学的かつ技術的な志向を強めた。竹内は、このことを受け止めて科学に基づく技術としてケースワークを認識する。すなわち、「科学的認識及び方法をもって個人または家族の直面せる困難を解決し、彼らが社会人として独立して生活し得るように主観的及び客観的資源を用ふる」[3] 技術がケースワークであった。

ここには、「社会事業は其の存在意義を超時代的に有する[4]」というアメリカのソーシャルワークに即する竹内の立場もあった。

2) 厚生理念とケースワーク

1937（昭和12）年の日中戦争以降、日本は戦時体制を固めた。社会事業は、戦争目的に編成を受けて厚生事業という呼称にかわった。ケースワークも、この時期から厚生事業に位置して変質を始める。

小澤一は、1940年代前半の論文で、ケースワーク以外の集団的指導共同化活動を一層拡大して厚生事業が地域的かつ職域的に進出する最前線で、方面委員は各種事業の連絡にあたると主張した。また竹内愛二は、1940年代前半の論文で、ケースワークは第一に国民の能力を生産部門へ徴用する一方で、第二に生産拡充の障碍にならないよう要救護階級者の保護的処置をはたすと主張した。すなわち、ケースワークを厚生事業の一環とする論調が全面化した。

第二次世界大戦の時期には、ケースワークに関する論文自体も消滅する。また、セツルメントの活動も公立系以外は戦時体制の抑圧を受けた。ケースワークの論議が再び起こり、グループワークやコミュニティ・オーガニゼーションの導入が本格化するのは終戦以降であった。

3 戦後のソーシャルワーク

終戦後，社会や経済の荒廃と混乱で，人びとの生活は飢餓状態に陥った。連合国軍総司令部（GHQ）の民主化と非軍事化の占領政策は，その困窮の対策に始まり厚生事業を清算する。そして，基本的人権を謳う日本国憲法に基づく社会福祉の整備が始まる。日本のソーシャルワークがアメリカの影響の下に再起するのは，この時期であった。

（1）占領政策とソーシャルワーク

1）社会福祉行政の再編成

占領期，GHQの指導は社会福祉行政の刷新と同時に，ソーシャルワークの積極的な導入を推進した。早くも1946（昭和21）年には，都道府県の民生部局にはアメリカがソーシャルワークを日本に注入する光景があった。そこではソーシャルワークの学位と経歴をもつアメリカの軍政官が配属し，日本の担当官と共に社会福祉行政にあたった。

現行生活保護法の制定の1950年には，社会福祉主事の設置に関する法律が成立する。この社会福祉主事は，日本で最初のソーシャルワーカー（Social Worker）の任用資格であった。また，1951年制定の社会福祉事業法は，社会福祉主事の規定をもり込むと同時に，福祉事務所の規定を新しく設けた。福祉事務所は，ソーシャルワークを展開する社会福祉行政の現業機関であった。

他面で，1948年には家庭裁判所のケースワーカーとして家庭裁判所調査官が誕生し，翌年には医療ソーシャルワーカーのための医療社会事業講習会の開催が始まった。また，ソーシャルワークの教育に取り組む大学等も10数校に上り，1955年には日本社会事業学校連盟（現日本社会福祉教育学校連盟）を組織した。ソーシャルワークの職能団体としては，1958年にいち早く日本医療社会事業協会が発足した。次いで，1960年には日本ソーシャルワーカー協会，1964年には日本精神医学ソーシャルワーカー協会が発足した。

2）ケースワークの新展開

終戦後，ケースワークの研究も再び始まった。概ね，これもアメリカの影響の下で進展した。その代表的な著書には，竹内愛二の『ケース・ウォークの技術』（1950）がある。

竹内は，「ケース・ウォークとは生活上の種々なる問題と関連して個人又は家族が陥つた社会関係の不調整を個別的に再調整することによつて，人格の成長発達をなさしめるためにとられる科学的認識に即した技術的過程」5)とする。ここには，民主化と非軍事化を通じて，戦前のケースワーク研究に立ち返った上で期する再出発がある。そして，リッチモンド以降に発展したケースワークの診断主義学派や機能主義学派の成果の摂取もあった。

家庭裁判所（family court）

司法権を行う通常裁判所の系列下にある下級裁判所である（裁判所法第3章に規定）。家事審判部と少年審判部があり，前者は家庭内に生じる種々の問題や悩みについて解決するために援助する部門で「家事調停事項」と「家事審判事項」とに区分される。家事調停は一般的な家庭に関する事項を扱い，家事審判官，弁護士，学者，調停委員等で構成する調停委員会によって行われる。家事審判は児童に関わる事項として，親権喪失の宣告，後見人等の選任・辞任許可・解任，監護者の指定，親権者の指定・変更等が審判の対象である。後者の少年審判部は，非行少年の保護事件の審判を担当し，非行事件処理の中枢的機能を果たしている。そのスローガンは，「家庭に光を少年に愛を」である。

医療ソーシャルワーカー（medical social worker：MSW）

保健医療分野でソーシャルワークを行う社会福祉専門職で配属先によっては社会福祉士，精神保健福祉士やリハビリテーションソーシャルワーカーも含み，総称して医療ソーシャルワーカー，略称でMSWとよぶ。なお，MSWは欧米では修士課程修了のソーシャルワーカー（Master of Social Worker）をさし，病院ソーシャルワーカー（hospital social worker または social worker in hospital）ということが多い。その役割は，利用者の抱える経済的，心理・社会的問題に対して，解決，調整を援助し，社会復帰の促進を図ることである。

竹内は，診断主義学派の成果から，ケースワークの過程を診断及び評価を踏まえた社会治療とする。そして竹内はこのケースワークの過程で，機能主義学派の成果から，非指示的な傾聴面接を強調した。

なお，この時期の代表的な著書には谷川貞夫の『ケース・ウォーク要論』(1949) もあった。竹内と谷川は，他にグループワークとコミュニティ・オーガニゼーションの著書を発表し，終戦直後のソーシャルワークの研究を先導した。

3) グループワークの導入

ＧＨＱの指導下で，グループワークの紹介と導入が民主化を期して本格的に進む。社会福祉の分野では，1949（昭和24）年に厚生省が主催してサリヴァン (Sullivan, D.F.) を講師に立て，グループワーク講習会を実施した。また社会教育の分野では，前年の1948年に文部省が主催して同様にサリヴァンを講師に青少年講習会を実施した。

竹内愛二の説明では，「集団社会事業（ソーシャル・グループ・ウォーク）とは，共通の要求を持つ人々によって形成された集団の組織及び運営によって，各成員の要求を充足するのみならず，集団過程の展開によって，成員及び集団全体の向上をなすように，専門の社会事業家が援助すること」6) であった。

社会福祉の分野でグループワークの実際は，地域や職域のレクリエーション活動や，キャンプやサークルのグループ活動，施設入所者のグループ等に対して展開した。そして後年には，自然発生的なグループのみならず人為的組織のグループに対する治療的なグループワークも，刑務所や病院等でソーシャルワークの一環として展開した。しかし，伝統的な日本文化や社会福祉の同一性との関係で，グループワークの定着には困難が付きまとった。

4) コミュニティ・オーガニゼーションの導入

コミュニティ・オーガニゼーションの紹介と導入も，民主化を期して本格的に進んだ。1951（昭和26）年，中央社会福祉協議会（翌年，全国社会福祉協議会）と都道府県社会福祉協議会が誕生し，漸次，市町村社会福祉協議会が発足した。コミュニティ・オーガニゼーションは，主にこの社会福祉協議会の発展にともない展開する。

社会福祉協議会の活動は，地域の民生委員や社会福祉施設の間の連絡調整から出発した。ここには，アメリカで最初の理論体系のニーズ－資源調整説に即した活動があった。次いで，社会福祉協議会はインター・グループ・ワーク説に即した活動を加えて展開する。このことは，子ども会や母親クラブ，老人クラブ等の団体の登場に対応する意味があった。さらに，1962（昭和37）年策定の社会福祉協議会基本要項に多大な影響を与えたのは，統合説であった。基本要項は，社会福祉協議会の「基本的機能は，コミュニティ・オーガニゼーションの方法を，地域社会に対して総合的に適用すること」であり，「住民主体の

社会福祉協議会

日本の社会福祉協議会は，GHQ公衆衛生福祉局が厚生省（現厚生労働省）に示した6項目の主要目標に基づき，当時の主要な福祉団体を統合することで，1951（昭和26）年に中央社会福祉協議会（現在の全国社会福祉協議会）が発足し，それから次第に地方にも組織されていった。こうした歴史的な背景があって，行政指導により組織化したという経緯が，その後長く組織の民間性の確立に社会福祉協議会を苦慮させることになる。民間組織としてのあり方の確立は，コミュニティ・オーガニゼーション論を取り入れたいくつかの方針文書を経て，1962（昭和37）年の社会福祉協議会基本要項の策定まで待たなければならなかった。

しかしその基本要項の策定後も，依然として財政面での行政依存の体質を抜け切れなかったために，社会福祉協議会は数多くの在宅福祉サービス事業を受託するようになり，地域の福祉課題の解決とサービス供給との両立を図る課題を今日まで持ち続けている。

原則」に基づいて「市区町村を基本単位として福祉計画を樹立し，そのために組織化活動をする」[7] とした。

以降，この基本要項が社会福祉協議会の活動指針となり，コミュニティ・オーガニゼーションが展開した。

(2) ソーシャルワークの批判論争
1）社会福祉本質論争と技術論

1950年代初め，社会福祉の本質をめぐって論争が起こる。社会福祉の代表的な論者各々が見解を発表する機会があった。このとき，社会福祉の相容れない理解の存在が歴然とした。ここでアメリカのソーシャルワークを中心に社会福祉の理解を提示したのは，竹内愛二であった。竹内は，社会福祉の一部門に社会事業があり，社会事業はソーシャルワークの訳語だとする。そのうえで，ソーシャルワークは人間関係調整の技術であり，社会福祉の要諦をなすとした。

この竹内のような理解に一貫して反発するのは，孝橋正一である。孝橋は，社会事業を資本主義の構造的欠陥の必然的所産とする。資本主義は，社会問題を必ず生み，社会政策を必要とする。この社会政策を代替ないし補完するのが，社会事業である。社会事業は，社会政策とともに資本主義の温存をはかる。この社会事業の認識は，竹内のような理解には希薄だった。孝橋のような理解を政策論，竹内のような理解を技術論と呼び，社会福祉の論争点となった。

1959（昭和34）年，竹内はアメリカのソーシャルワークの趨勢に基づく著書『専門社会事業研究』を刊行する。ここでは，「｛個別・集団・組織｝社会事業とは｛個人・集団・地域社会｝が有する社会（関係）的要求を，その他の種々なる要求との関連において，自ら発見し，かつ充足するために，能力，方法，社会的施設等あらゆる資源を自ら開発せんとするのを，専門職業者としての｛個別・集団・組織｝社会事業者が，その属する施設・団体の職員として，側面から援助する，社会福祉事業の一専門領域を成す過程をいう」[8] とした。竹内は，技術論として依然自身の社会福祉の理解を貫徹する。ただし，社会福祉を職業として認識する新しい契機もあった。

(3) 生活保護法とケースワーク

1950年代には，生活保護行政で展開するケースワークの是非や要否が論議となった。この論議は，岸勇と仲村優一が見解を戦わせる岸－仲村論争に行き着く。政策論と技術論の対立構図が生活保護行政をめぐって表出する論争であった。

仲村は，ケースワークが最低生活保障と自立助長に与する意義を主張した。ここでは，経済給付の枠内で自己決定を尊重した生活の維持をはかるのが，ケースワークであった。一方，岸はケースワークが自立助長の強制で最低生活

民生委員

厚生労働大臣の委嘱により，「社会奉仕の精神をもって常に住民の立場に立って相談に応じ，及び必要な援助を行い，もって社会福祉の増進に努める」任務をもつ，民間奉仕者のこと。その職務は，㈠住民の生活状態の把握，㈡援助を必要とする者に対する生活の相談，助言，援助，㈢福祉サービスの利用に必要な情報の提供，㈣社会福祉事業者等との連携およびその事業に対する支援，㈤福祉事務所等関係行政機関の業務への協力であり，㈥必要に応じて住民の福祉の推進を図るための活動を行うことにある。

社会福祉協議会基本要項

1962（昭和37）年に策定された社会福祉協議会基本要項は，その第1条で社会福祉協議会を「一定の地域社会において，住民が主体となり，社会福祉，保健衛生その他生活の改善向上に関連のある公私関係者の参加，協力を得て，地域の実情に応じ，住民の福祉を増進することを目的とする民間の自主的な組織である」と規定し，住民主体の原則という活動の方向性を確立したことで，普遍的な価値をもつものとなった。

しかし1990（平成2）年に社会福祉関係8法が改正されたのを機に，社会福祉協議会の組織改革が課題となり，基本要項の改訂も検討された。そこで住民主体の原則も見直しの焦点となったため，全国の多数の社会福祉協議会で論議が高まり，当初予定より大幅に遅れて1992（平成4）年に『新・社会福祉協議会基本要項』が策定され，住民主体の原則は「住民活動主体の原則」と改められた。

保障を阻む弊害を主張した。つまりは，自立助長を雇用政策の問題と認識しないで経済給付の停止を目指すケースワークは有害であった。岸は政策論の立場にあるのに対して，仲村は技術論の立場にたつところから両者の折り合いは着かなかった。

この論争は，生活保護基準の据え置きや引き締めが背景にあり，同じ時期には朝日訴訟が起こり世論を喚起した。結核療養所に入院する朝日茂が生存権保障の名に値しない生活保護の日用品費の不足を問題にして，厚生大臣（現厚生労働大臣）を相手に1957（昭和32）年に提訴した裁判である。第一審は，原告勝訴，第二審は原告敗訴，1967年の最高裁判決では原告の死亡で訴訟継続を退けた。一審と二審では，日本医療社会事業協会の児島美都子と浅賀ふさがケースワークの観点から原告側証人として法廷に立った。

医療社会事業は，この原告支持の活動を行う一方で，1965年には孝橋正一から日常実践の傾向に対して批判を受ける。孝橋は，アメリカの影響を受けた心理援助の偏向をただし，社会資源の活用に専念すべきだと医療社会事業のケースワークを否定した。政策論を基礎とするこの孝橋の批判に対して技術論の陣営が反論をくり出し，医療社会事業論争が始まる。仲村は日本の医療社会事業の実際では心理援助の程度は極端ではないとし，また児島は医療社会事業の対象は主に患者であり心理援助は避け得ないなどと反論した。しかし，政策論と技術論の対立構図が医療社会事業をめぐって表出するこの論争も，平行線をたどり終息した。

(4) ソーシャルワークの再編統合
1) ソーシャルワークと岡村理論

1970年代には，アメリカのソーシャルワークの再編統合が進む。このことは，ケースワークほかの伝統的な三方法を解消することを意味した。ここに，一元的な体系のジェネラリスト・ソーシャルワーク（Generalist Social Work）が台頭する。

この動向を受け止めて日本で推し進めた論者に岡村重夫がいる。岡村は，社会福祉の固有の視点を探求した。社会生活上の基本的要求は，諸種の社会制度から充足する。諸種の社会制度は，それぞれ独立して存在する。一方，基本的要求の充足は個人が統合してこそ意味をもつ。だから，両者を結ぶ社会関係には調整が必要である。しかも，個人の統合を可能にする観点が必要である。このことを，社会関係の主体的側面と呼ぶ。これこそが，社会福祉の固有の視点であった。

岡村は，この固有の視点から社会福祉の機能を一元的に説明する。そして，このことに基づくソーシャルワークの再編統合を著書『社会福祉の方法』（1979年）などで提起した。岡村の社会福祉の理解は，もとより一元的体系のジェネ

生活保護法（現行）

日本国憲法第25条の生存権規定に基づき，「国が生活に困窮するすべての国民に対し，その困窮の程度に応じ，必要な保護を行い，その最低限度の生活を保障するとともに，その自立を助長すること を目的」とした法律（1950年5月公布・施行）。本法には，国家責任，無差別平等，最低生活，保護の補足性の4つの原理並びに申請保護，基準および程度，必要即応，世帯単位の4つの原則が規定されている。保護の種類は生活扶助，教育扶助，住宅扶助，医療扶助，出産扶助，生業扶助，葬祭扶助，介護扶助の8種類である。

朝日訴訟

1957（昭和33）年，重症結核で国立岡山療養所に入院していた朝日茂が生活保護法で長期入院患者に支給される日用品費月額600円は低額で憲法第25条にいう「健康で文化的な最低限度の生活」ができないとして，厚生大臣（現厚生労働大臣）を被告として提訴した訴訟。争点はおよそ次の2点に集約される。㈠に生活保護基準の見直しを求めるもの。㈡に憲法第25条生存権規定が実体的権利（国民側に最低生活保障を請求することができるもの）か，反射的権利（国側に社会福祉の対象の要保護性を制定する裁量を認めその結果として保護受給が国民に認められる）か，である。一審は人間に値する生活は予算の有無によって左右されるものではなく，予算を指導，支配すべきものと明言した。二審は敗訴した。1967（昭和42）年の最高裁判決は原告の死亡により養子による訴訟の継承を認めず，憲法25条は反射的利益ではなく，法的権利であることを示し訴訟を終了した。また憲法25条にいう社会保障の権利性が問われたものとして，その後の訴訟や政策に大きな影響を与えたことから「人間裁判」ともよばれている。

ラリスト・ソーシャルワークに対して親和的であった。

2）ソーシャルワークの三大方法

一元的な体系のジェネラリスト・ソーシャルワークは，主流化する。しかし他面で，ケースワークなどの伝統的な三方法は依然として存続した。1980年代以降，ケースワークなどの著書の刊行も直ちには衰退しなかった。

ケースワークのテキストでは，仲村優一編『ケースワーク教室』（1980）などがある。ここでは，診断主義学派や機能主義学派，また問題解決アプローチの理論を交えて，ケースワークの過程をインテーク，社会診断，社会的処遇，終結として説明する。そして，行動変容アプローチや危機介入アプローチ，課題中心アプローチを紹介する。

またグループワークのテキストでは，福田垂穂ほか編『グループワーク教室』（1979）などがある。ここでは，社会的目標モデルを基礎に媒介モデルや治療モデルを合わせて，グループワークの過程を対象の把握と処遇の準備，処遇目標の設定とグループ編成，処遇の実際，評価と処遇の終結として説明する。そして，グループワークの展開で活用する知識として，集団力学や集団過程の研究成果を紹介する。

コミュニティ・オーガニゼーションでは，永田幹夫『地域福祉組織論』（1981）などがある。永田は，地域組織化をコミュニティ・オーガニゼーションとし，福祉組織化をアドミニストレーションとする。このアドミニストレーションは，ニーズ－資源調整説の流れを汲み，事業運営や政策形成を含む活動である。ここには，社会福祉協議会の発展が反映するとともに，アメリカのロスマン（Rothman, R.）の研究成果との類似もあった。なお，この1980年代以降，日本ではイギリスの歴史や社会の事情から成立したコミュニティワーク（Community Work）という名称が一般的となった。

(5) ソーシャルワークの資格制度

1）社会福祉士の胎動

日本のソーシャルワーカーの国家資格は，社会福祉士及び介護福祉士法で実現する。1987（昭和62）年制定のこの国家資格は，積年の念願であり懸案であった。早くも1971年には，厚生省の社会福祉士法制定試案が浮上する。

この試案は，社会福祉施設整備5か年計画に呼応して，担い手を確保する意図があった。しかし，業務の内容が不明瞭で業界の合意も不十分であり，この試案は結実しなかった。また，ソーシャルワーカーの国家資格をめぐっては専門職の身分確立というより労働者の待遇改善の方に関心が強く向いて議論が行き詰るという事情もあった。

たしかに，1970年代には真田是らの社会福祉労働の考え方が注目を集めた時期でもあった。真田は，政策の対象と技術の対象の交点に社会福祉労働の対

児島美都子（こじまみつこ；1924-）

東京都に生まれる。1944（昭和19）年に青山学院女子専門部家政科卒業。1951（昭和26）年より医療ソーシャルワーカーとして織本外科病院に勤務。1953（昭和28）年に厚生省の認定講習を受け，さらに日本社会事業学校専修科に進み1955（昭和30）年卒業。1958（昭和33）年には朝日訴訟の原告証人となる。1962（昭和37）年，社団法人全国結核回復者コロニー協会事務局長。1966（昭和41）年日本福祉大学へ赴任。その後，龍谷大学，青森大学に赴任する。1973（昭和48）年に一時活動が停滞していた日本医療社会事業協会の再建と同時に会長に就任，1981（昭和56）年まで医療ソーシャルワーカーの医療福祉職専門職化運動に取り組む。障害者の自立生活運動にも関わり，人権としての福祉の追究をめざす。

地域組織化・福祉組織化

地域組織化とは，ほぼコミュニティワークに該当するプロセスであり，地域社会で問題を抱える者が主体的に解決できるように，㈰高齢者や障害者およびその家族などの当事者の組織化，㈪校区社会福祉協議会など活動の基盤組織の構築，㈫一般の住民に対するボランティア活動の啓発や促進，などを実施するものである。それに対する福祉組織化とは，社会資源の動員および開発を目標とする福祉コミュニティ形成のプロセスである。そうした社会資源とは，施設・サービス・相談機能・各種の制度的資源，そして当事者を援助するボランティアグループなどの地域組織の資源や家族・近隣関係などインフォーマルな資源までも含んでいる。さらにこれらの社会資源を効率的に活用するための関係機関・団体間の連絡調整や，そのためのシステムの構築も福祉組織化の課題となる。

象があることに着目する。そして，社会福祉労働が運動に乗り出すところに個別事例の対応とともに体制変革の契機を見出した。ここには，政策論と技術論の対立構図の閉塞状況を打開して両者を架橋する社会福祉の理解があった。

2）社会福祉士の誕生

社会福祉士は，法的な規定では「登録を受け，社会福祉士の名称を用いて，専門的知識及び技術をもつて，身体上若しくは精神上の障害があること又は環境上の理由により日常生活を営むのに支障がある者の福祉に関する相談に応じ，助言，指導，福祉サービスを提供する者又は医師その他の保健医療サービスを提供する者その他の関係者との連絡及び調整その他の援助を行うことを業とする者をいう」（社会福祉士及び介護福祉士法第1条）。この法的な規定から，社会福祉士の業務を一言で相談援助というのが一般的になった。

この社会福祉士が誕生する背景には，東京で1986（昭和61）年開催の第23回国際社会福祉会議があった。このとき，国内外のソーシャルワーク関係者の結集がこの国家資格の不在を浮き彫りにし，創設を勢いづけた。また，高齢社会を展望してシルバーサービスの振興とともに質の高い担い手の確保を必要とする情勢もあった。ここから，社会福祉の価値や倫理を体現するソーシャルワーカーの国家資格の創設に期待が集まった。さらに，ソーシャルワークを社会福祉主事に任すことが難しいという時代の推移も，社会福祉士が誕生する背景にあった。

社会福祉士及び介護福祉士法の制定時には，医療福祉士の創設構想もあった。しかし，医療ソーシャルワーカーは社会福祉士を基礎資格とする方針をとり，立ち消える。ただし，精神科ソーシャルワーカーは単独資格を模索して，1997（平成9）年には精神保健福祉士法の制定にいたった。社会福祉士の職能団体としては，1993年に日本社会福祉士会が発足する。精神保健福祉士は，1999年に日本精神医学ソーシャルワーカー協会から日本精神保健福祉士協会に改組した。なお今日では，社会福祉士は社会福祉主事へ任用できる資格として社会福祉法がその第19条に明記するところである。

注）

1) MacIver, R.M. 著／菊池綾子訳『社会学講義』社会思想研究会出版部，1957年，p. 153
2) 小澤一『救護事業指針―救貧の理論と実際』巌松堂書店，1934年，p. 4
3) 竹内愛二『ケース・ウォークの理論と実際』巌松堂書店，1938年，pp. 33-34
4) 同上，p. 7
5) 竹内愛二『ケース・ウォークの技術』中央社会福祉協議会，1950年，p. 14
6) 竹内愛二『グループ・ウォークの技術』中央社会福祉協議会，1951年，p. 18
7) 全国社会福祉協議会「社会福祉協議会基本要項」1962年
8) 竹内愛二『専門社会事業』弘文堂，1959年，p. 91

社会福祉施設緊急整備5ヵ年計画

1970（昭和45）年，厚生省（現厚生労働省）は「厚生行政の長期構想」とともに「社会福祉施設緊急整備5ヵ年計画」を策定した。1970年度を初年度として，不足する各種施設の近代化と充足を重点的にめざした。㈠緊急に収容保護する必要のある寝たきり老人，重度心身障害者などの収容施設の重点的整備，㈡社会経済情勢の変化に対応して保育所およびこれに関連する児童館などの施設の拡充，㈢老朽社会福祉施設の建て替えの促進，不燃化，近代化を掲げた。この結果，施設の建設は促進され，施設総数は増えたが，施設種別間の達成率の不均衡を生むなど課題を残した。

日本精神保健福祉士協会

精神保健福祉士によって構成されている。1964年，精神科ソーシャルワーカーの全国組織「日本精神医学ソーシャル・ワーカー協会」として発足し，1997年の「精神保健福祉法」成立後，1999年に「日本精神保健福祉士協会」に名称変更し，2004年に社団法人となった。精神障害者の生活環境の調整や，権利擁護活動，福祉制度の改善の請願活動，精神保健福祉士の研修などを行っている。

<参考文献>

全日本方面委員聯盟編『方面事業二十年史』全日本方面委員聯盟，1931年
西内潔『日本セッツルメント研究序説』童心社，1968年
岡本民夫『ケースワーク研究』ミネルヴァ書房，1973年
吉田久一『現代社会事業史研究』勁草書房，1979年
真田是編『戦後日本社会福祉論争』法律文化社，1979年
黒木保博「グループワーク発展の社会的背景—わが国のグループワーク研究史」
　嶋田啓一郎編『社会福祉の思想と理論—その国際性と日本的展開』ミネルヴァ
　書房，1980年
池田敬正『日本社会福祉史』法律文化社，1986年
日本地域福祉学会編『地域福祉事典』中央法規，1997年
多々良紀夫・菅沼隆『占領期の福祉改革—福祉行政の再編成と福祉専門職の誕生』
　筒井書房，1997年
京極高宣『日本の福祉士制度—日本ソーシャルワーク史序説』中央法規，1992年

プロムナード

　日本のソーシャルワークの歴史研究は，必ずしも多くはありません。ソーシャルワークの研究自体に脱落部分が少なからずあるようです。歴史研究は，日本のソーシャルワークの大局評価には欠かせません。日本には，アメリカを中心に海外動向の影響が色濃くあります。これは，ソーシャルワークの分野に限った事でもないでしょう。また今日，世界基準の時代には一概には否定できないことです。しかし，海外のソーシャルワークの成立事情や思想内容を問うことは大事なことです。アメリカのソーシャルワーク研究では，一番ヶ瀬康子氏の功績があります。リッチモンド研究の小松源助氏やアダムズ研究の木原活信氏なども，同様です。反面，日本の伝統や実情に移入したソーシャルワークの史的検証も大事なことです。日本特有のソーシャルワークの契機がみつかり，世界基準への寄与にもつながるでしょう。

学びを深めるために

岡本民夫『ケースワーク研究』ミネルヴァ書房，1973年
　アメリカのケースワーク研究の歴史のみならず，日本のケースワーク研究の歴史を膨大な文献渉猟をもとに詳述している。
伊藤淑子『社会福祉発達史研究—米英日三カ国比較による検討』ドメス出版，1996年
　イギリスやアメリカのソーシャルワークの発達と対照させながら，日本のソーシャルワークの変遷と特徴を明確にしている。

日本のソーシャルワークを歴史的にたどり，日本のソーシャルワーカーの今日的な可能性や問題点を考えてみよう。

福祉の仕事に関する案内書

室田保夫編著『人物でよむ近代日本社会福祉のあゆみ』ミネルヴァ書房，2006年

第5章

相談援助の理念　その1

1 ソーシャルワークの価値と理念

　社会福祉援助における価値とは、援助者がそのプロセスにおいて目指す目標や考え、守らなければならない方針であり、社会福祉の援助の専門性を構成する非常に重要な要素である。社会福祉の援助が目指すものは、この価値の実現であり、それを支えるのが社会福祉の理念なのである。専門職としての質の高い援助を実践するために、社会福祉の共通理念として人権尊重、社会正義、利用者本位、人間の尊厳の保持を示すことができる。

　もし、援助者一人ひとりが、個人のもつ人間観や道徳心、価値観や偏見を援助に持ち込めばクライエントを主体とした援助と乖離したものとなり、クライエントに不利益を被らせることになるかもしれない。社会福祉の価値と専門職としての倫理を明文化したものが倫理綱領であり、ソーシャルワーカーとして実現すべき価値を実際の行動として可能ならしめる基準として提示されたものである。本章では適宜、倫理綱領を通してソーシャルワークの価値と理念を具体的に理解するが、倫理綱領については第9章においてより詳しく述べられている。より深い理解のためにあわせて活用しよう。

　人権尊重、社会正義、利用者本位、人間の尊厳の保持という社会福祉の理念をより具体的に理解するために、以下の事例を通して考えていく。

事例

　Iさん（男性）は現在50歳である。どちらかというと自分の意見をはっきりということができず、周囲の人に合わせるよう気を遣うことが多い性格であった。若いころからお酒を飲むのが好きであり、お酒が入ると気が大きくなり普段言いにくいことも口にしやすくなった。

　大学を卒業後、銀行員となり、27歳の時に職場で知り合った女性と結婚した。その後、子どもが二人生まれた。給料は十分にもらっていたが、仕事上のノルマが厳しくストレスのたまる毎日であった。そのため仕事帰りに飲むことがさらに増えた。

　そのようななか、職場内で急な人事異動があり、全く慣れていない業務を担当しなければならなくなった。この頃から飲まずにはいられなくなり、毎日会社の帰りに飲みに行き、いったん飲みだすと泥酔するまで飲むようになってきた。朝、起きられず仕事に遅刻したり仕事に支障を来すようになった。

　上司から強く勧められ職場の健康センターに受診したところ、アルコール依存症と診断された。そのことを上司に伝えたとたんに周囲の人の態度が変わったように感じ、自分の仕事や役職を他の人に代わるように言われたり、Iさんには納得のいかない理由で減給されることもあった。このようなことが続き職場にいづらくなったため、40歳で退職した。その後、再就職先を探したが、

障害者の権利条約
　障害者の権利および尊厳を保護・促進するための包括的・総合的な国際条約。障害者の尊厳、個人の自律・自立、非差別、社会参加、インクルージョン等を一般原則とし、教育、労働、社会保障等に関する権利保障や、アクセシビリティ・情報へのアクセス・合理的配慮等が規定されている。

アルコール依存
　アルコール飲料を長年にわたって連用しているうちに、やめようとしてもやめることができなくなる状態。精神的にも身体的にもアルコールに依存した状態で薬物依存の一種である。日常生活に破綻をきたし、家庭や職場からも孤立しがちになる。治療としては、薬物療法と断酒会などに参加して継続的な禁酒という目標への動機付けが行われる。本人の自覚と努力なしではなかなか治療効果が上がらない。

不景気の影響もありなかなか見つからず，アルバイトをいくつかしたが，どれも長続きしなかった。仕事のない日は朝から一日中家で飲むようになり，飲むと妻や子どもに言葉を荒げることもあった。そのようなIさんに対し，妻の身内から離婚を勧められ，妻も合意し46歳のときに離婚，Iさんは自宅を出てアパートで一人暮らしを始めた。Iさんは次第に貯金がなくなり生活をしていくことも難しくなり，また食事が摂れなくなり身体が非常に辛くなってきた。相談する相手もおらずどうしたらよいのか途方に暮れていたが，以前の職場の健康センターで紹介してもらった精神障害者地域生活支援センターを思い出し，すがる思いで相談に訪れた。

> **国際ソーシャルワーカー連盟**
> →p.6参照

> **精神障害者地域生活支援センター**
> 地域の精神保健および精神障害者の福祉に関する種々の問題について，精神障害者からの相談に応じ，必要な指導および助言を行うとともに，制度の利用ができるように保健所，福祉事務所との連携ならびにあっせんおよび調整を行う。

2 ソーシャルワークと人権尊重

（1）人権と世界人権宣言

人権とは，人間が人間として生まれながらに当然もっている権利のことであり，人間らしく生きるために欠くことのできないものといえる。この基本的人権は日本国憲法における三大原則のひとつであり，とくに第25条において「すべて国民は，健康で文化的な最低限度の生活を営む権利を有する。」（1項），「国は，すべての生活部面について，社会福祉，社会保障および公衆衛生の向上および増進に努めなければならない。」（2項）と生存権と国家の責任につい

図表5－1　世界人権宣言（著者抜粋）

第一条
すべての人間は，生れながらにして自由であり，かつ，尊厳と権利とについて平等である。人間は，理性と良心とを授けられており，互いに同胞の精神をもって行動しなければならない。

第二条
1. すべて人は，人種，皮膚の色，性，言語，宗教，政治上その他の意見，国民的若しくは社会的出身，財産，門地その他の地位又はこれに類するいかなる事由による差別をも受けることなく，この宣言に掲げるすべての権利と自由とを享有することができる。
2. さらに，個人の属する国又は地域が独立国であると，信託統治地域であると，非自治地域であると，又は他のなんらかの主権制限の下にあるとを問わず，その国又は地域の政治上，管轄上又は国際上の地位に基づくいかなる差別もしてはならない。

第三条
すべて人は，生命，自由および身体の安全に対する権利を有する。

第四条
何人も，奴隷にされ，又は苦役に服することはない。奴隷制度および奴隷売買は，いかなる形においても禁止する。

出所）http://unic.or.jp/index.php　国際連合ホームページ

て規定されている。

　一方,社会福祉における人権を考えるときに,より具体的に理解する拠りどころのひとつとなるのが,世界人権宣言である。世界人権宣言は,1948年に第3回国連総会で採択され,すべての人民とすべての国とが達成すべき共通の基準とされている。つまり,この宣言で謳われている内容は世界の多くの人びとに共通する価値観であるといえる。世界人権宣言の内容を基礎として条約化したものに,国際人権規約があり,経済的,社会的および文化的権利に関する社会権規約と市民的および政治的権利に関する自由権規約がある。それぞれ社会保障や労働,教育に関する権利と身体の自由や思想の自由を保障しており,A規約・B規約ともよばれている。山縣は,国際人権規約には,人間の権利を,生活や生命を保障されるなど,何かをしてもらう権利(受動的権利)と意見,表現,思想信条の自由など,何かをする権利(能動的権利)の2つの側面を有しているとしている[1]。

図表5－2　課題別の人権条約・宣言

- 結社の自由及び団結権保護条約(1948年,ILO)
- 集団殺害罪の防止及び処罰に関する条約(ジェノサイド条約)(1948年)
- 人身売買及び他人の売春からの搾取の禁止に関する条約(1949年)
- 難民の地位に関する条約(1951年)
- 無国籍者の地位に関する条約(1954年)
- 児童の権利宣言,世界難民年(1959年)
- あらゆる形態の人種差別の撤廃に関する国際条約(1965年)
- 国際人権年(1968年)
- 知的障害者の権利宣言,人種差別と闘う国際年(1971年)
- 障害者の権利宣言,国際婦人年(1975年)
- 女子差別撤廃条約,国際児童年(1979年)
- 国際障害者年(1981年)
- 障害者に関する世界行動計画(1982年)
- 国連・障害者の十年(1983年)
- 拷問等禁止条約(1984年)
- 先住民条約(1989年,ILO)
- 児童の権利に関する条約(1989年)
- アジア太平洋障害者の十年,世界の先住民の国際年,女性に対する暴力の撤廃に関する宣言(1993年)
- 国際家族年(1994年)
- 人権教育のための国連十年,北京宣言－第4回世界女性会議(1995年)
- HIV及びAIDSと人権に関するガイドライン(1996年)
- 国際高齢者年(1999年)
- 人種主義,人種差別,排外主義,不寛容に反対する動員の国際年(2001年)
- 新アジア太平洋障害者の十年(2003年)
- 「人権教育のための世界計画」国連総会決議(2004年)
- 「人権教育のための世界計画」行動計画(2005年)
- 強制失踪からのすべての者の保護に関する国際条約,障害者権利条約(2006年)

出所)(社)日本社会福祉士会編『新　社会福祉援助の共通基盤　第2版』中央法規,2009年,p.39

世界人権宣言や国際人権規約以外にも、人権にともなうさまざまな課題別の人権条約や宣言がある（図表5-2参照）。

(2) 現代社会と人権

2000年に国際ソーシャルワーカー連盟（IFSW）が採択した、ソーシャルワークの定義では、「人権と社会正義の原理」についてソーシャルワークのよりどころとする基盤であると述べられている。社会福祉実践において、人権について深い理解と鋭い洞察をもつことは非常に重要なことである。

事例をふりかえってみよう。Ｉさんは一生懸命に自分の仕事や職場の人間関係に対応しようとしたにもかかわらず、ストレスへの対処バランスをうまくとることができなかったため、アルコール摂取に引き起こされる問題が起きてしまった。アルコール依存症は病気であり、周囲の人びとやＩさん自身の社会生活にさまざまな困難を起こすことがある。それ自体は改善や対応を考えていかねばならない問題であるが、その問題によってＩさんの人権が侵害されることがあってはならない。職場の人びとや親戚がアルコール依存症への偏見や誤解、先入観により、Ｉさんに不利益な対応をすることはＩさんの人権が守られているとはいえない。またＩさん自身が、自分の置かれている状況を自分の責任だと自身を責めていることもあり、一方で自分の権利を守るためにどのようにしたらよいのかも分からない状態は、問題をますます悪化させていくこととなる。もし、保健所や精神保健福祉センターといった相談機関に早期にアクセスが可能であったなら、問題が深刻化する前にＩさんは適切なアドバイスや対処方法を知ることができたかもしれない。

この事例にみられるような精神疾患をもつマイノリティの人びとへの人権に関する問題のように、人権がその時代の状況により人びとから剥奪され、多くの社会問題を生み出している現状を忘れてはならない。さらに人権がわれわれの生活において保障されるためには、それを具現化する法律が必要であり、その点においては国の施策の動向に大きく影響されているともいえる。

(3) 現代社会における人権尊重を支える法制度

現代における人権の問題は、事例のような精神障害者だけの問題だけでなく、ホームレスや外国人などの人びとのように、さらに非常に複雑化、多様化している。われわれの社会はさまざまな人びとの人権を尊重することを目指している。現代社会における人権にともなう問題やその対応を知るために、すでに着手されている法制度の主なものとして次のようなものについて理解を深めよう（図表5-3）。

たとえば、2006年には障害者権利条約が採択されているが、このなかで「障害のある人が、すべての場所において、法律の前に人として認められる権利を

精神保健福祉センター
精神保健および精神障害者に関する福祉に関し、知識の普及を図り、調査研究を行い、ならびに相談および指導のうち、複雑または困難なものを扱う。都道府県に設置。

保健所
地域における保健、衛生活動の中心的役割を担う機関。医師、薬剤師、保健師、助産師、看護師、精神保健福祉士など、各領域の専門化がおり、療育指導、療育相談、健康診断、伝染性疾患の予防、訪問活動、個人や家族に対するカウンセリングを行う。

マイノリティ
一般的には社会の偏見の対象として捉えられるような、人種・身体・文化の差異等によって、社会の多数派から区別されるときに用いられる。障害福祉分野においては、精神障害者がこのように捕らえられることが少なくない。

図表 5 − 3　現代における人権尊重への法制度の動き

- らい予防法廃止（1996 年）
- アイヌ文化の振興並びにアイヌの伝統等に関する知識の普及及び啓発に関する法律，地域改善対策特別措置法（1997 年）
- 男女共同参画社会基本法，男女雇用機会均等法改正（セクシャルハラスメント防止規程），児童買春，児童ポルノに係る行為等の処罰及び児童の保護等に関する法律（1999 年）
- 人権教育及び人権啓発の推進に関する法律，児童虐待の防止法に関する法律，ストーカー行為等の規制等に関する法律（2000 年）
- 配偶者からの暴力の防止及び被害者の保護に関する法律，ハンセン病療養所入所者等に対する補償金の支給等に関する法律（2001 年）
- ホームレスの自立の支援等に関する特別措置法（2002 年）
- 性同一性障害者の性別の取扱いの特例に関する法律，個人情報の保護に関する法律（2003 年）
- 犯罪被害者等基本法，発達障害者支援法（2004 年）
- 高齢者，障害者等の移動等の円滑化の促進に関する法律，自殺対策基本法（2006 年）

出所）（社）日本社会福祉士会編『新　社会福祉援助の共通基盤　第2版』中央法規，2009 年，p. 41

有することを再確認する」と明記された[2]。Ｉさんのように病気や障害のためにその人権を侵害されないように，私たちは常に社会に対して努力をしていくことを宣言しなくてはならない。

　社会のなかで，あるいは社会福祉援助の実践の場において，われわれが出会う人びとは，本当に一人ひとりがその権利を保障された生活を送ることができているだろうか。人権は，人として誰もが生まれながらにもっている非常に基本的なものであると同時に，社会状況によりそれが侵害されている人びとがいること，そして侵害されているという状況さえもが見えにくくなっている現状を忘れてはならない。ソーシャルワークの実践においても，人権をわれわれの置かれている社会状況との関連のなかで常に敏感に注視し，理解していくことが重要である。

3　ソーシャルワークと社会正義

(1) 社会正義とは

　社会正義とは，その社会の成員すべてに，①基本的人権を中心とした諸権利が保障されていること，②権利義務・報奨・制裁などが公正・公平に割り当てられることをさす[3]。社会に生活する一人ひとりの人権を保障することはウェルビーイングを実現するために非常に重要なことである。社会全体として取り組んでいかねばならないことであり，社会正義とはわれわれの社会のあるべき姿をさし示すものとなっている。

ウェルビーイング
1946年，世界保健機構（WHO）草案における「健康」の定義のなかで「社会的良好な状態：well=being」と初めて登場。近年の社会福祉分野においては，個人の権利を保障し，自己実現を目指し，理想的な目標として掲げる福祉を意味するソーシャルワークの理念に基づく事業や活動達成された状態をいう。生活の質（QOL）の豊かさを示す概念でもあり，ウェルフェアより充実した用語である。

図表 5 − 4　社会福祉士の倫理綱領「前文」（一部抜粋）

> われわれ社会福祉士は，すべての人が人間としての尊厳を有し，価値ある存在であり，平等であることを深く認識する。われわれは平和を擁護し，人権と社会正義の原理に則り，サービス利用者本位の質の高い福祉サービスの開発と提供に努めることによって，社会福祉の推進とサービス利用者の自己実現をめざす専門職であることを言明する。

　ソーシャルワークと社会正義について定義したものに，国際ソーシャルワーカー連盟（IFSW）がある。この定義のなかで，人権と社会正義の原理がソーシャルワークのよりどころとする基盤であると述べられている（第１章 p. 6）。
　また，社会福祉士の倫理綱領にはその「前文」において図表５−４のように採り上げられている。
　同じく，倫理綱領の「価値と原則」においては「差別，貧困，抑圧，排除，暴力，環境破壊などの無い，自由，平等，共生に基づく社会正義の実現を目指す。」とある。差別や貧困，社会的排除等は，人びとの人権を脅かすものである。しかし，社会のなかではある特定の人びとが権利を保障されないままに置かれている。また，法律や背策がそのような人びとへ充分に対応するものとなっていないという現実もある。それゆえに，ソーシャルワークにおいては社会への関心を常にもち，働きかけていく必要がある。
　つまり，ソーシャルワークは利用者の個人的な問題のみならず利用者を取り巻く社会環境をも支援の対象とし，働きかけを行っていくことを意味する。たとえば事例においては，Ｉさんは職場や親戚等の周囲の人びとのもっている病気への偏見や誤解のために，問題状況を悪化させることとなった。その結果，差別や貧困，排除といった困難に陥ることとなってしまった。その意味において，ソーシャルワーカーはＩさんとＩさんの問題を引き起こし，さらに深刻化させることとなった社会のあり方に対し，向き合わねばならない。

(2) 社会正義の実現に向けたソーシャルワーク実践

　実際のソーシャルワーク実践における社会正義の実現に向けた援助を考えてみよう。Ｉさんの訪れた精神障害者地域生活支援センターのソーシャルワーカーは，Ｉさんの相談を受け，Ｉさんの思いや希望や聞きながら，Ｉさんの問題状況を明らかにしていく。医療機関にうまく受診できるよう紹介をし，同時にＩさんが適切に社会福祉制度やサービスを利用できるように支援していく。さらにセルフヘルプグループ，断酒を促すプログラムを紹介し，今後の生活を支援していくことを目指す。
　さらに，Ｉさんのように困難な状況にある人だけでなく，その周囲の人びとや状況に対しても働きかけを行わなければならない。たとえば，家族や職場の

セルフヘルプグループ
→ p.94 参照

人びと，職場の勤務体制といった組織の仕組み，近隣の人びとなどもソーシャルワーカーが援助の対象とするものである。

さらに，ソーシャルワーカーはこのような問題が悪化してからの援助のみならず，Iさんのような人びとが今後少しでも困ることが少なくなることを目指さなければならない。そもそも社会の人びとが広くアルコール依存症という問題に関心をもつこととしての正しい理解をすること，われわれにとって他人事でなく，身近な問題であるということを感じてもらうことが，問題への予防と繋がるのである。

困難を抱えた当事者だけでなく，その周囲の人びとや状況に積極的に働きかけて変化を促していくことにより，ソーシャルワークの目指す社会正義の実現を目指すこととなる。

4　ソーシャルワークと利用者本位

(1) 利用者本位の理念

1998年に「社会福祉基礎構造改革について（中間まとめ）」が中央社会福祉審議会社会福祉基礎構造改革分科会により報告された。それにともない「社会福祉の増進のための社会福祉事業法等の一部を改正する等の法律」が成立したが，その改正等の具体的内容は，① 利用者の立場に立った社会福祉制度の構築（ア．福祉サービスの利用者制度化・措置制度から利用制度への転換，支援費支給制度の導入，イ．利用者保護のための制度の創設―地域福祉権利擁護事業制度の創設，苦情解決の仕組みの導入，利用契約についての説明・書面交換義務付け），② サービスの質の向上（事業者のサービスに関する質の自己評価，サービスの利用者のための事業運営の透明性），③ 社会福祉事業の充実・活性化（社会福祉事業の範囲の拡充化，社会福祉法人の設立要件の緩和），④ 地域福祉の推進，⑤ その他の改正等となっている[4]。

利用者本位，利用者主体の理念がより明確に盛り込まれたのである。この利用者本位を具現化するためには，利用者の立場に立った援助を目指し，利用者の自己決定を尊重することが重要である。

社会福祉士の倫理綱領の「倫理基準」においては，利用者に対する倫理責任として図表5－5のように明記されている。

利用者こそが生活の主体であり，利用者は単なる社会福祉サービスの利用者ではない。たとえば，事例のIさんは最終的に相談機関を訪ねている。しかし，この相談機関のソーシャルワーカーが自分の機関の都合を優先したり，Iさんの希望や考えを後回しにしたような援助をすれば，それはIさんを主体とした援助とはなっていないのである。疾患に対し治療をすること，疾患や障害への理解をIさん自身がもつこと，断酒を促すためのプログラムに参加すること等，

図表5－5　社会福祉士の倫理綱領

倫理基準　1）利用者に対する倫理責任
1. （利用者との関係）社会福祉士は，利用者との専門的援助関係をもっとも大切にし，それを自己の利益のために利用しない。
2. （利用者の利益の最優先）社会福祉士は，業務の遂行に際して，利用者の利益を最優先に考える。
3. （受　容）社会福祉士は，自らの先入観や偏見を排し，利用者をあるがままに受容する。
4. （説明責任）社会福祉士は，利用者に必要な情報を適切な方法・わかりやすい表現を用いて提供し，利用者の意思を確認する。
5. （利用者の自己決定の尊重）社会福祉士は，利用者の自己決定を尊重し，利用者がその権利を十分に理解し，活用していけるように援助する。
6. （利用者の意思決定能力への対応）社会福祉士は，意思決定能力の不十分な利用者に対して，常に最善の方法を用いて利益と権利を擁護する。
7. （プライバシーの尊重）社会福祉士は，利用者のプライバシーを最大限に尊重し，関係者から情報を得る場合，その利用者から同意を得る。
8. （秘密の保持）社会福祉士は，利用者や関係者から情報を得る場合，業務上必要な範囲にとどめ，その秘密を保持する。秘密の保持は，業務を退いた後も同様とする。
9. （記録の開示）社会福祉士は，利用者から記録の開示の要求があった場合，本人に記録を開示する。
10. （情報の共有）社会福祉士は，利用者の援助のために利用者に関する情報を関係機関・関係職員と共有する場合，その秘密を保持するよう最善の方策を用いる。
11. （性的差別，虐待の禁止）社会福祉士は，利用者に対して，性別，性的指向等の違いから派生する差別やセクシュアル・ハラスメント，虐待をしない。
12. （権利侵害の防止）社会福祉士は，利用者を擁護し，あらゆる権利侵害の発生を防止する。

援助者が適切であると考えることはたくさんあるだろう。しかし，それを押し付けたり，説得したりするのではなく，Ｉさん自身がこれからどのようにしていきたいのかを傾聴し，考えていく作業を支えることが非常に重要なのである。そのためには，ありのままのＩさんを受容し，充分な説明を行い，Ｉさんの自己決定を尊重していく過程が必要となり，これが利用者本位の援助と繋がるのである。

（2）利用者の参加と関係の対等性

利用者本位を目指すということは，これまでみられてきたような援助者が，「この人にとってどのような生活が望ましいのか」を判断するという援助視点をいったん取り去らなければならない。専門家がその人にとってもっともよい方法を考えることができるのであり，利用者やその家族に代わって判断するという考え方はパターナリズムと呼ばれる。従来，とくに医療の世界では顕著に

パターナリズム

父子（家族）主義、温情主義。父親の子どもに対する権利、義務、責任の関係にみられる権限、干渉、保護、温情等が主義としてあらわれること。古来より父権は、優者、強者とされており、その権限を基盤として弱者としての妻子を保護するものとして考えられてきた。パターナリズムにおける慈愛や温情は、強大な権威を背景としていることに特徴がある。

見られてきたパターナリズムであるが、社会福祉の援助の場においても障がい者や高齢者などの支援が必要な人びとに対し、専門家がニーズを判断し、必要とされる援助をするかわりに、責任や自由に何らかの制約を与えることが見られてきた。上野千鶴子[5]は介護保険において、誰にどれだけのニーズが満たされるべきかを判定するのが当事者でなく、介護保険審査会という行政によって権威を与えられた第三者であるというシステムをパターナリズムのひとつのあらわれと指摘している。

利用者はその抱えている困難さを含め、自分自身の経験知として、生活の主体としての智恵や知識を有しているのであり、「この人のニーズはこの人自身が知っている」ということを援助者が真摯に受け止めることが重要である。利用者自身のもつ知識や力を信じることがストレングス視点であり、利用者と対等の関係にこそ存在する。援助関係を真に利用者にとって主体的なものとするためには、この関係の対等性が基盤となっていることを忘れてはならない。

利用者のもっている力を引き出し、活用し、より発揮できるように援助することを目指すエンパワメントアプローチはソーシャルワーカーの目指すものである。

エンパワメント・アプローチ

ソーシャルワークの主体者としてクライエント（福祉サービス利用者）を位置づけ、クライエントの病理・欠陥ではなくクライエントの強さ・生き抜く力を重視し、クライエントとクライエントをとりまく環境のもつ潜在的な強さ・能力を引き出し、増強させていく一連の諸活動である。人と環境との間の関係性に焦点をあて、問題を抱える当事者が、自分のニーズを充足させ、生活の質を高め、自尊感情を持ち、自分の生活のあり方をコントロールできるように、環境とのよりよい相互作用能力を増進させる援助方法である。

5　ソーシャルワークと尊厳の保持

（1）人間の尊厳と新たな社会問題

人権を保障するということは、人の尊厳を守るということである。それは、私たちがたとえどのような状況に置かれていても、人として尊重されるということを意味している。

たとえば、Ｉさんが治療のために入院したとする。その際、病院の職員がＩさんを軽視し、ぞんざいな態度で接したとする。「収入がないのだから」「どうせ他にいくところがないのだから」「身寄りがない人だから、わからないだろう」といった理由で、Ｉさんの尊厳はいちじるしく侵害されたといえる。

人は病気や障がい、あるいはおかれている状況のために、自分の考えや思いを伝えることがむずかしいことがある。認知症や知的障がいのある人びとへのこのような問題は残念なことに絶えることなく起こっており、新聞やニュースで耳にすることもあるだろう。

社会福祉の歴史を顧みると、それは常に私たちの幸せな生活を阻害する貧困という問題への対応であった。しかし、家族関係や社会経済、地域社会の変化、人びとの価値観や意識の変化等は、新たな社会問題、生活問題を生み出している。それらの問題は非常に多様な形を呈しており、社会的な問題であると認識しにくいという特徴を有している。「社会的な援護を要する人々に対する社会福祉のあり方に関する検討会」の報告書（2000 年）のなかでは、現代の社会福

祉の対象となる問題を貧困に加え，
・「心身の障害・不安」（社会的ストレス問題，アルコール依存症，等）
・「社会的排除や摩擦」（路上死，中国残留孤児，外国人の排除や摩擦，等）
・「社会的孤立や孤独」（孤独死，自殺，家庭内の虐待・暴力，等）
と整理し，これらの問題が重複・複合化していると報告している[6]。

　産業構造の変化や景気の変動によって仕事上のストレスを抱えている人が増えているといわれている。職場の同僚がリストラされることにより，マンパワー不足となり，過酷な勤務状態となる。また，自分自身がいつリストラの対象となるのかと心配をし，そのために勤務状況の改善を上司に訴えることもできない。このような日々を過ごすなかでいつしか，ストレスが過度となり心身の健康を損ねる人びとがいる。最近，深刻な問題として報告されている「派遣社員の首切り」やホームレス問題においても，問題が顕在化したときにはすでに非常に深刻な状況となっているのである。本人の努力では危機状況を脱することができないうちに，その人がそれまでに持っていたもの，たとえば人間関係や貯え等をも失ってしまうのである。

　ソーシャルワークは新たな社会問題とそこに生活する人びとの尊厳のいかに守るかという問題に直面している。

（2）ソーシャルワークのあるべき姿と尊厳の保持

　社会構造との関係のなかで複数の問題が複合的に存在している現在，社会福祉援助の実践では，従来の社会福祉援助における対象理解に加えこれらの非常に多様な問題の理解と，その問題を抱えている人びとへの支援が必要とされている。

　社会の変化に従いそのなかで生活する人びとの生活問題も拡大，複雑化しているため，当然，既存の諸制度・サービスでは対応しきれない問題がある。「いま，私たちの暮らす社会のなかでどのような人びとが，どのような問題を抱えて生きているのか」についてソーシャルワーカーは常に敏感であらねばならない。

　利用者の権利を擁護し，自立生活に向けた支援を行い，真に利用者にとって質の高い援助を行うこと，何より同じ社会に生きる存在として他者を認めることは，ソーシャルワーカーにとって非常に重要なことである。

　人が人としてあることそのものを尊び，その存在を認めるところから援助者と利用者との関係が始まる。改めて，ソーシャルワーカーは人びとの人権を尊重し，社会正義とよりよい生活を目指す専門職であることを自覚し，このような問題を抱えた人びとへの支援をあきらめることなく，社会の変革に取り組んでいかねばならない。

注)
1) 山縣文治・岡田忠克編『よくわかる社会福祉 第7版』ミネルヴァ書房，2009年，p.6
2) 金子努・辻井誠人編『精神保健福祉士への道 人権と社会正義の確立を目指して』久美，2009年，p.29
3) 松村明・三省堂編修『大辞林第2版』三省堂，1995年
4) 成清美治・加納光子編集代表『第9版 現代社会福祉用語の基礎知識』学文社，2001年，p.124（一部改変）
5) 上野千鶴子・中西正司『ニーズ中心の福祉社会へ 当事者主権の次世代福祉戦略』医学書院，2008年，p.24
6) 厚生労働省 社会・援護局「社会的な援護を要する人々に対する社会福祉のあり方に関する検討会 報告書」2000年

プロムナード

社会福祉を学ぶ過程において，「人権尊重」という言葉が繰り返し出てきます。社会福祉士の資格取得の課程のなかでも多くの科目の講義のなかで，あるいはテキストのなかで「人権尊重」について学びます。社会福祉を学ぶ学生たちはその言葉をその通り，と頷きながら耳にしています。しかし一方で社会福祉の現場において利用者の人権を侵害するような状況を耳にします。
利用者本位の援助を目指す一方，現場にはさまざまな制約や困難があることも事実です。そのために倫理綱領に繰り返し目を通し，しっかりと理解しなければなりません。しかし同時に，そこで働く援助者の一人ひとりが，自分自身のもっている価値観についての理解を深めることが重要ではないでしょうか。私たちが生きている社会の文化や構造はそこで生活する私たちにいろいろな価値観を根付かせます。偏見や先入観を全く取り除くことは不可能といえます。怯むことなく自らの自己覚知に努め，自分自身のなかにある弱さや偏りに気づくことは援助者である私たちの出発点ではないでしょうか。

学びを深めるために

中西正司・上野千鶴子『当事者主権』岩波新書，2003年
　「援助者」の立場から作り上げた「利用者」ではなく，生活の主体としての当事者という視点をストレートに伝えてくれる。新書版で読みやすい一冊。

　身近な生活のなかでの人権を考えよう。最近の新聞やニュースのなかで，人権に関わる問題を取り上げ，その問題の背景について調べてみよう。

福祉の仕事に関する案内書

宮内佳代子『ソーシャルワーカーのひとりごと 私はあなたを見捨てない』角川書店，2003年

第6章 相談援助の理念 その2

1 ソーシャルワークと自立支援

(1)「自立」の意味

自立という言葉を辞書で引くと「他への従属から離れて独り立ちすること」とあり、続けて「他からの支配や助力を受けずに存在すること」とある(『大辞泉』)。では、自立とは、いったいどのような「従属から離れて」何が「独り立ちすること」を意味し、どのような種類の「支配や助力」を受けないことなのであろうか。

福祉を学び始めた学生に「あなたは自立していますか?」と尋ねると、多くの学生は「まだ自分は自立していないと思う」と答える。その理由は、自分で働いて学費や生活費を賄っているわけではなく、なかには、食事や家事を母親に依存していることを理由として挙げる学生もいる。つまり、経済面や日常生活における他者への依存が、自立していない理由として挙げられるのである。

それでは、ソーシャルワークにおいて使われる「自立」という言葉は、他者からの援助を受けずにすべてを独力で行うことを意味するのであろうか。児童福祉・障害者福祉・高齢者福祉その他の分野を問わず、この「自立」または自立支援という言葉は、近年の社会福祉現場において、あらゆる場面で頻繁に使われる。しかし、それぞれの場面で使われている「自立」という言葉が何を意味するかについて吟味してみると、それが使われる場面によって、大きく次の2つに分類できる。つまり、ひとつは、先の学生の例に見られるように行動や生活状況に他者からの援助を受けないことを自立と考える場合であり、もうひとつは、行動や生活状況に他者からの援助を受けるか否かも含め、自分の生活や人生を自分で決定すること、つまり行動や状況が自己決定に基づくことを自立と考える場合である。

このように「自立」には2つの意味があると考えられるが、前者は、行動や状況について独力で行うことを重視する考え方であり、後者は、行動や状況を独力で行うことよりも本人の自己決定を重視する考え方である。詳細については他章に譲るが、ソーシャルワークの形成過程をみると、伝統的なソーシャルワークではクライエントを治療の対象と位置づけ、ADL自立や経済的自立(自活)を重視するというように「自立」を前者のみの意味合いでとらえてきた経緯があり、現在の社会福祉現場においても、自立あるいは自立支援について「できる限り独力で行うこと」を重視するような状況が少なからずみられる。もちろん、行動や状況の自立は、自立概念の構成要素の重要な一部ではある。しかしながら、人格の尊厳や主体性の尊重に基づき、クライエント自身が人生の主体者として生きることができるように側面から支援する現在のソーシャルワークにおいては、自立あるいは自立支援について、むしろクライエントの自己決定を重視すべきであろう。

自己決定

自分の意思で自己のあり方を決定する権利を「自己決定権」という。障害者の自立生活運動を背景に、利用者の選択の自由を最大限に尊重する「自己決定権の尊重」が重視されるようになった。近年、エンパワメントという概念が浸透するにつれ、利用者自身が権利を自覚して、当事者として主体的に課題解決に参加する動きが広まりつつあり、サービス利用者を対象者としてではなく、人生の主体者としてとらえ直す視点が求められている。自己決定を可能ならしめるためには、選ぶことのできる選択肢の存在が必要であり、また、同意能力が欠如している者への援助も必要とされる。

ADL (activities of daily living)

日常生活動作。毎日の生活をするために必要な基本的動作のうち、食事、衣服の着脱、整容、排せつ、入浴、移動の身体動作をいう。ADL評価とは高齢者や障害者(児)などを対象に、項目ごとの身体動作を自分の力でどの程度できるか、その能力を測ることであり、介護の必要度の把握やリハビリテーションの効果測定のための指標となる。近年、人生の主体者として生きる患者や要介護者などをどのように援助するかという観点から、治療や介護やリハビリテーションの目標として従来のADLの向上に代わり、QOLの向上がいわれている。

(2) 依存を前提とした自立

　ソーシャルワークの領域において，自己決定を重視するという自立概念の形成は，1960年代後半にカリフォルニア州バークレーで始まった自立生活運動に大きな影響を受けていると考えられる。先に，伝統的なソーシャルワークではADL自立や経済的自立を重視してきたと述べたが，この運動は，ADL自立が困難な障害者の多くが病院や施設に収容され，訓練や治療という名のもとに「専門家」の管理下に置かれていたことに対する反発であった。この運動が目指したものの重要なひとつは専門家主導からの脱却であり，まさにクライエント（この場合は障害者本人）の自己決定を最重要視したのである。

　また，自立生活運動は「依存を前提とした自立」という新しい視点を提起した。それは「他人の助けを借りて15分で衣服を着て外出する人は，自分で衣服を着るのに2時間かかるために外出できないでいる人よりも，ある意味で自立している」という，自立生活運動を象徴する有名な考え方に表れている。つまり，依存と自立を対立概念とせず，むしろ行動と状況について「他者への依存を前提とした自立」という視点を提起したのである。ただし，この考え方は，なにも「2時間かけて自分で衣服を着ること」を否定しているわけではない。大切なのは，一人でやることでも他者の力を借りることでもなく，それを本人が決定（選択）し，その結果に本人が自己責任を負うということなのである。

　依存を前提とするという考え方は，自立生活運動が，行動や状況に何らかの援助を必要とする障害をもつ人の当事者運動であるため当然であるともいえるが，それでは障害をもたない人たちは，自分でできることを他者に全く依存せずに生活しているのであろうか。たとえば，私は職場まで地下鉄を利用して通勤している。あと2時間早く家を出れば独力で歩いて通勤できるにもかかわらず，運賃という対価を支払い，移動するという行動を他者に依存しているのである。このように高度に役割の分化した現代社会においては，誰もが，多かれ少なかれ他者への依存を前提として生活している。クライエントがそれを望むのであれば別であるが，「専門家」がクライエントにのみ「できる限り独力で行うこと」を強いることはできない。現代のソーシャルワークにおいて，障害当事者たちの起こした自立生活運動が提起した「依存を前提とした自立」という概念は，自己決定の概念と合わせて非常に重要であると考えられる。

> **自立生活運動**
> **(independent living運動)**
> IL運動。1970年代のアメリカでの重度障害者を主体とした新しい自立観を提起した運動。障害者の基本的人権を重視する理念である自立生活思想に大きな影響を与えた。従来の伝統的な自立観は経済的，職業的自活や身辺自立を重視し，身辺自立の困難な重度障害者，職業的自立が容易でない障害者は自立困難な存在として取り扱われていた。その結果，隔離や被保護的な生活を余儀なくされたのである。この運動は日常生活動作（ADL）の自立から障害に適した生活全体の内容（QOL）を充実させる行為，すなわち，自己決定権の行使をすることと自らの責任と判断により主体的に生きることを自立として重視する方向を明らかにした。

(3) 自立支援とは何か

　社会福祉サービスについて定めた社会福祉法には，その基本理念として「個人の尊厳の保持を旨とし，その内容は，福祉サービスの利用者が心身ともに健やかに育成され，又はその有する能力に応じ自立した日常生活を営むことができるように支援する」（第3条）と明記されている。つまり，先述の「自立」概念と合わせると，クライエント個人が人格をもつ存在，すなわち自己決定に

基づいて一度しかない自分の人生を自分として生きる存在として尊重され、社会福祉サービスにはそれを側面から支援する役割があり、それこそが「自立支援」であるといえよう。

　障害当事者による自立生活運動が、自己決定を中心概念とする自立概念の形成に大きな影響を与えたことはすでに述べた。しかし、自立生活運動の中心が知的障害のない肢体障害者であったこともあり、一方で、自己決定のむずかしいとみられる知的障害者や認知症高齢者など認知面に障害のある人たちの自立あるいは自立支援については課題が残ることが指摘された。つまり、自己決定の有無によって自立が規定されるとすれば、自己決定がむずかしいクライエントに自立は可能なのかという指摘である。しかしながら、自立支援という観点からいえば、自己決定がむずかしいクライエントは、自立の最重要課題である自己決定に支援を必要とする人であり、そういったクライエントこそもっとも自立支援を必要としている存在であるといえるのである。

　ここで、自己決定が困難なケースには、大きく分けて3つの場合が考えられる。1つめは、知的障害や認知症等のように認知面に障害があるため心身機能として自己決定が困難な状況にある場合であり、2つめは、心身機能の障害としては自己決定が可能であるが経験不足等により二次的に自己決定が困難な状況にある場合であり、3つめは、心身機能的にも経験的にも自己決定できる能力があるにもかかわらず自己決定できない状況にある場合である。

　まず、心身機能の障害として自己決定が困難とみられるクライエントの場合であるが、このようなケースでは、家族や専門家が自己決定の部分を代行している状況がよく見られる。しかし、自己決定とはあくまでも「本人の決定」であり、どんなに本人を理解している（と思っている）家族やどんなに高度なスキルをもつ専門家であっても、「他者」が決定したものは厳密な意味で自己決定とはいえない。家族の思いを否定することはできないが、自己決定が困難とみられるクライエントの場合、家族の思いは「家族の意向」と明確に位置づけ、また、そのようなクライエントは自己決定の結果として生じる自己責任を引き受けにくいことも予想されるため、自己決定を引き出し、自己決定を読み取り、結果としてのリスクを最小化することこそがソーシャルワーカーのもつべき専門性であると考えられる。

　次に、経験不足等により二次的に自己決定が困難な状況にあるクライエントの場合であるが、このようなケースでは、自己決定能力を高める要素が必要不可欠となろう。ここで求められるのは、成功するにしろ失敗するにしろ多くを経験する機会、失敗が自信の喪失や自己否定感につながらずむしろ失敗から学ぶことができる機会、成功体験を積み重ねるなかで達成感や自己肯定感を高めることができるような機会、そして何よりも、その経験すべてを通じて自己決定と自己責任に基づく生活を経験する機会である。つまり、それらの機会をク

ライエントがもてるように支援することが，ソーシャルワークに求められる自立支援ということになるのである。

最後に，自己決定能力があるにもかかわらず現に自己決定が尊重されず，自立生活が実現していないクライエントの場合であるが，これはクライエントの課題であるというよりは，むしろクライエントを取り巻く環境のもつ課題であると考えられる。そして，わが国においては，このような状況に置かれたクライエントが多いことも事実であろう。ソーシャルワークは，クライエント個人だけでなく，個人を取り巻く環境，個人と環境との関係に介入する。すなわち，ソーシャルワークと自立支援という視点からみると，自立支援には，クライエントの自己決定を尊重した支援という側面に加え，環境に対して働きかけるという側面も求められるのである。

(4) 自立支援の実際

これまで，ソーシャルワークと自立支援について述べてきたが，本節の最後に自立支援を具体的に展開していく際に関連の深いと思われるエンパワメント，権利擁護，セルフヘルプ活動について，自立支援との関連を中心に整理しておきたい。

まず，エンパワメントという概念あるいは方法論についてであるが，ソーシャルワークの主体が専門家からクライエントに移る過程で，また伝統的な「医学モデル（medical model）」のように個人の病理や弱さに注目して治療や訓練を提供するのではなく，「生活モデル（life model）」のように社会との相互作用のなかでクライエントが自分で生きる力や強さ（ストレングス）が注目される過程で，新しいソーシャルワークのアプローチとして注目されつつある。エンパワメント・アプローチについて久保美紀は「ソーシャルワークの主体者としてクライエント（福祉サービス利用者）自身を位置づけ，クライエントの病理・弱さではなくクライエントの強さ・生き抜く力を重視し，クライエントとクライエントをとりまく環境のもつ潜在的な強さ・能力を引き出し，増強させていく一連の諸活動である」[1]と述べている。自立支援との関連でいえば，クライエント自身が自己決定と自己責任に基づいて自分の人生を生きる力を得ていく過程では，クライエントと環境のもつ強さを引き出すという意味でのエンパワメントが中心的な要素のひとつとなるのである。

次に，権利擁護についてであるが，これはアドボカシー（advocacy）の訳語で，主として権利やニーズを自分で主張することが困難なクライエントについて，クライエントに代わってそれらを代弁・弁護し，あるいはそれらを自分で行えるように支援することで，クライエントの生活や権利が本来あるべき状態に保たれるように擁護する活動である。つまり，自立支援との関連でいえば，重度の知的障害や認知症等により自己決定が困難とみられるクライエントにつ

医学モデル（medical model）

クライエント（福祉サービス利用者）のもつ問題を診断・評価し，次に処遇するという枠組みをもつ。医学が，疾患の特定の原因を探り，診断・治療するのと同じように，個人の心理的・社会的問題を，いわば疾患としてとらえ，その症状の発生と直接関係があると思われる原因を探り，治療・処遇しようとする立場である。伝統的ケースワーク理論はその中心にあった。クライエント像は「適応上の問題をもった人が，動機づけをもって自ら機関にきて，長期間の心理的援助を受ける」と仮定されることが多い。生活モデルは，医学モデルを批判的に克服しようとしたものである。

生活モデル＝ライフモデル（life model）

従来の医学モデルと異なり，その問題となる因果関係を個人と社会環境との関係性に着目し，それらが相互に影響される関係にあるとする。これまでのように相互作用と把握せずに，相互交流（transaction）としてとらえ，因果律を円環するものとして認識する。新たな援助実践の方式は画期的なものとして，1970年以降アメリカで評価されだした。一般システム理論から導き出された生物体の論理を人間と環境との相互交流という人間の生態系を認識する概念である。ジャーメイン（Germain, C.B.）によって提唱された。生態学的視座（ecological perspectives）との関連が深い。

ストレングス視点

人間の弱さや欠陥に焦点をあてる医学モデルに対する批判として生まれた。クライエント（福祉サービス利用者）のもつ豊かな能力，成長への可能性など良い点に焦点をあて，ワーカーはクライエントの強さを引き出すために，彼らの説明，経験などの解釈に関心をもってかかわる。エンパワメント・アプローチの視点でもある。

> **アドボカシー**
> → p.58 参照

いて，権利擁護という視点からクライエントの自立を支援し，自己決定の結果として生じるリスクを最小化する意味で，権利擁護は非常に重要な機能であると考えられる。ただし，権利擁護という視点からみるとき，クライエントの自己決定とリスクの最小化との間で矛盾が生じる場合がある。「リスクの回避」という側面が強すぎれば，クライエントの自己決定自体や自己決定による行動を制限しかねない。しかし，もっとも大切なことはクライエントが自分の人生を自分で生きること，すなわち自己決定に基づいて生活していくことであり，権利擁護には，リスクの回避を重視し過ぎるあまりクライエントの自己決定を制限するのではなく，むしろ自己決定にともなって生じるリスクを最小化する視点が求められるのである。

> **ピア・カウンセリング（peer-counseling）**
> 同等な立場の人同士，あるいは友人がカウンセリングに当たること。社会福祉では，当事者間の相談・助言をいう。とくに心身に障害や疾患をもち困難な状況から立ち直った人などが，同じ障害，疾患をもった人たちに自分の過去の経験を基に相談・助言をすることを指す。それを行う人をピア・カウンセラーという。

最後に，セルフヘルプ活動であるが，一般に，共通の体験や課題・問題状況を抱える当事者間で行われる援助を意味し，社会福祉の領域に限らず，経済・社会・心理などさまざまな領域で存在している。社会福祉の領域では，それが個人で行われる場合とグループで行われる場合に大別することができる。個人で行われるセルフヘルプ活動には，同じ障害をもつ仲間（peer）によって行われるピア・カウンセリングやピア・サポート等が，グループで行われるセルフヘルプ活動には，アルコール依存症者の会や認知知症高齢者を抱える家族の会といったセルフヘルプグループがある。いずれの活動にも，同じ課題を抱えて生きてきた経験を基盤として，成功・失敗を問わず役割モデルとなり自立を促進する機能，当事者同士ゆえに成立する種類の共感によって支えられる機能，生活しづらい状況を自ら解決していく力を生み出すエンパワメントの機能，ピア・サポートやセルフヘルプグループでは「ヘルパー・セラピーの効果」による支え合いの機能などが期待できるため，クライエントの自己決定に基づく自立支援との関連は非常に深い。ただし，セルフヘルプ活動は基本的に当事者同士による援助活動であり専門家の関与には賛否があり，セルフヘルプ活動へのソーシャルワーカーの関与には連携やパートナーシップの視点が必要不可欠となろう。

> **セルフヘルプグループ（self help group）**
> 共通した問題や課題を抱えている本人や家族が，自発的，主体的に集い，活動を展開しているグループをいう。自助グループや本人の会，当事者組織ともよばれ，アルコール依存症者の会や難病患者の会，不登校の状況にある子や親の会など，その分野は多岐にわたる。グループの機能としては「わかちあい」「癒しの時間」などメンバー相互の交流を通した自己変容の機能を基本としつつ，社会的な差別や偏見に対してのソーシャルアクションの機能がある。

2 ソーシャルワークと社会的包摂

（1）社会的包摂とは

社会的包摂とは，それほど古い概念ではない。社会的包摂はソーシャル・インクルージョン（social inclusion）の訳語で，一般には「政治，経済，社会活動に参加できず，社会的に排除された状況」[2]すなわちソーシャル・エクスクルージョン（social exclusion，社会的排除）を生み出しているような状況からの解放を目指した概念である。現代社会は，少子高齢化による労働人口の減少や家族による介護機能の低下，資本主義経済の歪みにともなう貧富の差の拡大や

失業率の上昇，地域機能の低下，家庭崩壊，ホームレスの増加，障害者差別と，挙げればきりがないほどの複雑かつ多様な課題を内包している。

　本来は，このような課題に対応していくのが社会保障，社会福祉サービスの役割であるのだが，それらの量的・質的な不備によって，社会生活から脱落し，社会との「つながり」を失っている人が急激に増加しつつある。つまり，そのような社会から排除された状態に置かれている人の存在に着目し，社会的排除の状況を充分に理解したうえで，社会的排除の状況にある人たちを社会のなかに含み，ともに支え合う社会を構成するというのが社会的包摂の意味するところである。

　社会的包摂の概念は，1980年代後半からフランスやイギリスをはじめヨーロッパ諸国で政策課題となってきた社会的排除の問題に対応して形成されてきた。わが国においても，国際的な動向に呼応する形で検討され，厚生省（現厚生労働省）による「社会的な援護を要する人びとに対する社会福祉のあり方に関する検討会」報告書（2000，以下「報告書」）において，社会福祉を推進していくうえで重要な概念として位置づけられている。「報告書」では，社会福祉の制度が普遍化し充実してきた半面で，社会福祉の援助を必要としている人に必ずしも届いていないことを示す事例が散見され，また，従来の社会福祉は「貧困」を主たる対象としてきたが，現代においては，心身の障害や不安，社会的排除や摩擦，社会的孤立や孤独といった問題が複雑かつ複合して起こりつつあることを示している。

　社会との「つながり」を失って社会的排除の状況にあり，なおかつ複雑かつ重複する問題を抱える人が少なからず存在し，そのような場合には，普遍化された汎用型の社会福祉サービスに加え，より個別のニーズに対応するような社会福祉のあり方が必要となる。つまり，複雑かつ重複する個別の課題を抱えたまま孤立している人の存在に目を向け，そのような状況を改善し，孤立している人を孤立したままにせず社会のなかに含み，支え合うことこそが社会的包摂であるといえよう。

(2) 社会的包摂と個別化

　先に「報告書」の記述として，普遍化した汎用型の社会福祉制度では対応しきれていない事例が存在し，その増加が社会的排除として政策課題すなわち社会的な課題となっているという趣旨のことを述べた。しかし，それは社会福祉制度の現状を批判しているわけではなく，むしろ「制度」というものが本質的に有してきた特徴に起因していると考えることができる。つまり，本来的に「制度」は共通の課題を抱えた人が一定以上いる時に策定されるものであり，制度が普遍化すればするほど，また制度がさまざまな種類の課題を細かく網羅すればするほど，逆に「それらに当てはまらない人」は少数派となり孤立（あ

第6章 相談援助の理念 その2

バイステックの原則
→ p.35 参照

社会資源（social resources）
社会福祉的サービスを利用する人びとの生活上のニーズを充たすために活用できる種々の制度、政策、施設、法律、人材などのこと。社会福祉的援助においては、人間を心理社会的存在として理解し、利用者と社会との関係性に注目する。両者の関係（相互作用）において、うまく機能していないところや、欠けたところを補い、関係を調整することが援助の目的のひとつとなる。社会資源の活用は、そのための有効な方法である。ただし、その活用の主体はあくまで利用者（クライエント）であり、援助者は、利用者がそれを有効に利用できるよう正確な情報を提供し、利用者の問題解決能力に応じて手助けするといった側面援助を行うのである。

るいは排除）は際立つことになるとも考えられるのである。

一方、ここで改めて「バイステック（Biestek, F.P.）の7原則」を持ち出すまでもなく、個人は個人として尊重されるという「個別化」はソーシャルワークのもっとも重要な基本原則のひとつである。つまり、先の制度論との関連でいえば、社会福祉の制度をそのままクライエントに適用するのではなく、ソーシャルワーカーは制度という資源を活用し、個別のニーズをもつ「そのクライエント」を支援する。そして、もし制度を活用することのできないクライエントがいるならば、インフォーマルな社会資源を最大限に活用し、さらに必要であれば新しい社会資源を開発することで、クライエント個人のニーズに応じた支援を提供することがソーシャルワーカーの役割であるといえる。つまり、むしろ既存の社会福祉制度をそのまま適用することでは解決することのできない個別の課題や状況を抱えるクライエントにこそ、ソーシャルワークの果たすべき役割は大きくなるとも考えられるのである。

つまり、社会的包摂という概念は、社会的排除が数的にも無視できない社会的課題になることで形成されてきたとはいえ、複雑・多岐にわたる個別ニーズを抱えて孤立しているクライエントに焦点を当てるという意味で、ソーシャルワークと理念および方向性を共有していると考えることができる。今後、社会はさらに複雑さを増していくと考えられる。物質的な豊かさや利便性に反比例して、精神的な豊かさや人びとの「つながり」が失われつつあることが指摘される。そのような社会において、「個」を重視する社会的包摂という概念が社会福祉の政策や制度に反映されることは、それを資源として活用するソーシャルワークの視点からも非常に重要であると考えられるのである。

（3）インテグレーションとインクルージョン

話しは少し元に戻るが、インクルージョンという用語は、社会福祉の分野で使われるようになる以前、1980年代から主として障害児教育の分野で使われるようになった用語である。教育分野で使われるインクルージョンとは、障害児を含むすべての子どもは、本来的に個別の資質、性格、特徴をもった固有の存在であり、一人ひとりの違いを前提として、それらすべてを含む教育形態を意味する。つまり、社会福祉分野でいうソーシャル・インクルージョンすなわち社会的包摂は、教育分野で使われたインクルージョンという概念が、社会生活全般に適用され、特別な課題を抱えた人も社会のなかに含み、支え合うという概念に拡大したとみることができるのである。

ところで、それまでの障害児教育においては、インテグレーション（integration）の考え方、手法が主流であった。インテグレーションは日本語では「統合」を意味し、教育分野におけるインテグレーションとは統合教育のことで、普通学校に障害児を通わせる（わが国でいう統合教育）形態、特別支

援学校に通う障害児が運動会や文化祭といった学校行事の際などに普通学校の児童・生徒と交流する（わが国でいう交流教育）形態が一般的であった。

わが国においては，教育分野におけるインテグレーションとインクルージョンは実践レベルでの整理が充分とはいえないが，インテグレーションには「すでにある普通学校の仕組みに可能な限り障害児を合わせる」という方向性があり，インクルージョンには「障害児に限らず児童・生徒は個別のニーズをもつ一人ひとり違う存在であるという前提で仕組みを作る」という方向性がある。そのため，インテグレーションでは，実年齢よりも学力を重視した統合が優先され，インクルージョンでは，学力の高低も個別性のひとつであるとの認識から実年齢を重視する場合が多い。

ソーシャルワークと社会的包摂に話を戻そう。社会的包摂は，社会的排除の問題が社会的課題となってきたことから生じた概念であると先に述べた。既存の社会システムから脱落した人を既存の社会保障・社会福祉制度では網羅しきれないところに社会的排除の問題があり，それらの人たちを一人残らず含み，支え合うというのが社会的包摂の概念である。つまり，ソーシャルワークと社会的包摂の関連でいえば，クライエントのもつ課題を個別化し，個人を社会に合わせるのではなく，個人が個人として尊重され決して排除されない社会を形成していくことこそが社会的包摂の本質であるといえよう。

3 ソーシャルワークとノーマライゼーション

(1) ノーマライゼーション理念の展開

ノーマライゼーションは，バンク＝ミケルセン（Bank-Mikkelsen, N.E.）によるデンマークの「1959年法」にその起源があるとする記述も多く見られたが，近年の研究では，1946年にスウェーデンで発表された社会庁の「報告書」にノーマライゼーションという言葉が盛り込まれていたことが始まりであることが明らかになっている[3]。ノーマライゼーションとは，誰もが普通に生活できる社会がノーマルな社会であり，そのような社会を実現していくことを意味している。

ノーマライゼーション理念が生まれた背景として，わが国におけるノーマライゼーション研究の権威である河東田博は，その著書[4]のなかで，ノーマライゼーション理念が生まれる以前は，「障害は治療すれば治る」という考え方により「あまり治療効果が見られない知的障害者」が取り残され，郊外に隔離され，大規模施設に収容され，劣悪な処遇を受けることが当たり前に行われていたことを指摘している。つまり，現在は障害者福祉領域だけでなくすべての社会福祉領域において基本原理となっているノーマライゼーション原理は，障害者の生活を支えるはずの社会福祉施策が間違った方向に進んでいった結果を

> **バンク＝ミケルセン，N.E.（デンマーク Bank-Mikkelsen, Neils Erik;1919-1990）**
> 「知的障害者の生活をできるだけノーマルな生活状態に近づける」というノーマライゼーションの理念を提唱・普及させ，「ノーマライゼーションの父」とよばれる。第二次世界大戦中にナチに対する反対運動を理由に収容所生活を送り，戦後は，社会省知的障害福祉課に勤務した。ナチの収容所のような，大規模収容施設における知的障害者の隔離・劣等処遇を批判し，親の会の活動に関わりながら，知的障害者の地域生活への移行に取り組み，ノーマライゼーションをうたった「1959年法」の作成に携わった。

背景として生まれたということを指摘しているのである。

1946年の「報告書」で使われたノーマライゼーションという言葉，原理は，デンマーク社会省で障害者福祉を担当し，その功績から後に「ノーマライゼーションの父」と呼ばれるバンク＝ミケルセンによって法律として具体化された。そして，彼を動かしたものも，大規模施設に隔離・収容を余儀なくされていた当事者の声と親の会の悲痛な訴えであった。バンク＝ミケルセンは，普通に生活できる条件（condition of life）として，居住条件（housing condition），就労条件（working condition），余暇（leisure）の3側面から検討すべきであると指摘しているが，その3側面を8つの具体的な原理として提示したのが，スウェーデン人のニィリエ（Nirje, B.）である。

ニィリエは「ノーマライゼーションの8つの原理」として「1.一日のノーマルなリズム，2.一週間のノーマルなリズム，3.一年間のノーマルなリズム，4.ライフサイクルにおけるノーマルな発達的経験，5.ノーマルな個人の尊厳と自己決定権，6.その文化におけるノーマルな性的関係，7.その社会におけるノーマルな経済的水準とそれを得る権利，8.その地域におけるノーマルな環境形態と水準」5)を挙げ，どのような単位で，どのような領域で，どのような水準を確保すべきかをより具体的に示した。そして，ニィリエの原理は英語に翻訳され，ノーマライゼーション理念を普及していく原動力となったのである。

その後，ノーマライゼーション理念は北米に伝わり，国際的な広がりをみせることになる。アメリカをはじめとする英語圏におけるノーマライゼーション理念の普及に大きな役割を果たしたのは，以前より入所施設に批判的であったヴォルフェンスベルガー（Wolfensberger, Wolf）である。ヴォルフェンスベルガーは，障害をもつ人に対する悪しきイデオロギーと逸脱の存在を指摘した。つまり，障害をもつ人は「価値の低い人」と見られ，社会のなかで逸脱しているとし，障害をもつ人に価値ある社会的役割を作り出すことのできるシステム構築のために，既存のサービスを評価・分析する仕組みであるPASS（サービスシステムのプログラム分析）やPASSING（ノーマライゼーションの目標を実行するサービスシステムのプログラム分析）などを提案したのである。

このような展開を経て，当初は知的障害者福祉の領域で生まれたノーマライゼーション理念は，国際的に認知された障害者福祉全般に共通する基本理念として具体化することとなる。1975年の「障害者の権利宣言」にこの理念が盛り込まれ，1981年の国際障害者年では「完全参加と平等」というスローガンが採用され，さらに1993年の「障害者の機会均等化に関する標準規則」なども具体化の例として挙げられる。そして，知的障害者福祉の領域から障害者福祉の領域全般に浸透したノーマライゼーション理念は，今や社会福祉領域全般にわたる重要な基本理念のひとつとなっているのである。

(2) ノーマライゼーション実現の方向性

　前項でその展開について述べてきたノーマライゼーションとは，その到達点として「誰もが当たり前に生活することのできる社会の実現」を想定した理念である。つまり，ノーマライゼーションの達成された社会では，すべての人が排除や差別されることなく当たり前に生活することができる。一方，この理念が生まれた背景には，主として知的障害者に対する差別的な処遇があったことはすでに述べたが，現代社会においても，以前に比べ飛躍的に状況は改善されつつあるとはいえ，社会福祉サービスの利用者たちを含むすべての人が当たり前に生活する社会は未だ実現していないというのが現実であろう。つまり，ノーマライゼーションの到達点に対して，現代社会は未だ「途中」の段階にあり，どのような道のりを経てそこへ辿り着くべきかが現実的な課題となるのである。

　この「道のり」つまりノーマライゼーション実現の方向性について，定藤丈弘[6]や堀正嗣[7]は2つの方向性があると整理している。たとえば，人里離れた施設に隔離・収容されている状態をイメージすれば分かりやすいが，障害者をはじめ社会的弱者といわれる人が社会生活から排除された状態（社会の外に位置付けられている状態）を出発点とし，それがノーマライゼーションの達成した社会，すなわち街なかで何も差別されることなく当たり前に生活できている状態を到達点とするとき，ひとつは「ノーマライゼーションの同化的側面」，ひとつは「ノーマライゼーションの異化的側面」という2つの進み方があると整理しているのである。

　まず，同化的側面であるが，これは，社会的弱者といわれる人たちの生活水準を「通常」のレベルに近づけていくという方向性である。つまり，同化的側面では，現在の社会を前提としてとらえ，そこから外れた人たちについて，前提となる現在の社会に同化していくことが重視される。先にヴォルフェンスベルガーは，障害をもつ人に対する悪しきイデオロギーと逸脱の存在を指摘したと述べたが，同化的側面の推奨者である彼は，逸脱している人の生活や行動あるいは外観に至るまでを改善することこそが，逸脱している人は価値の低い人という「悪しきイデオロギー」の改善につながると考えたのである。この考え方は，障害者等の生活水準を高め，逸脱を解消していくという意味では間違っていないが，障害を含むその人の個性を否定した適応主義に陥る危険性を含んでいるとも考えられるのである。

　一方，異化的側面であるが，これは，社会的弱者といわれる人たちを生み出す社会こそが間違った社会であり，それぞれに違いをもつ人が普通に生活できる社会を作るという方向性である。つまり，異化的側面では，もしも疾病や障害，妊娠，老いという状況を抱えた人が途端に生活しづらくなる（排除される）社会であるなら，その社会は間違った社会であり，それぞれの違いや個性

がより明確になる方向，つまり異化を認めることのできる方向性を目指すことが重視されるのである。先に述べたデンマークの「1959年法」に「できるだけノーマルな生活状態に近い生活」と記述されたように，当初，バンク＝ミケルセンやニイリエも同化的側面に立っていた。しかし，多くの実践や研究を経て，彼らはノーマライゼーションの異化的側面にたどり着くことになり，だからこそ「（障害者に限らず）誰もが当たり前に生活することのできる社会の実現」というノーマライゼーション理念は，障害者福祉という領域の垣根を越え，社会福祉領域全般に共通する基本理念のひとつとなるまでに至ったと考えられるのである。

(3) ソーシャルワークとノーマライゼーション

これまで述べてきたように，ノーマライゼーションは障害者や高齢者をはじめとする社会的弱者といわれる人たちにとどまらず，すべての人たちを包括した理念である。ソーシャルワークの関連からも，個性が尊重され，誰もが当たり前に生活する社会を作るという視点から，施設ケア中心から在宅ケア中心へ，集団処遇中心から個別支援の重視へ，与えられる福祉から権利としての福祉へ，医学モデルから生活モデルへといった，ソーシャルワーク実践における枠組みの転換に大きな影響を与えている。

また，ノーマライゼーションは，本章ですでに述べた自立支援や社会的包摂との関連が非常に深いことはいうまでもない。自立支援とは，クライエントの自己決定を尊重した支援であるが，ノーマライゼーションでいう「当たり前に生活できる社会」とは，その人がどのような特徴や個性をもっていても，その人が自己決定に基づいて自分として生活できる社会のことである。先に，障害当事者たちの運動が自立概念の形成に大きな影響を与えたと述べたが，自立生活運動の中心的存在を担った，生まれながらに障害をもつ彼らが求めたものは，障害者が訓練等によって健常者の社会に合わせるのではなく，障害をもっていても権利主体として生活する社会の実現であった。すなわち，自立支援は，ノーマライゼーションを実現する重要な要素のひとつであると位置付けられるのである。

一方，社会的包摂については，まさにノーマライゼーション理念をより具現化した実践理念・方法論そのものであるといっても過言ではない。ノーマライゼーションは，現在ほどは複雑かつ多様化していない社会のなかで排除された障害者問題に端を発しているが，現在では，かつて施設に隔離・収容され社会から排除されていた「知的障害者」と同様に，実に多種多様かつ個別の状況を抱えながら，しかも街のなかで孤立している人が非常に多いのである。障害のある人もない人も，高齢者も若年者も，男性も女性も，すべての人が，社会のなかで排除されず，自己決定に基づき，一度しかない自分の人生を自分として

当たり前に生きることができる社会の実現にソーシャルワークは寄与しなければならないのである。

注)
1) 成清美治・加納光子編『現代社会福祉用語の基礎知識　第9版』学文社，2009年，p. 29
2) 同上，p. 187
3) 中村優一他監修『エンサイクロペディア社会福祉学』中央法規，2007年，p. 296-229
4) 河東田博『ノーマライゼーション原理とは何か－人権と共生の原理の探求』現代書館，2009年
5) 同上，p. 67
6) 定藤丈弘「ノーマライゼーション原理の意義と課題」『都市問題研究』48巻4号，1996年，pp. 3-16
7) 堀正嗣「教育におけるノーマライゼーションの可能性」『ノーマライゼーション研究』1992年版，1993年，pp. 58-78

プロムナード

　近年，障害者福祉分野におけるノーマライゼーション理念の浸透や欧米諸国の影響を受け，わが国でも，施設から地域へという「地域移行」の重要性が盛んにいわれています。ノーマライゼーションの観点からすれば，大規模施設での収容型ケアはノーマルとはいえず，北欧などでは，すべての入所施設を完全に解体し，地域に存在するグループホームに移行を完了した国もあります。しかし，一方では，アパートや一軒家に4〜5人の障害者が共同で生活するグループホームは地域移行の終点なのか，と疑問視する声もあります。

　先日，知的障害をもつ友人と話しているとき，彼は私に「僕，グループホームに入ったほうがいいのかなぁ」と尋ねました。彼は両親と同居していますが，将来に向け，彼の通所する事業所から体験利用を勧められたようです。私が「将来，グループホームに入りたいの？」と聞くと，彼は「僕は，グループホームではなくて一人暮らしがしたい」と訴えました。もちろん，事業所職員に悪気があったわけではなく，むしろ彼の「できる部分」に注目して体験利用を勧めたのだと思います。しかし，障害をもたない私たちは，余程の事情がない限り，家族以外の人と共同で生活することはありません。グループホームは，それを希望しない人にとっては決して地域移行の終点ではないのです。本人のニーズと自己決定に基づく自立支援の重要性を再認識する出来事でした。

学びを深めるために

谷口明宏『障害をもつ人たちの自立生活とケアマネジメント』ミネルヴァ書房，2005年
　自らも障害当事者である著者が，障害をもつ人たちを巡る「自立」概念の展開と自立支援，エンパワメントについて論じ，相談支援の手法，手続きとして注目されている障害者ケアマネジメントの本質と過程について解説している。

▶本人の自己決定に基づく自立支援とエンパワメントの関係について，具体的な実践場面を例に説明しなさい。
▶ノーマライゼーションの同化的側面と異化的側面について，それぞれ具体例を挙げ，その特徴や違いについて説明しなさい。

福祉の仕事に関する案内書

河東田博『ノーマライゼーション原理とは何か－人権と共生の原理の探求』現代書館，2009年
　　わが国におけるノーマライゼーション研究の第一人者である著者が，ノーマライゼーション原理について，欧米の現状も踏まえながら，その成立，展開，今後の展望を分かりやすく，また非常に興味深い視点で論じている。

第 7 章

相談援助における権利擁護の意義

1 ソーシャルワーク(social work)と権利擁護(アドボカシーadvocacy)

国際ソーシャルワーカー連盟
→p.6 参照

ウェルビーイング
→p.82 参照

ブローカー
クライエント（福祉サービス利用者）と社会資源との仲介役割を果たす人をブローカーという。仲介機能は，調停機能，代弁役割・権利機能，ケアマネジャー（ケースマネジャー）機能と並んで，ソーシャルワークにおけるクライエントと諸資源とを結びつける機能のひとつである。活動方法には，面接によって，クライエントのニーズや問題をとらえたうえで，ソーシャルワーカーの所属機関がその問題解決に適さない場合，他の適した機関・組織を紹介するリファーラル（紹介）や，他の機関・組織にクライエントのニーズが満たされるように交渉・調整する方法がある。

　これまでみてきたように，国際ソーシャルワーカー連盟および国際ソーシャルワーク教育学校連盟によるソーシャルワークの国際定義では，ソーシャルワーク専門職は人間の福利（ウェルビーイング：well-being）の増進をめざして，①社会の変革を進め，②人間関係における問題解決を図り，③人びとのエンパワメントと解放を促していくものであるとされている。そして，人権と社会正義の原理を基盤として，ソーシャルワークは人間の行動と社会システムに関する理論を活用し，人びとがその環境と相互に影響し合う接点に介入していくものであると定められている。

　以上の定義から，利用者（クライエント）のためのアドボカシーはソーシャルワーク専門職の価値であり，倫理的な使命でもある。それゆえに，アドボカシーはソーシャルワーク実践の主な機能のひとつであるといわれている。つまり，ソーシャルワーカーのあらゆる役割がアドボカシーと深く関連しており，ソーシャルワーク実践そのものがアドボカシーであるともいえる。

　日本ではアドボカシーを「権利擁護」と表現されることが多い。しかし，権利擁護の意味は幅広く，社会福祉分野だけでなく，法律分野など他分野においても用いられている。また，「権利擁護」や「アドボカシー」という言葉を直接使ってはいないが，これらの専門的実践を積み重ねてきた歴史的事実が日本の社会福祉分野においても実証されている。たとえば，「人権としての社会福祉」を推進してきた児島美都子は，ソーシャルワーカーとしての運動史と自分史を関連させ，患者や障害者自身による当事者運動の視点から権利擁護活動を検証している。児島のような試みは，わが国のアドボカシーを理論化していくうえで有用であろう[1]。

　さて，ソーシャルワーカーは，さまざまな場面において，クライエントを援助するために多様な役割を果たしていく専門職である。具体的にいうと，まず「直接サービス提供者の役割」として，クライエント個人の問題解決，家族への介入，グループ支援，教育や情報提供などがある。次に，「システムと連携する役割」として，仲介者（broker），ケースマネジャー（case manager）・調整役（coordinator），媒介者（mediator），そしてクライエントの権利擁護者（advocate）などがある。また，ソーシャルワーカーは，「システムを維持・強化する役割」として，組織分析者，促進役（facilitator），チームメンバー，コンサルタントなどを実行していく必要がある。さらに，「調査・研究者としての役割」と「それらの調査・研究結果を活用する役割」がある。加えて，「サービス・システムを開発する役割」として，プログラムの開発者，計画者，政策開発者などがあり，そしてまたここでもクライエントの権利を擁護する働きが求められている[2]。

とくに，利用者のニーズと実際のサービスの間にギャップがある場合，あるいはサービスそのものがない場合には，調査研究の結果や具体的事例を示すことによって，クライエントの代弁者としてサービスを新たに開発する必要性が生じてくる。

以上のように，ソーシャルワーカーの活動は，担当するクライエント個人のための活動にとどまらない。すなわち，同様の問題を抱えたクライエント集団とともに，あるいは，クライエントの代わりに，関係者や専門職者と協働しながら，法制化や政策提案などを行っていく。この一連の活動の基盤にはソーシャルワークの使命のひとつである社会正義の実現がある。つまり，ソーシャルワーカーにはさまざまな役割があるが，それらの役割1つひとつのなかに，多かれ少なかれ，アドボカシーの要素が含まれているといえる。言い換えれば，ソーシャルワーク実践そのものがアドボカシーであり，アドボカシーのプロセスであるといえよう。

アドボカシー
→p.58参照

2 相談援助における権利擁護（ソーシャルワーク・アドボカシー）の概念と範囲

(1) アドボカシーとは何か

ソーシャルワークにおけるアドボカシーは，個人やコミュニティをエンパワーする活動であるといわれている。つまり，アドボカシーとは，クライエントとともに，あるいはクライエントの代わりに働きかけることによって，① クライエントに未だ提供されていない必要なサービスや資源を獲得すること，② クライエントの利益につながるように，政策，手続，実践を拡大したり，修正すること，③ 必要なサービスや資源をクライエントに提供できるように，新たな法制化や政策を推進することである[3]。

以上のように，ソーシャルワーカーがクライエント個人やクライエント集団の権利擁護者として働きかけることは，ソーシャルワーカーの倫理綱領に明記されている。このことはすなわち，アドボカシーはソーシャルワーカーの義務であり，倫理的責任であることを示している。

太田義弘らは，ソーシャルワーカーの機能と役割のひとつとして，アドボケイト（advocate）の役割をあげている。太田らによると，ソーシャルワークにおけるアドボカシーとは，「自らの権利，要求，主張を自ら表現できず，それらを具体的に実現できない人びとを『弁護』し，彼らにかわって『代弁』していくことにある」と定義している。そして，さらに広い意味として，「社会的に弱い立場に置かれた特定の集団の利益のために，無視されたり，見逃されてきた彼らの権利を擁護し，彼らの訴え，要求を制度や政策に反映させていくワーカーの行為とそのプロセスもアドボカシーとみなされる」と述べている[4]。

ところで，アドボカシーには大きく2つの種類があるとされている。ひとつ

は，クライエント個人や家族の代わりにアドボカシーを展開する場合であり，「ケース・アドボカシー（case advocacy）」と呼ぶ。もうひとつは，特定のクライエント集団に影響を与える政策，実践，法律などを変革する場合であり，「クラス・アドボカシー（class advocacy）」と呼ぶ。このクラス・アドボカシーがさらに拡大した場合には，ソーシャルアクション（social action）という形態になり，それぞれが深く結び付いている。

また，太田らは，アドボカシーのタイプを「ケース・アドボカシー」と「コーズ・アドボカシー（cause advocacy）」の2つに分けて説明している。前者は「個人の適応（生活課題の解決）に援助の重点がおかれ」，後者においては「行政の対応や制度の変革を求めるという運動論的性格を持つ」と述べている。そのうえで，「いずれのアドボカシーについても，クライエントの生活課題の解決に障害となる組織的，社会的障壁を問題として焦点化しながら，個人の生活主体としての権利をクライエント自身のコントロールのもとに取り戻していくプロセスの中でエンパワメントを図っていくという二重の介入戦略を特徴とする」と論じている[5]。

他方，髙山直樹はアドボカシーのタイプを利用者の権利を擁護していく主体によって分類し，①セルフ・アドボカシー（自分自身のアドボカシー），②シチズン・アドボカシー（市民参画のアドボカシー），③パブリック・アドボカシー（公的責任におけるアドボカシー），④リーガル・アドボカシー（法的なアドボカシー）の4つをあげている[6]。

以上のように，アドボカシーにはさまざまな種類があることがわかる。では，どのような時にアドボカシーが必要であろうか。ここではアドボカシーを行うべき状況について次のような10点をあげておく[7]。

① クライエントがサービス利用の要件を満たしているにもかかわらず，サービス機関や職員によってサービス提供が拒否された場合
② クライエントへのサービス提供が非人間的なマナーや方法によって行われた場合
③ クライエントが人種や宗教，信条あるいはその他の諸要因によって差別的な取り扱いをされている場合
④ 組織や運営の機能不全によってサービスや利益にギャップがある場合
⑤ 行政システムや政策が資源を必要とする人びとに不利益な影響を与えている場合
⑥ クライエントが自分自身で効果的に活動できない場合
⑦ 資源が利用できないという共通のニーズをもっている人びとが多く存在する場合
⑧ クライエントが危機的あるいは緊急のサービスや支援を必要としている場合

ソーシャルアクション（social action）

社会活動法。社会福祉の間接技術のひとつである。社会の中で不適切であったり不足していたりする法律，制度，施設などの社会資源や社会サービスの改善，充足を求めて，当事者や一般住民を含める支援者とともに，議会や行政に対して組織的に働きかける技術である。署名や請願運動を行ったりして世論を喚起しながら行うが，社会変革を求めるものではない。その源流は，アメリカの19世紀後半の社会改良運動にあるといわれる。わが国では，戦前では方面委員（現在は民生委員）たちが中心となった救護法制定・実施を求める運動がそれに該当する。最近では障害者の作業所設立活動などがある。

⑨ クライエントの市民権や法的権利が侵害されている場合
⑩ サービス機関や組織、あるいはサービス利用の手続がクライエントに不利な影響を与えている場合

以上のような状況がある場合には、ソーシャルワーカーはアドボカシーを遂行することが必要とされる。しかし、留意しなければならないことは、あくまでもアドボカシーを遂行する前提条件として、「クライエントの自己決定」が必要であるということである。ソーシャルワーカーの状況判断のみでアドボカシーを行うことは本来の目的に沿わないことになりうる。

アドボカシーはクライエントの利益のために、クライエントの代わりに、あるいはクライエントとともに実行するものである。そのためには、ソーシャルワーカーによるクライエントへの十分な説明責任とクライエントの自己決定を支援する働きかけをすることが不可欠であろう。

(2) ソーシャルワーカーに求められる多様な役割とアドボカシー

とくに、アドボカシーは、マクロ実践におけるソーシャルワーカーの役割として重要視される。コミュニティや社会の変革に取り組む場合、ソーシャルワーカーは、①社会計画者、②運営・組織のリーダー、③評価者、④地域組織者、⑤教育者、⑥アドボケイト、⑦政策分析者、⑧政治的活動者、⑨促進役、⑩チーム/グループリーダー、⑪プログラム開発者、⑫調査者、⑬補助金申請書作成者、⑭資金獲得者、⑮理事会/委員会メンバーなどの役割を果たしている。ソーシャルワーカーはこのような多様な役割を場面に応じて柔軟に遂行しながら、目標を達成していくことになる。

ソーシャルワーカーはクライエントの主張を推し進め、擁護するために働きかけ、具体的には、制度化、政策変更、プログラム開発などさまざまな形の変化をもたらすための実践を展開していく。アドボケイトとしてのソーシャルワーカーは、時にはクライエントが戦うための役割モデルにもなる。そして、またある時には、クライエントの立場を強固にするために、クライエントの主張に賛同する人びとの支持を集め、クライエントがより大きく声をあげていくことができるようにソーシャルワーカーは支援していく[8]。

では、コミュニティ実践（community practice）を展開するにあたり、アドボケイトの役割はどのような実践モデルを活用する時に必要とされるのであろうか。図表7－1「コミュニティ実践の戦略/モデル」によると、ソーシャルワーカーがアドボケイトの役割を果たすべき実践モデルは、「ソーシャルアクション/政治的エンパワメント」のモデルであるとされている。このモデルを用いる場合、実践の決定権は100％クライエントに委ねられていることが特徴のひとつである。さらに、その他のモデルで活用される運動/組織的活動や協働という方法ではなく、「論争や論戦」といった競い合いをともなう活動を通

> **コミュニティ実践**
> **(community practice)**
> アメリカにおいて、コミュニティを基盤としたソーシャルワーク実践の源流は、セツルメント運動、慈善組織化協会運動などにさかのぼり、実践モデルの発展過程も時代区分とともに整理されてきた。現在、この分野の代表的な研究者であるマリー・ウエイル（Marie Weil）によると、「コミュニティ実践」という用語は比較的新しいものであり、1890年代の原型から今に至るまでの幅広い実践アプローチやモデルを包含した概念であるとされている。したがって、「コミュニティ実践」の意味には組織化、計画、開発、変革のプロセス、方法、実践技能のすべてが含まれている。ウエイルはソーシャルワークのためのコミュニティ実践モデルとして、①近隣・コミュニティ組織化、②機能的コミュニティ組織化、③コミュニティ・社会経済開発、④社会計画、⑤プログラム開発・コミュニティ・リエゾン、⑥政治的・ソーシャルアクション、⑦提携、⑧社会運動の8つを提示し、その特徴を論じた。

図表7-1　コミュニティ実践の戦略/モデル (Strategies/Models of Community Practice)

モデル	実践の決定権	変革の戦略	ソーシャルワーカーの役割
プログラム開発	全面的に主催者が決定	運動/組織的活動	管理運営者, 実施者
社会計画	8分の7を主催者が決定	運動/組織的活動	分析者, 計画者
地域連携/ネットワーク	主催者とクライエントが同じ割合で決定	協　働	仲介者, 媒介者
地域開発	8分の7をクライエントが決定	協　働	教育者, コーチ
ソーシャルアクション/政治的エンパワメント	全面的にクライエントが決定	論争/論戦	アドボケイト, 先導者, 交渉者

出所) D. D. Long, C. J. Tice, J. D. Morrison (2006). p.129.に一部加筆

して変革を達成していくという手法をとる。そして，ソーシャルワーカーはアドボケイトとしての役割と同時に，政治的な運動家や交渉役としても働きかけていく[9]。

3　相談援助と権利擁護 (アドボカシー)

(1) アメリカ合衆国における公民権運動 (civil rights movement) とアドボカシー

　ロバート・L. ベーカー (Robert L. Barker) によれば，「公民権」とは，政府あるいは個人による差別や独断的な取り扱いに抵抗することの権利であり，また他者の権利を侵害することのないように行動するための市民の権利として説明している。現在，アメリカ合衆国では，これらの権利には，たとえば，言論の自由，宗教の自由なども含まれており，公民権法で保障されている。

　公民権をめぐっては，およそ200年間にわたるアメリカ合衆国での議論がその基底にある[10]。そして，幾度もの法改正によって，アフリカ系アメリカ人やその他の人種・民族集団を特別に保護する制度化もなされてきた。アメリカ合衆国において，最初に連邦が制定した公民権法は1866年公民権法である。同法は個人の権利を広く保護するというものであったが，1875年改正公民権法では，連邦議会が動き，公民権が守られない場合には罰を与えるという権限を連邦政府に付与することが法的に定められた。しかし，社会・文化的な視点については法律的に具体的には考慮されなかった。

　その後，1875年改正法以来の意義ある改正として，1957年改正公民権法があげられる。この改正により，公民権に関する委員会が設置され，連邦政府による権限強化がなされた。これは前年の1956年に当時のアイゼンハワー大統領が連邦議会に公民権を強化するプログラムを提案したことによる改正法である。

1960年代に入り、ケネディ大統領暗殺事件を含む多くの出来事が起こり、公民権運動グループによる活動はさらに活発化した。世論の影響を受け、当時のジョンソン大統領は、公民権を高めるための制度化を推進する環境を作っていった。

1963年はキング（King, M.L.Jr.）牧師やヤング（Young, W.）などの演説を聞くために、全国から多くの人びとがワシントンDCのリンカーン記念広場に集まった。キング牧師によるスピーチ、「私には、夢がある（I have a dream）」が人びとに感動を与え、今なお、アメリカのみならず各国にも語り継がれている。公民権のための「ワシントンでの行進」が行われた歴史的な出来事であった。

結果として、現在につながる包括的な制度の枠組みは、1964年改正公民権法で成立した。「1964年改正公民権法」では、人種、民族、性別、宗教、出自などの理由での、学校、雇用、また、レストランや劇場、ホテルなどの公共の場における差別の禁止を包括的に連邦レベルで法制化した。このような公民権運動を展開する諸団体のメンバーは、人種、民族集団、障害をもつ人びと、高齢者、女性などを含むすべての人にとっての平等の機会を提供するという目標を共有していた。その後、選挙権を行使する運動が高まり、アフリカ系アメリカ人が選挙で首長や政治家に選ばれるようになった。また、住宅に関する法整備がなされるなど、住宅問題や不動産関係での差別禁止が定められた。

高齢者分野においても1960年代は活発なアドボカシー活動が展開され、高齢者団体の組織化とそれらの影響による法制化が進んだ時期でもある。具体的には、1961年に「高齢化に関するホワイトハウス会議（White House Conferences on Aging）」が開催された。この会議では、10年先を見据えた高齢者政策が全国各地で議論され、高齢者の声が草の根レベルからホワイトハウスにまで届けられた。これらの政策提案の結果を受けて、1965年には高齢者福祉サービスの基本といえる「高齢アメリカ人法（The Older Americans Act）」が制定された。さらに、高齢者に関する行政機関である「The Administration on Aging: AOA」の制度化、高齢者の医療保障制度である「メディケア法」の成立などがあげられる。

また、障害者分野においては、1963年に「地域精神保健センター法」が成立し、同法によって、地域精神保健センター、訓練プログラム、外来患者への治療プログラムなどが整備されるようになった。1975年、すべての障害児にとっての教育を保障する法制化により、公立学校での学費の完全無料化が義務づけられ、1986年改正法ではサービス拡充がなされた。そして、1990年には「障害をもつアメリカ人法（Americans with Disabilities Act: ADA）」が成立し、障害者が市民生活を送るうえでの不利益、不平等施策を除去する法制化がなされた。

メディケア（Medicare）

アメリカのヘルスケア制度のなかで最大の医療健康保険である。1965年に制定され、65歳以上の高齢者や一定の障害者に対する全国規模の公的医療保障制度。メディケアは医療機関保健制度と補足医療保険制度（高齢者や視覚障害者、身体障害者などに月々金銭給付を行う）の2つの制度から成っている。財源は政府予算と社会保険料（雇用者と被用者の均等負担）と患者の自己負担金で組まれている。しかし、1980年代に政府と議会がコスト削減に乗り出したが、メディケアに対する支出が増加しており、政府のコスト削減が課題となっている。

以上のように公民権運動に取り組んできた人びとやアドボカシー諸団体が求めていたことは，制度的に差別が容認・放置され，ステレオタイプによる不公正・不平等な取り扱いを生み出している社会―政治的システムを変化させることであった[11]。

一方，公民権運動をめぐり，社会の改革を志す人びととその動きに抵抗する人びととの間で葛藤・対立もあり，さまざまな犠牲者も生み出した。そのひとつのケースが公民権運動をしていたソーシャルワーク専攻の学生ミカエル・シュウェルナー（Michael Schwerner,）を含む3名の学生が，ミシシッピー州の運動反対派の襲撃によって亡くなったという事件である[12]。

人間の尊厳と社会正義の実現をめざすソーシャルワーク分野においても，公民権運動が与えた影響は大きいといえる。つまり，ソーシャルワーカーによる実践の蓄積がその後のアドボカシーの理論化にもつながったと考えられる。たとえば，ソーシャルワーク専門職団体である全米ソーシャルワーカー協会（National Association of Social Workers: NASW）は，数多くの公民権運動グループとともに活動をし，人種差別，性差別，セクシャルマイノリティ差別，貧困差別など主要な差別や偏見の除去に努めてきた。

また，ソーシャルワーク教育を行っている大学の団体であるソーシャルワーク教育協議会（The Council on Social Work Education: CSWE）は，1962年に，大学および大学院におけるソーシャルワーク教育課程のカリキュラムに人種，民族，宗教による差別禁止に関する内容を入れることを認証基準の項目として採択した（ジェンダーによる差別禁止は1977年に加えられた）。それ以来，大学・大学院のソーシャルワーク教育プログラムがCSWEの認証を得るためには，教育方針，カリキュラム，シラバスなどに文化的多様性の視点や差別禁止に関する内容を具体的に明記しなければならないことになっている。

このことはすなわち，公民権運動の目的，使命，価値がソーシャルワーク実践そのものとつながっており，社会をよりよく変革していくための実践がソーシャルワーク教育と一体となって専門職養成に必要な価値・知識・技術の基盤を築いてきたといえる。

クリントン元大統領が，ソーシャルワークの100周年記念を祝い，全米市民に向けて述べた声明のなかに，「ソーシャルワーカーこそ，この国の真の英雄である。なぜなら，100年の間，この社会で最も脆弱な立場に置かれ，抑圧され，差別されてきた人びとに常に関心を持ちながら，支援をし，エンパワーしてきた専門職であるからだ」という言葉がある。ここに，ソーシャルワーク・アドボカシーの意義と結果が社会的に認知されてきた一例を見ることができよう。

以上のように，公民権運動では歴史的な人物として語り継がれるマーティン・ルーサー・キング, Jr. 牧師をはじめ，数多くのリーダーが誕生した一方で，

介護予防

人間は年齢を増すとともに生理機能（呼吸機能，神経・筋活動，循環機能）が衰え，日常における生活動作が低下する。介護予防はこのような老化による運動機能の低下を防止することにより，健康な老後の生活を送れるようにするのが介護予防の目的である。つまり，高齢者が要支援や要介護状態にならないようにすることと，高齢者が要介護状態となっても，より重度化しないようにすることである。介護を予防するためには毎日の生活習慣の改善（食生活の改善，過度な運動，ストレスの解消等）があるが，高齢者が「生きがい」をもって日々の生活を送ることが，介護予防にとってもっとも大切である。なお，2005年の介護保険法の改正では介護予防重視型の内容となっている。

3. 相談援助と権利擁護（アドボカシー）

激しい対立，闘争の末に，無念の死を遂げた人びとも存在した。このような長きにわたる公民権運動によって獲得された，すべての市民にとっての人権と平等な機会の保障の結実は，2008年，アメリカ合衆国にバラク・オバマという初のアフリカ系アメリカ人の大統領が誕生するという新たな時代の到来にもあらわれているといえよう。

(2) 地域包括支援センターと権利擁護（アドボカシー）

ソーシャルワークの実践理論において，アメリカ合衆国の影響を受けてきた日本では，現在，主にどのような場で権利擁護（アドボカシー）活動が展開されているのであろうか。

日本では，2005年に介護保険法が改正され，制度的に介護予防を重視するしくみへと転換し，利用者負担，制度運営，保険料の見直しなどが行われた。そして，新たなサービス体系の確立とサービスの質を確保し，向上させるための方策が明示された。地域包括支援センターは，地域密着型サービスの創設と合わせて，新しいサービス体系を作っていくひとつのシンボル的存在であり，地域における高齢者の総合的なサービス拠点として市町村に創設された。

介護保険法第115条の38には，被保険者が要介護状態等となることを予防するとともに，要介護状態等となった場合においても，可能な限り，地域において自立した日常生活を営むことができるよう支援するため，市町村は地域支援事業を実施しなければならないと定めている。必須事業として，介護予防事業と包括的支援事業があり，後者の包括的支援事業は地域包括支援センターへの委託が可能であるとした。

この地域支援事業における4つの包括的支援事業は，①介護予防ケアマネジメント事業（介護予防事業のマネジメント），②地域の高齢者の実態把握，介護保険以外の生活支援サービス調整を含む高齢者や家族に対する総合相談支援事業，③虐待防止，早期発見等を含む権利擁護事業，④多職種協働による包括的・継続的ケアマネジメント支援事業（支援困難な事例に対する介護支援専門員への支援）である。『地域包括支援センター業務マニュアル』（長寿社会開発センター）にはセンター職員としての支援の視点として，①高齢者が自分らしい生活を継続するための支援，②「権利擁護」の視点に基づく支援，③高齢者に対する「包括的な支援」（地域包括ケア），④チームアプローチの4点があげられている。

地域包括支援センターは，以上のような包括的支援事業を実施する施設として，地域住民の心身の健康の保持および生活の安定のために必要な援助を行うことにより，その保健医療の向上および福祉の増進を包括的に支援することと規定されている（介護保険法第115条の39）。

画期的なことは，地域包括支援センターには3つの専門職が配置されている

地域包括支援センター
介護保険法の改正（2005）にともなって，新たに地域の介護支援を行う中核的機関として設立された。業務を担うのは社会福祉士，保健師，主任ケアマネジャー等であるが，各専門職が連携して介護予防マネジメント，各種相談支援，包括的・継続的ケアマネジメント等の業務を行う。この地域包括支援センターの設置者は各市町村となっているが，市町村より委託を受けてこの事業を展開する場合，あらかじめ市町村長に届け出ることによって，設置することができる。

高齢者虐待（elder abuse）
高齢者の虐待は，家庭内あるいは施設等の介護の場面で起こるが，被虐待者（被介護者）は無抵抗な場合が多く，その現状が明らかになることは困難な状況にあった。しかし，要介護高齢者が増加することによって，高齢者虐待がマスコミ等で報道されることにより，社会問題化するようになった。そこで，厚生労働省は，高齢者虐待に関する初めての大規模な全国的調査を実施した（「家庭内における高齢者虐待に関する調査」2004年3月）。同調査報告によると，虐待の分類を身体的虐待，心理的虐待，性的虐待，経済的虐待，介護・世話の放棄・放任と分類している。そして，虐待のなかでもっとも多いのは「身体的虐待」（暴力行為などで，身体に傷やアザ，痛みを与える行為や，外部との接触を意図的に，継続的に遮断する行為）となっている。また，虐待を受けている高齢者の属性は，高年齢で，要介護度が高い者となっている。虐待者の続柄は「息子」がもっとも多く，つづいて，「息子の配偶者」，そして「配偶者」の順となっている。

が，そのひとつが社会福祉士であるということである。社会福祉士はソーシャルワーク専門職として，保健師や主任介護支援専門員と協力・連携しながら，チームアプローチによってセンター業務を円滑に遂行していかなければならない。

さらに，地域包括支援センターの設置者もしくはその職員，またはこれらの職にあった者は，正当な理由なしに，その業務に関して知り得た秘密を漏らしてはならないと規定されている。このように相談援助におけるプライバシー保護は非常に重要な点であり，社会福祉士の倫理綱領，行動規範等では，その職にある時のみならず，退職後も守秘義務があることを定めている。

ところで，業務マニュアルによると，地域包括支援センターの権利擁護業務として，①成年後見制度の活用促進，②措置への支援，③高齢者虐待への対応，④困難事例への対応，⑤消費者被害への防止，があげられており，幅広い範囲を支援するものとなっている。そこで，権利擁護業務を行う者は，個人の権利や生きることの尊厳を理解し，次のような点を明確に意識し，専門的な支援を行うことが求められるとしている[13]。

① 地域からの広範な相談，情報から判断し，緊急性が高い場合は迅速な支援をする。
② 必要に応じた積極的訪問（アウトリーチ：outreach）による実態把握と状況確認を行う。
③ 生活全体を視野に入れ，サービス・制度の間をつなぎ，社会資源の開発を含む幅広い観点からの支援を行う。
④ 地域の実情に応じた連携とネットワークにより社会資源を有効利用する。
⑤ 一人ひとりの生きる力を引き出す（エンパワメント）対人支援を行う。

岩間伸之は，地域包括支援センターにおけるソーシャルワークと権利擁護に関して，「ソーシャルワーク実践としての権利擁護活動とは，財産保全や悪徳商法から本人を守るというだけでなく，本人らしい生活や人生を支える援助も含めてとらえることが求められる。もちろん，『権利侵害』への適切な即応は，地域包括支援センターの機能として不可欠なものであるが，ソーシャルワーク実践である限り，そこには『本人らしい生活』の保障と『主体的変化』に向けた支援も含めてとらえることが強く求められる」と述べている[14]。

そのうえで，地域包括支援センターの社会福祉士の重要な役割として，①権利擁護のための成年後見制度や日常生活自立支援事業などの積極的活用をしながら，本人らしい生活や人生を支え，必要な制度改正，資源開発などにも取り組むこと，②本人の生き方，価値観などを理解し，判断能力が不十分な人の意思や意向を「代弁」すること，③本人をエンパワーすることで本人の主体化に向けての働きかけをすること，などをあげている[15]。

以上のことから，地域包括支援センターにおけるソーシャルワーク実践とし

アウトリーチ（outreach）
手を差し伸べること，より遠くに達することを意味し，近年では，社会福祉の分野で，地域社会に出向いて，ケアやサービスを行ったり，公共機関が現場出張サービスをすることに用いられたりしている。また，研究開発を行う機関が，一般社会に向けて教育普及啓発活動を行うこともいう。

日常生活自立支援事業（旧地域福祉権利擁護事業）
認知症や知的・精神障害により判断能力が低下したために，福祉サービスを利用するための選択・手続きや利用料の支払いなどが自分自身でできない人を代行・代理により支援する制度である。この事業は，都道府県社会福祉協議会を実施主体とした国の補助事業で，第2種社会福祉事業である福祉サービス利用援助事業の一形態である。実際に利用相談をうけ生活支援員を派遣する業務は，利用者に身近なところでサービスが提供されるために市区町村社会福祉協議会等に委託される。介護保険制度など契約型福祉制度化が進められるなかで，福祉当事者を支援する制度として注目されている制度である。

ての権利擁護活動には，ミクロからマクロまでの視点で支援を行うことが必要であり，本人の状況に応じて，クラス・アドボカシー，ケース・アドボカシー，セルフ・アドボカシーなどを組み合わせたものが求められているといえよう。

(3) 日常生活自立支援事業と権利擁護（アドボカシー）

日常生活自立支援事業は，1999年10月に施行された時には地域福祉権利擁護事業という名称であったが，2007年に現在の名称になった。本事業は社会福祉法に第二種社会福祉事業として規定されている「福祉サービス利用援助事業」であり，その目的は，認知症高齢者，知的障害者，精神障害者等のうち，判断能力が不十分な者に対して，福祉サービスの利用に関する援助等を行うことによって，地域において自立した生活が送れるように支援することである。

本事業の実施主体は，都道府県・指定都市の社会福祉協議会であり，事業の一部を市区町村社会福祉協議会等に委託できることになっている。本事業を利用できる者は，認知症や知的障害，精神障害などにより，判断能力が不十分な人であり，かつ利用契約を締結する能力のある者である。

ところで，在宅での生活者だけでなく，医療機関に入院している者，社会福祉施設に入所している場合でも，本事業のサービスを利用することができる。よって，利用にあたっては本人または成年後見人などが事業を受託し，実施している市区町村社会福祉協議会（基幹的社会福祉協議会）に申し込みをし，契約をする必要がある。

本人に契約を締結する能力があるかどうか，また契約内容などについての専門的判断は，都道府県・指定都市社会福祉協議会に設置されている「契約締結審査会」においてなされる。さらに，「運営適正化委員会」では定期的に事業の実施状況を把握し，事業全般の運営を監視しながら，必要に応じて勧告を行うほか，この事業についての苦情申し立てが本人や家族，関係者からなされた場合には調査を実施し，その苦情解決にあたる第三者委員会としての役割を果たしている。

基幹的社会福祉協議会には，支援の担い手として，専門員と生活支援員が置かれている。専門員は相談，支援計画の作成，利用契約の締結業務，生活支援員の指導などを行う。また，生活支援員は専門員が作成した支援計画に基づいて日常的に直接，サービス利用者をサポートしていく。原則として，専門員は専任の常勤職員で，高齢者，障害者などへの支援経験のある社会福祉士，精神保健福祉士などのソーシャルワーク専門職者とされている。

主なサービスの内容としては，①福祉サービスの利用援助（サービス利用，変更，中止などの手続，利用料の支払い手続など），②苦情解決制度の利用援助，③日常生活における契約や行政手続援助（売買/消費契約，住民票の届出など），④日常的金銭管理サービス（年金や手当などの受領，公共料金や社

苦情解決事業

福祉サービスの利用者から表明される苦情を適切に解決するために，社会福祉法第82条に定められている事業で，第1種・第2種社会福祉事業が対象になっている。事業内容は2段階で構成され，すべての社会福祉事業の経営者は，①苦情受付担当者・苦情解決責任者の明確化，②苦情解決時の助言を行う第三者委員の設置，に努めることとしている。また，事業者段階での困難事例の解決あっせんを行う運営適正化委員会を都道府県社会福祉協議会に置くことを定めている。

会保険料などの支払い，預貯金の手続など），⑤書類等の預かりサービス（預貯金の通帳，印鑑，年金証書などの預かり），⑥定期的な訪問による相談，助言，情報提供と生活変化の見守りなどがある。

相談援助をするうえで大切なことは，まず，利用者に安心感をもってもらうために，パンフレットなどを活用しながら，事業の内容と具体的な支援の過程についてわかりやすく本人や家族など関係者に伝えることである。また，社会福祉協議会および支援者がどのような人で，何をするのか，契約の方法や利用料，減免制度など費用に関すること，さらには，契約後に必要に応じて契約内容を変更できることや解約できること，また支援に関して苦情がある場合の申し立ての方法や連絡先などについての説明も十分になされなければならない。そのうえで，どのような支援が可能で，できないことはどのようなことか，この事業の限界についても事例を交えながらていねいに事前説明をしておくことが求められよう。

とくに，支援内容や支援のあり方に関する苦情申し立てについては，本人の状態によっては，アドボカシーが必要となるであろう。大切なことは，本人の意向をふまえて，誰がどのような形でアドボカシー活動を行うのが望ましいのかを判断することである。

ところで，本事業は開始時と比べると，社会福祉関係者のなかでは定着してきているが，いまだ地域住民のすべてがこの事業について熟知しているとはいいがたい。したがって，在宅生活のなかで，判断能力に不安のある高齢者や知的障害者，精神障害者などが無料で気軽に相談できる専門機関である社会福祉協議会の存在も含めて，継続的かつきめ細やかな広報活動が必要であろう。

相談の流れとしては，大きく3つのステップをたどり，①居住地の社会福祉協議会への相談，②基幹的社会福祉協議会の福祉サービス利用援助事業の専門員の訪問により，困っていることや本人の希望などを聞き，相談に応じながら，支援計画を作成，③支援できる内容を本人や家族等に確認してもらったうえで社会福祉協議会と契約締結，となる。

なお，本事業の利用者本人が契約中に判断能力を失ってしまった場合には，利用契約は終了することになる。そこで，契約の終了にあたっては，成年後見制度に移行することも含めて，本人の生活にどのような援助が必要であるのかを再アセスメントすることが必要となる。

(4) 成年後見制度と権利擁護（アドボカシー）

成年後見制度は，認知症，知的障害，精神障害などによって，判断能力が十分ではない人を法律的に支援する制度である。民法に規定され，介護保険法の施行とともにスタートした。たとえば，判断能力が十分でない人が家の売却や遺産分割，また福祉サービスを利用したいが，不安でできない場合には本制度

成年後見制度

認知症や精神上の障害などにより判断能力が不十分なために介護保険や不動産売買などの契約の締結などの法律行為を行う意思決定が困難な人びとの代理人を選任し，保護する制度である。従来の禁治産・準禁治産制度が，高齢社会と障害者福祉の進展と措置から契約による福祉制度の変革に応じて，1999（平成11）年に自己決定の尊重や残存能力の活用などノーマライゼーションの理念のもとに改正された。後見の類型（種類）は，判断能力低下の重い合いから順に後見・補佐・補助があり，能力低下が重いほど幅広い法律行為の代理権が後見人に与えられる。また，認知症などにより判断能力が徐々に低下する場合，判断能力低下前に後見人の選任や後見事務内容を被後見人本人が決定する任意後見制度も自己決定を尊重した成年後見制度として活用が期待されている。

3. 相談援助と権利擁護（アドボカシー）

を活用することが有効である[16]。

　成年後見制度は法定後見と任意後見に分かれている。法定後見には，本人の判断能力に応じて次の3つの類型がある。

　「後見」は，本人の判断能力が全くないとされる類型である。日常生活に関することを除き，常に本人に代わって他者が判断する必要があり，本人に判断することが期待できない状態の場合に，援助者として，「成年後見人」が選任される。

　「保佐」は，本人の判断能力がいちじるしく不十分であるとされる類型である。日常生活では，不十分ながら自分で判断ができ，簡単な財産管理や契約は自分でできる状態である。ただし，不動産の売買，重要な契約などを自分ひとりですることはできない状態の場合に，援助者として「保佐人」が選任される。

　「補助」は，本人の判断能力が不十分であるとされる類型である。日常生活において，大部分のことは不十分ながら自分の判断でできるが，契約，預貯金の管理などを自分ひとりですることに不安がある状態である。よって，本人の利益のためには，他者の支援があった方がよいとされる状態であることから，援助者として「補助人」が選任される。

　では，成年後見制度の利用するためにはどのような手続が必要なのであろうか[17]。手続の流れとしては，まず，申立書，診断書，申立手数料，本人の戸籍謄本などの必要書類を準備したうえで，本人の住所地の家庭裁判所に後見・保佐・補助の開始の申立て（請求）をする。申立てができる申立権者は，本人，配偶者，四親等以内の親族，検察官，任意後見人，任意後見監督人，区市町村長などである。

　次に，審判手続に入ると，家庭裁判所調査官が事情を聞いたり，問い合わせをし，本人の判断能力の状態，生活状態，資産状況，申立理由，本人の意向，成年後見人等候補者の適格性などを調査する。

　そして，本人の意思能力，障害の程度，財産管理や処分をする能力がどのくらいあるのかなどを判断する鑑定・診断を行う。鑑定は，裁判所に依頼された鑑定人が行い，診断は申立権者が依頼した医師が行う。

　さらに，家庭裁判所では，本人の障害の程度や状況などを確認し，援助の必要性を判断するため，家事審判官（裁判官）が直接本人に会い事情を尋ねる。審問は必要に応じて開かれ，本人の希望や意思を確認する貴重な機会である。したがって，利用者の立場からも積極的にその機会を利用して，意見を述べ，不安を解消できれば望ましい。

　審判の段階では，申立てた類型とそれにともなう権限を成年後見人等に付与することの適切性に関して，家庭裁判所から判断結果が示される。そして，誰を成年後見人にするかも決定される。申立てから審判までの期間は通常，約2～4か月とされている。

任意後見制度

　法定後見制度とともに日本の成年後見制度を構成する公的機関の監督をともなう任意代理制度である。法定後見制度が判断能力低下後に申立てするのに対し，任意後見制度は判断能力低下前の時点で，自己の判断能力低下後の後見を行う人や後見を希望する内容を自ら決定し代理権を与える委任契約である。自分の後見のあり方を自分自身で決められる点で，被後見人本人の自己決定を尊重した制度である。委任契約内容は，公正証書を作成して定めておき，判断能力が不十分となったとき本人や四親等内の親族等の申立てにより家庭裁判所が任意後見監督人を選任した時点から代理権の効力が生じる。

その後，審判については本人に告知または通知され，成年後見人等として選任される者にも告知される。また，審判に不服のある人は異議申立て（即時抗告）を行うことができる。2週間を経過しても即時抗告がない場合には，審判が確定することとなる。

また，任意後見とは，本人の判断能力が不十分になったときに，本人があらかじめ結んでおいた任意後見契約にしたがって，任意後見人が本人を援助する制度である。家庭裁判所が任意後見監督人を選任することによって，その契約の効力が生じる。

成年後見制度の利用や権利擁護に関する相談の場として，高齢者やその家族にとっては各市町村の地域包括支援センターが身近な相談機関となろう。また，障害者のための相談窓口としては，市町村および市町村が委託した指定相談支援事業者があげられる。さらに，日本社会福祉士会が設置している「権利擁護センターぱあとなあ」，都道府県の社会福祉士会，弁護士会，日本司法支援センター（法テラス），「成年後見センター・リーガルサポート」などがある。成年後見の申立てを行うための手続，必要書類，費用等について知りたい場合は，裁判所ウェブサイトや家事手続情報サービスも活用できる。

たとえば，地域包括支援センターでは成年後見制度を活用するにあたり，どのような業務を行っているのであろうか。センターでは，主に次のような5点が成年後見制度に関する相談援助業務であるとされている[18]。

① 成年後見制度を普及するための広報等

　市町村や地方法務局との連携，成年後見制度（法定後見・任意後見）の普及活動，市町村や権利擁護団体等との連携，住民や関係者向けの相談会開催ほか

② 成年後見制度の利用に関する判断（スクリーニング）

　本人，親族，関係機関等からの相談を受けて，訪問調査による本人の判断能力や生活状況等把握，補助・補佐・後見の見立て，経済的搾取等緊急性の判断と法律関係者との連携による審判前の財産保全処分ほか

③ 成年後見制度の利用が必要な場合の申立て支援

　本人，親族等への制度および手続等の詳細説明，必要書類の準備や記入に関する支援，成年後見申立支援，市町村長申立てへのつなぎほか

④ 診断書の作成や鑑定に関する地域の医療機関との連携

　市町村，主治医の活用，申立てに必要な書類作成に関する支援ほか

⑤ 成年後見人等となるべき者を推薦できる団体等との連携

　成年後見人等の候補者推薦団体である専門職団体（都道府県社会福祉士会・弁護士会・司法書士会ほか）との連携，本人や親族への推薦団体紹介ほか

以上のように，成年後見制度は，判断能力が不十分であったり，判断能力が

ない状態の本人にとって，自らの生活を法的に守ることができる最後のセーフティネットであるといえる。したがって，権利擁護（アドボカシー）に携わるソーシャルワーカーには，その制度的意義を熟知したうえで，本人の状態を包括的に把握・理解し，本人の希望を可能な限り実現するために，現存する制度の有効活用によって，安心した暮らしを支える多面的な働きかけが求められている。そのためには，ソーシャルワーカー自身による多様な人びととの日常的なネットワークづくりが大切な要素となるであろう。

加えて，権利擁護に関する現行制度の問題点や課題の発見に努め，状況に応じて，ケース・アドボカシーやクラス・アドボカシーを実践することで制度改革，政策提言，新たな支援サービスの開発などにも専門職として取り組んでいくことが社会的に期待されているといえよう。

> **ネットワーキング（networking）**
> 地域社会における生活者の権利の確立と生活圏域の拡充をめざす市民運動の展開の概念であり，コミュニティ・ディベロップメントとも関連をもっている。地域福祉におけるネットワーキングは，要援護者の社会的な支援を形成する意味で使われることが多く，それは心身障害者や要援護老人などの多面的なニーズに応じ，医師，看護師，保健師，ホームヘルパーなどの専門職が組織化して連携するフォーマル・サポート・ネットワークと，親族，友人，ボランティア，隣人などの間に連携をとるインフォーマル・サポート・ネットワークがあるが，最終的には両者を結びつけることが目標となる。

注）
1) 児島美都子「人権としての社会福祉を推進したもの—自分史とかかわらせて」社会事業史研究，日本社会事業史学会，第36号，2009年3月，pp. 1-21
2) Hepworth, D. H., Rooney, R. H. and Larsen, J. A., *Direct Social Work Practice*, 5th edition, Thomson, Brooks/Cole, 1997, pp. 26-31.
   Hepworth, D. H., Rooney, R. H., Rooney, G. D., Strom-Gottfried, K. and J. A. Larsen, *Direct Social Work Practice*, 7th edition, Thomson, Brooks/Cole, 2006, pp. 425-432.
3) Ibid., 1997, pp. 468-469.
4) 太田義弘・秋山薊二編『ジェネラル・ソーシャルワーク』光生館，1999年，p. 170
5) 同上書，p. 171
6) 髙山直樹「ソーシャルワーカーと権利擁護」権利擁護研究会編『ソーシャルワークと権利擁護—"契約"時代の利用者支援を考える』中央法規，2001年，pp. 38-40
7) Hepworth, D. H., Rooney, R. H. and J. A. Larsen, op.cit., 1997, pp. 468-469.
8) Long, D. D., Tice, C. J. and J. D. Morrison, *Macro Social Work Practice: A Strengths Perspective*, Thomson Brooks/Cole, 2006, pp. 56-59.
9) Ibid., p. 129.
10) 以下，公民権運動および法制化に関する記述は，次の論文を参考にしている。
    Schroeder, O. C. Jr., *Civil Rights, Encyclopedia of Social Work*, 18th Edition, NASW, 1987, pp. 280-287., Pollard, W. L., *Civil Rights, Encyclopedia of Social Work*, 20th Edition, NASW Press and Oxford University Press, 2008, pp. 301-309., Barker, R. L., *Milestones in the Development of Social Work and Social Welfare*, NASW press, Washington, D.C., 1999.
11) Barker, R. L. *The Social Work Dictionary*, 4th edition, NASW press, 1999, p. 79.
12) Barker, R. L., *Milestones in the Development of Social Work and Social Welfare*, NASW press, Washington, D.C., 1999, p. 19.
13) 資料「地域包括支援センター業務マニュアル」，社団法人日本社会福祉士会地域包括支援センターにおける社会福祉士実務研修委員会編『地域包括支援センターのソーシャルワーク実践』中央法規，2006年，p. 138，pp.159-160
14) 岩間伸之「第4章第1節　地域包括支援センターにおけるソーシャルワークと権利擁護」社団法人日本社会福祉士会地域包括支援センターにおける社会福祉士実務研修委員会編，同上書，p. 70

15）同上書，p. 71
16）家庭裁判所『成年後見制度を利用される方のために』最高裁判所，2009年6月
17）社会福祉法人東京都社会福祉協議会編『成年後見制度とは…制度を理解するために』東京都社会福祉協議会，2006年，p. 14
18）資料「地域包括支援センター業務マニュアル」社団法人日本社会福祉士会地域包括支援センターにおける社会福祉士実務研修委員会編，前掲書，pp. 160-163

プロムナード

世界最大の高齢者のアドボカシー団体である「アメリカ退職者協会（AARP: American Association of Retired Persons）」は文献やメディア等でも日本に広く紹介されてきました。筆者も10数年前に首都ワシントンDCにあるAARP総本部を訪問したことがありますが，そのエネルギー溢れる高齢者やスタッフの様子，また提供されている多様なサービス・プログラム，アドボカシー研修資料等に圧倒されたことを覚えています。
1960年代は公民権運動に加えて，高齢者の利益団体によるロビー活動やアドボカシー活動が急速に広がり，高齢者政策に大きな影響を与えました。「グレイパンサー：Gray Panthers」の代表であったマギー・クーン（Maggie Kuhn）は「高齢者は余暇を持て余し，午後にうたた寝をしているだけの存在ではありません」と述べ，ステレオタイプの高齢者像に異議を唱えました。さらに彼女は，「高齢者に対するバス代無料化や税金控除といった恩恵も必要ですが，私たちの目標はそれだけではありません。私たちは自分たちの自由，経験，知識，そして，さまざまなことに対処し，適応する力や生きぬく力をこの社会で活用することも目標としています。私たちは，市民として，また責任ある消費者として，より多くの人びとの利益のために，代弁者として活動したいのです」と強く主張しました。高齢者自身によるセルフ・アドボカシーの魂が伝わってくるようです。

学びを深めるために

児島美都子『ガンの夫を自宅で看取る—医療ソーシャルワーカーの介護日記』農文協，1998年
　著者は日本における医療ソーシャルワーカーのパイオニアであり，医療福祉，障害者分野など幅広い知見をもつ研究・教育者である。ソーシャルワーカーとしての専門的実践は常に当事者の視点から出発しており，当事者運動をライフワークとしてきた生き方に触れることができる。同書には患者運動のパートナーとして，また夫婦として最期まで支え合いながら生き抜く姿と人間愛，社会正義に貫かれた権利擁護の実践家としての活動が織りなされている。ケース・アドボカシーおよびクラス・アドボカシーの両面の重要性が読み手に伝わってくる。

白波瀬佐和子編『変化する社会の不平等〜少子高齢化にひそむ格差』東京大学出版会，2006年
　社会の急激な変化にともない，明らかになってきた少子高齢化をめぐる諸問題が，経済，労働，教育，健康，資産などをテーマとして格差の視点から実証的に述べられている。それらはいずれも構造的な問題であり，社会的に解決していくべき課題である。ソーシャルワーク専門職の目的と使命から，今，どのようなアドボカシーが社会的に期待されているのかを考えるきっかけとなるであろう。

ジミニー，G. H.／グロスバーグ，G. T.著／日本社会福祉士会編訳，新井誠監訳『アメリカ成年後見ハンドブック』勁草書房，2002年
　アメリカにおける高齢者のための成年後見制度について概説しながら，その手続や法的な解決の過程などに関して，事例を紹介しながら詳しく述べられている。

✒日本には歴史的にどのような権利擁護（アドボカシー）活動があっただろうか。また，それらの活動のなかで，ソーシャルワーカーはどのような働きかけをしただろうか，さまざまな文献を使って調べてみよう。

✒地域包括支援センターや社会福祉協議会など，地域を基盤としたソーシャルワーク実践の具体的事例について調べてみよう。とくに，社会福祉士の役割と任務，また，他職種とどのような連携をとっているのか，チームアプローチの実際について調べてみよう。

福祉の仕事に関する案内書

権利擁護研究会編『ソーシャルワークと権利擁護―"契約"時代の利用者支援を考える』中央法規，2001年

大渕修一『高齢者虐待対応・権利擁護実践ハンドブック―高齢者支援に関わるすべての人の必携書』法研，2008年

第 8 章

相談援助に係わる専門職の概念と範囲

1 相談援助専門職の概念と範囲

これまでソーシャルワーカーや社会福祉士は専門的知識や技術をもつ専門職であると学んできた。しかしながら，ソーシャルワークの歴史をひもとけば，20世紀初頭の「フレクスナー論争」以来，専門職としての確立を目指す闘いが見られる。

そもそも専門職とはなんであろうか？専門家とは「ある技能や学問などの専門的方面で，高度の知識または，すぐれた技能を備えた人びと」であり，専門職とは「高度な専門知識や技能が求められる特定の職種である」とされている。専門職として一般的に最もイメージされやすい医師や弁護士を例にとれば，それぞれの専門家の団体である日本医師会や日本弁護士連合会が「弁護士職務基本規程」（2004）や「医師の職業倫理指針」（2008）などでその使命や倫理の自らの社会的責任について規程している。専門職とは一般に，規範的な倫理綱領を公的に明文化し，体系的な専門的教育によって一定の知識や技術を獲得し，その専門性が資格制度等によって保証され，固有の専門職としてその有効性や力量が社会的にも承認されている職業であるといえよう。

1915年にアメリカの医学教育研究者であるフレックスナー（Flexner, A.）が「ソーシャルワーカーは独自の技術，専門教育のためのプログラム，専門職業に関する文献，そして実践技能を有していない」ため専門職ではないと断じ，それ以来，社会福祉の分野において専門職の属性について，理論・知識，技術，教育，専門職団体，倫理綱領，公益，公的資格・権限，社会的承認，自律性等の多くの専門家としての基準となる論点が挙げられ，論議が重ねられてきた。

「ソーシャルワーカーは専門職ではない」と断じたフレクスナーの講演は「不愉快ではあろうが，ソーシャルワークが専門職ではないということを自覚するようになれば，おそらくソーシャルワークは進歩するであろう」という言葉で締めくくられたという。その言葉に刺激され，ソーシャルワーカーたちは，自らの専門性を獲得し，社会的にも認められるように奮闘してきた。その後，リッチモンド（Richmond, M.）に見られるような体系的理論化，学術的な専門性を高める調査，研究，学術誌の発行などによる科学化，ソーシャルワークの専門職団体の整備，専門的教育の充実により技術化，専門職化が押し進められて公的資格試験を前提とする公的な資格として整備されてきた。

> **リッチモンド, M.E (Richmond, M.)**
> → p.65 参照

日本において専門職の条件は，①体系的な理論をもっていること，②伝達可能な技術とそのための一定の教育・訓練が必要であること，③私益ではなく公共の福祉目的であること，④専門職団体として組織化されていること，⑤テストか学歴に基づく社会的承認があること，⑥専門職としての行動規範が倫理綱領として統一的に共有されている等とされている。そして「社会福祉士及び介護福祉士法」（1987）によって国家資格の専門職として社会福祉士が

誕生した。しかしながら、これらの資格は名称独占であって、業務独占でなく、社会福祉士の誕生に呼応する社会福祉士の必置を求める制度・政策がとられなかったこと、社会福祉六法に依拠する分野を対象として、医療や精神障害領域のソーシャルワーカーを含まなかったこと、専門職としての主体的な議論がつくされないままに政策的な必要から産まれた資格であること等、課題を抱えての誕生であり、専門職の条件である自律性について疑問視されるところもある。専門職としての自律性、自己努力は必要不可欠なものであるが、高田真治が指摘するように、専門職としての高い学識と技能、倫理観をもった専門家を養成するには財源が必要であり、日本の社会福祉士の国家資格の管轄は厚生労働省である一方、養成教育の管轄は文部科学省であることからの複雑さもあり、人材育成のための社会福祉政策も重要な課題なのである[1)]。

ところで、ソーシャルワークの専門家は社会福祉士だけであろうか。社会福祉士は制定されて10年余りであり、既述のように活躍の分野は限定され、また、業務独占でないために、社会福祉士でなくてもソーシャルワーカーとしての業務は果たすことができるなど、必ずしもソーシャルワーカーとして活動している専門職が社会福祉士の資格をもっているとは限らない。日本における専門職団体は、社会福祉士の国家資格をもったソーシャルワーカーたちによる日本社会福祉士会、精神保健福祉士による日本精神保健福祉士協会だけでなく、たとえば歴史も古く、国際的な窓口ともなっている日本ソーシャルワーカー協会（1959年設立、JASW）や1953年に創設された日本医療社会事業協会など各分野にそれぞれがそれぞれの倫理綱領をもった組織的専門職団体がある。秋山智久が整理しているように専門性と専門職と専門職制度はそれぞれ違う概念なのである[2)]。

専門職制度上、社会福祉士は「日常生活を営むのに支障がある者の福祉に関する相談に応じ、助言、指導、福祉サービスを提供する者や、保健医療サービスを提供する者やその他の福祉サービス関係者等との連絡及び調整その他の援助を行うもの」であると相談業務であることが明示され、ソーシャルワーカーの専門性としてさまざまな立場の多様な職種の人びとといろいろな状況で協働していくこと、そのための高いコミュニケーション能力が必要とされていることが明らかにされている。

これまでにもみてきたが、日本ソーシャルワーカー協会が採用している国際的なソーシャルワーカーの専門職団体である国際ソーシャルワーカー連盟（International Federation of Social Workers, IFSW, 2000）の定義や倫理綱領には、理論や実践について現代のソーシャルワーカーたちが共有すべきことが述べられている。

ところで、日本においてソーシャルワーカーは専門職として社会的承認を得ているのであろうか？国家資格によって専門職と承認されているソーシャル

名称独占と業務独占
名称独占とは、資格をもっている者以外がその名称を用いて仕事をすることを禁じているもののことであり、業務独占とは、資格をもっているもののみが定められた業務を行うことができるもののことをいう。罰則規定を伴う。

社会福祉六法
→p.10参照

ワーカーであるが、2009年7月5日より「ソーシャルワーカーデー」を設けて「ソーシャルワークとは、基本的人権の尊重と社会正義に基づき、福祉に関する専門的知識と技術を用いて、生活上の困難や苦痛を有している人に寄り添い、その人と共にその困難や苦痛の解決を図り、一人ひとりの幸福と自立した生活の実現を支援することです。そして、このような支援を行う専門職のことをソーシャルワーカーと呼びます」と日本国民にソーシャルワーカーを普及するための「ソーシャルワーカー宣言」がなされた。その呼びかけの母体となったのはソーシャルケアサービス従事者研究協議会であり、その構成団体は、専門職団体（日本社会福祉士会、日本精神保健福祉士協会、日本ソーシャルワーカー協会、日本医療社会事業協会）、社会福祉教育の団体（日本社会福祉士養成校協会、日本社会福祉教育学校連盟、日本介護福祉士養成施設協会、全国保育士養成協議会、日本精神保健福祉士養成協会）と関係の学会（日本社会福祉学会、日本地域福祉学会、日本ソーシャルワーク学会＜2009年7月に「日本社会福祉実践理論学会」より「日本ソーシャルワーク学会」に名称変更＞、日本福祉教育・ボランティア学習学会、日本介護福祉学会・日本医療福祉学会）となっており、社会福祉教育や介護福祉士や保育士の関連団体まで含んでいる。

日本ソーシャルワーカー協会の会員規定では、ソーシャルワーカーは「人権と社会正義の原理に則り、サービス利用者本位の質の高い福祉サービスの開発と提供に努め、社会福祉の推進とサービス利用者の自己実現をめざす専門職です。児童から障害者、高齢者、低所得、地域福祉、行政、研究者まで、幅広い関係者で構成された社会福祉の総合的な専門職組織です」とあり、ソーシャルワークの専門職として広義に社会福祉従事者が挙げられている。その会員規定は、さらに「ソーシャルワークの普及に関心をお持ちの方であれば、その他の専門職や一般市民、どなたでも会員になれる組織として性格を変え福祉の発展を目指しています」と続く。これはソーシャルワークが一般の人びとにもできる専門性の乏しい仕事であることを意味しているのではなく、現代のソーシャルワークの必然の姿を示しているといえよう。

今日のソーシャルワークの目的は、どのような状況にある人も、その人らしく地域で自己実現できる暮らしの実現であり、そのために個人や家族や地域が一体となって協働することが求められ、ソーシャルワークに専門性を置くソーシャルワーカー以外の社会福祉分野従事の専門家や、サービス利用者や家族、友人、ボランティアなどが手を携えて活動している。またその対象も個人のウェルビーイングを目指すミクロなソーシャルワークから、地域や国などの全体を対象とするものへと変化してきている。そこでそうした多種多様な人びとやシステムがソーシャルワークの担い手となっており、そのゆえにソーシャルワークはより高い専門性をもったつなぎ手として、より高度な専門的な価値・役割・知識・技術が求められているのである。そうした現状において、具体的

> **介護福祉士**
> 「社会福祉士法及び介護福祉士」（1987, 2005改正）によって制定された国家資格。「介護福祉士の名称を用いて、専門的知識及び技術をもつて、身体上又は精神上の障害があることにより日常生活を営むのに支障がある者につき心身の状況に応じた介護を行い、並びにその者及びその介護者に対して介護に関する指導を行うこと」。

> **保育士**
> ここでは、「全国保育士養成協議会」。保育士は、「保育士の名称を用いて、専門的知識及び技術をもつて、児童の保育及び児童の保護者に対する保育に関する指導を行うことを業とする者をいう」（児童福祉法第18条）。

にどのようなソーシャルワークの専門職や職場があるのだろうか？

2 福祉行政における専門職

(1) 社会福祉主事

　社会福祉の公的な資格には社会福祉士・精神保健福祉士以外に社会福祉主事があり，行政機関の一線で働くためにはこの資格が必要である。

　社会福祉主事は「社会福祉法」第18条に定められた福祉事務所で福祉六法に基づいて保護・育成・更生の措置を行う。「任用資格」といわれる社会福祉行政機関の業務上必要な場合任用される資格で，その条件は次のいずれかである。① 大学，短大，専門学校で社会福祉主事任用資格をもつ者，② 都道府県主催の社会福祉主事認定講習会の課程を修了した者，③ 社会福祉士，④ 一般大学において社会福祉に関する科目のうちで3科目を修めているものである。この④は「3科目主事」といわれるもので，講習会受講が義務付けられている。任用資格が必要な職種は，福祉事務所では現業員，査察指導員，老人福祉指導主事と家庭児童福祉主事，家庭相談員，母子相談員，各種相談所においては，知的障害者福祉司，身体障害者福祉司，児童福祉司，社会福祉施設における施設長と生活指導員である。

　今日では，社会福祉主事は上記の任用以外でも，社会福祉の一般施設や社会福祉協議会などの仕事で必要とされることも多く，ソーシャルワーカーの基礎的資格の色彩を強めている。

(2) 社会福祉の行政機関

① 社会福祉事務所

　「社会福祉法」第14条に規定され，「福祉六法」に定められた生活扶助や保護，育成や更生の措置に関する事務のうち市町村が処理することとされている業務を行う。その長，指導監督（スーパービジョン）を行う査察指導員，現業員と事務を行う者からなり，現業員が第一線のソーシャルワーカーとして援護，育成や更生の措置が必要な人びとと面接し，家庭を訪問したりもしながら，調査や保護その他の措置の必要性を判断し，生活指導を行ったりする。この査察指導員と現業員は社会福祉主事である。

　福祉事務所には，社会福祉主事以外に児童福祉司，身体障害者福祉司，知的障害者福祉司，老人福祉指導主事などの任用資格者が働いている。それ以外に母子家庭や寡婦の福祉に関してその実情を把握し，自立に必要な各種の相談や指導を行う非常勤の母子自立支援員がいる。

　老人福祉指導主事は，高齢者福祉に関して事務所員に指導を行い，情報提供，相談，調査，指導，給付などを業務としている。

知的障害者福祉司は，知的障害者の福祉に関する相談，指導業務で，施設入所についての相談等を行う。

身体障害者福祉司は，身体障害者更生相談所などでも，身体障害者の福祉に関して福祉事務所員に技術指導を行ったり，より専門的な身体障害者の相談・調査・更生援護の判断や本人への指導を行う。

② 家庭児童相談室

家庭児童相談室は，福祉事務所で家庭児童福祉に関する相談機能を担っており，一般の家庭での児童の育成上のさまざまな問題について相談指導を行い，問題をもつ児童等の早期発見，早期指導に努める。家庭相談員及び社会福祉主事（家庭児童福祉主事）が配置されているが，家庭相談員は原則として非常勤の職員で，任用資格は，① 学校教育法に基づく大学等で児童福祉，社会福祉，児童学，心理学，教育学もしくは社会学を専修する学科またはこれらに相当する課程を修めて卒業した者，② 医師，③ 社会福祉主事として2年以上児童福祉事業に従事した者，④ これらに準ずる者で，家庭相談員として必要な学識経験を有する者。のいずれかである。

③ 児童相談所

児童福祉分野の中枢的な行政機関で，都道府県・指定都市に設置が義務付けられている。主に① 児童に関する問題について家庭その他からの相談に応じ，② 児童及びその家庭について必要な調査を行い，医学的，心理学的，教育学的，社会学的及び精神保健学的観点から専門的判定を行い，③ 上記②に基づいて必要な指導等を行い，④ 必要に応じて児童の一時保護を行っている。児童福祉司，医師，心理判定員や，児童の一時保護に主として携わる児童指導員，保育士等の専門職員が配置され，面接指導，児童福祉施設への入所措置，里親等への委託措置，などを行っている。

児童福祉司は児童の保護や児童の福祉に関しての相談に応じ，専門的技術に基づいて必要な指導を行う任用資格である。① 大学などで厚生労働大臣指定の科目を履修して卒業した者，② 医師免許取得者，③ 社会福祉士，④ 1年以上児童その他の者の福祉に関する相談に応じ，助言，指導その他の援助を行う業務に従事したもの，⑤ 社会福祉主事として2年以上児童福祉事業に従事した者などが挙げられる。

④ その他の相談所

婦人相談所／配偶者暴力相談支援センター：「売春防止法」や「配偶者の暴力の防止及び被害者の保護に関する法律」（DV防止法，2001）などによる専門機関で，売春を行っているまたはおそれのある女子の保護更生や防止のための相談，婦人保護施設への入所の措置や配偶者からの暴力被害女性の発見，相談，指導援助を行う。都道府県にあり，非常勤の婦人相談員がいる。

身体障害者更生相談所：身体障害者福祉法に規定された身体障害者の更生援

護のために都道府県に置かれた専門機関。身体障害者福祉司は医学的，心理的，職能的判定，補装具の給付の判定，専門的相談・指導，連絡・調整，地域リハビリテーション推進などを行う。

(3) その他の社会福祉以外の公的機関での社会福祉専門職

　ソーシャルワークの専門職の分野は，社会福祉六法に規定された分野だけでなく多様で広範にわたっている。それぞれの分野でより高い専門性が求められ，徐々にソーシャルワークの専門職としてニーズがたかまってきており，公的機関でも次のような職種が見られる。

① 精神保健福祉相談員

　地域の人びとの健康を支える保健所（都道府県，政令都市），市町村保健センター，精神保健の向上及び精神障害者の福祉の増進を図る精神保健福祉センターには主に精神保健福祉士の資格をもつ精神保健福祉相談員がいる。精神障害者や家族の相談や社会復帰のためのさまざまな援助，地域内の精神保健福祉の実態把握や訪問指導・患者家族会などの活動の援助や指導・教育や広報活動および協力組織の育成，さらに関係諸機関との連携活動などを行っている。

② 家庭裁判所調査官

　家庭裁判所は，家庭や親族間での問題の審判や調停，少年の保護，更生にあたる裁判所であり，家庭裁判所調査官は心理学，社会学，社会福祉学，教育学などの人間関係諸科学の知識や技法を活用して，事実の調査や人間関係の調整を行う国家公務員である。裁判所職員だが，裁判所から命じられる前に少年や保護者について調査する権限がある。必ずしもソーシャルワークの専門職であるように思われていないが，本人や家族や環境調整のためにソーシャルワークの専門性が求められている分野である。

③ 法務省保護観察官

　非行や犯罪を行った者が，社会復帰できるよう支援を行う法務省事務官の国家公務員であり，地方更生保護委員会，保護観察所に配置されている。実際の保護観察業務は，法務大臣が民間から委嘱した保護司と協働して行う。本人の福祉のための仕事で，欧米ではプロベーションといわれる社会福祉専門職である。

④ 社会復帰調整官

　「心神喪失等の状態で重大な他害行為を行った者の医療及び観察等に関する法律（心神喪失者等医療観察法）」（2003）に基づいて新たに保護観察所に配置されることとなった生活環境の調査・調整，精神保健観察等の業務に従事する専門職である。精神保健福祉士の資格を有する者やその他の精神障害者の保健及び福祉に関する専門的知識を有する者が採用基準である。

3 民間の施設・組織における専門職

(1) 民間の社会福祉施設

　ソーシャルワーカーの主な舞台である社会福祉施設は，社会福祉六法に基づく保護施設，老人福祉施設，身体障害者更生援護施設，知的障害者援護施設，婦人保護施設，児童福祉施設，母子福祉施設や，精神障害者社会復帰施設などの通所，入所施設等である。施設や事業の機能や内容は「障害者自立支援法」（2006）によって変化し，より多様化している。日本における社会福祉事業は歴史的に民間の施設が担ってきており，ソーシャルワーカーの多くは施設ワーカーとしてケアワークも行ってきていたが，地域生活や就労，自立支援を支える流れのなかで相談，連携にその専門性がより求められるようになった。施設長の要件として社会福祉主事が必要となり，ソーシャルワーク職にも社会福祉主事任用資格や社会福祉士の資格をもつことが望ましくなりつつある。

　ソーシャルワークの職名は，児童指導員や生活指導員等が一般的である。また，施設従事者は，社会福祉分野の専門職である保育士や介護福祉士や，社会福祉領域以外の専門職や多職種の人びとと協働する場は多い。

1）児童福祉施設の専門職

　施設に従事しているソーシャルワークの専門職や，ソーシャルワークに携わる職種は，施設長，生活指導員・支援員，保育士，児童生活支援員，児童指導員，児童自立支援相談員，児童厚生員，母子指導員などであるが，他職種として，医師，理学療法士，作業療法士，言語聴覚士，保健師，助産師，看護師や心理判定員，栄養士等がおり，それら多くの他職種の人びとと協働していかなければならない。

　また公立の施設もあり，その場合は地方公務員である。

① 児童指導員

　児童福祉施設で生活する0〜18歳までの子どもたちを，保護者に代わって援助，育成，指導したり，児童相談所との連絡業務などを行う。児童指導員になるには，児童指導員任用資格が必要で，その条件は①4年制の大学で，社会学・教育学・心理学のいずれかを修めているもの，②小・中・高校いずれかの教員免許を所持しているもの，③児童指導員養成所を終了したもの，あるいは，2年以上児童福祉の仕事に従事しているものなどである。

　児童指導員の主な職場は，児童養護施設，肢体不自由児施設，重症心身障害児施設，知的障害児施設，情緒障害児短期治療施設，自閉症児施設，母子生活支援施設などである。

② 家族支援専門相談員（家族ソーシャルワーカー）

　児童虐待の増加の中で，家族（親）と施設，児童相談所等との連携がますま

す望まれるようになり，子どものために家族に働きかける業務に専従のソーシャルワーカーが必要であるとされ，家族支援専門相談員が全国の児童養護施設，乳児院，情緒障害児短期治療施設，児童自立支援施設のすべてに置かれることとなった。家庭環境上の理由により入所している児童の保護者等に対し，児童相談所との密接な連携のもとに，電話や面接等により児童の早期家庭復帰や里親委託等を可能とするための相談・指導等の支援を行う。

③ 児童自立支援専門員

児童自立支援施設は，非行に走ったり，走るおそれのある児童や，保護者の監護が適切でない家庭環境にある児童の入所施設である。そこで児童の生活学習・職業指導を行い，社会的な自立を支援する。より専門性の高い専門員を養成する児童自立支援専門員養成施設の卒業者などが任用条件である。

④ 児童生活支援員

同じく児童自立支援施設で，生活支援を行うのが児童生活支援員である。主に保育士資格所持者である。

⑤ 母子指導員

母子生活支援施設は，配偶者がいなかったり，それに準ずる事情がある女性とその監護すべき児童を保護し，自立促進のために生活支援し，退所後も相談等の援助を行うことを目的とする施設である。もともとは生活に困っている子どもをもつ母親が対象であったが，「DV防止法」により，DV被害を受けてきた母子の入所が増えている。公立の施設で地方公務員である場合もある。一般的には，保育士か児童指導員任用資格が条件である。

⑥ 少年指導員

同施設で子どもの日常生活援助を中心に，親子関係や友人関係の調整・援助を通して，子どもの退所年齢までに自立できるよう，母子双方に対し精神面，生活面の両方から支援する。

2) 保育所と保育士

保育所はもともと児童福祉法 (1947) に基づき，「保育に欠ける」子どもの保育を親に代わって行う社会福祉の施設であったが，地域住民への保育に関する相談，助言も業務の一環となり，専門的なソーシャルワークも求められるようになった。公立や私立，認可，無認可など，その業態はさまざまであり，認定こども園の促進や新たな保育所保育指針 (2008) により，幼稚園教諭との違いや，「保育に欠ける」等の社会福祉ニーズがあいまいになりつつあり，求められる専門性も変化・多様化しつつある。

保育士は，保育所のみならず，多くの児童福祉施設に必置であり，保育士の名称を用いて，専門的知識および技術をもって，児童の保育および児童の保護者に対する保育に関する指導を行う者である。また保育士資格も改正され，現

在は，従来の都道府県が行う保育士試験に合格したものと厚生労働省指定の保育士養成施設を修了した者の2通りとなっている。児童福祉施設の任用資格であったが，現在は名称独占の資格である。

3）高齢者福祉領域の専門職

社会福祉法人だけでなく，営利企業やNPO法人や地方自治体との第三セクターなど多様な母体が，入所，通所などの多様なサービスを行っている。老人福祉法に基づく施設である養護老人ホーム，軽費老人ホーム，老人福祉センターやデイサービスセンターなどに加えて介護保険事業を行う高齢者福祉施設，在宅サービス事業所，在宅介護支援センター，老人保健福祉施設などである。それら高齢者施設を担うのは，施設長，生活相談員，生活支援員，介護支援専門員（ケアマネージャー），介護職員（介護福祉士，ホームヘルパー等）であり，医療ソーシャルワーカー，精神保健福祉士などもいる。理学療法士，作業療法士，医師，保健師，看護師や栄養士等の他職種の専門職も大きな役割を果たしている。

生活相談員，生活支援員

そうした場で，高齢者や家族の相談援助，指導，介護サービスに当たっているのが，生活相談員，生活支援員である。援助プログラムの立案・実行，入退所の手続きなどを行い，施設内のさまざまな職種間の調整や，福祉事務所，病院といった関係機関との連絡調整をする。この生活相談員，生活支援員は，障害者福祉施設においても大きな役割を担っており，グループワークなども行いながら利用者の自立を支援したり，生活援助や訓練，介護職員と協力しながら指導していく。

4）医療領域関の専門職

いままで述べてきた概ね福祉六法による施設・機関以外でも多くの専門性の高いソーシャルワーカーが働いている。とりわけ医療ソーシャルワーカー（メディカルソーシャルワーカー Medical Social Warker ともいう）は歴史的にもソーシャルワークを担ってきた存在である。病院・診療所などで社会福祉の立場にたって患者や家族を支援し，安心して医療が受けられ，退院援助・社会復帰の手助けが主な業務である。公立・私立のいずれもあり，高齢者や障害者の地域での自立生活のための介護老人保健施設，精神障害者社会復帰施設，精神保健福祉センター，老人保健施設や在宅介護支援センターなど医療ソーシャルワーカーを必要としている現場は増える一方である。

（2）都道府県・市区町村社会福祉協議会

社会福祉協議会は，社会福祉法（2000年）による地域福祉の推進役となる民

NPO法人

民間非営利組織（Non-Profit Organization）。住民主体として営利を目的としないで，その使命を実現するために社会活動を行う民間の非営利組織をいう。ボランティア団体や市民活動団体などをさすこともあるが，特定非営利活動法人（NPO法人）である場合が多い。

間の社会福祉法人であり，それぞれ多様な取り組みをしている。社会福祉協議会は地域の活性化を図る運動やネットワーク作りや，在宅福祉サービスや介護保険制度によるサービスなどで社会福祉活動の中心となっている。

社会福祉士など資格名以外に，ソーシャルケアワーカー，コミュニティーワーカー，コミュニティーケアワーカー，福祉活動専門員，地域福祉活動コーディネーター，ボランティアコーディネーターなどのさまざまな名称でここを足がかりにソーシャルワークを実行している。

地域包括支援センター

地域における介護サービスの中核であり，社会福祉士，保健師，主任介護支援専門員が必置である。主任介護支援専門員は要介護者が自立した日常生活を送ることができるように要介護者やその家族からの相談に応じ，個別のニーズにあわせた適切なサービスが利用できるように居宅サービス事業者との連絡調整を行う。業務は，実務経験に基づいて主任介護支援専門員実務研修受講試験による。ケアマネジメントはソーシャルワークの一部であり，ケアマネジャーをソーシャルワーカーといってよいのか議論のあるところであるが，ケアマネジメントはソーシャルワークの価値に基づいて行われることがふさわしいなどの点で社会福祉の専門職であるともいわれている。

(3) ボランティア

地域社会において福祉公社，NPO法人や協同組合などの組織における社会福祉活動や，住民のボランティア活動など新たな社会福祉活動がたかまり，今日ではボランティアは，社会福祉を担う重要な人材のひとつであり，既述のように社会福祉の理念に則って活動しているボランティアはソーシャルワークの専門職団体の一員にもなって，相互に研鑽しあい，情報交換し，協働するものである。

そのなかで，とりわけ専門的な仕事や役割が期待されている任命ボランティアについて紹介する。

① 民生委員／児童委員

民生委員は，民生委員法に基づき各市区町村に配置されおり，居住地で地域福祉の向上に努める委嘱ボランティアである。高齢者世帯や障害者世帯の把握，保護を必要とする人との相談，自立更生への援助を福祉事務所や福祉行政機関と協働して行う。民生委員は，児童福祉法に基づく児童委員も兼務し，児童，妊産婦，母子家庭などに対する行政機関への協力を主な職務とし，地域で子育てに関する相談や，保健・福祉に関する援助や指導，情報提供を行う。社会奉仕の精神をもって，人格識見が高いことが望まれている。

② 保護司

犯罪や非行に走った人びとが実社会のなかでその健全な一員として社会復帰

福祉公社

地域住民の相互支援意識に基づいて市区町村主体に設立，運営される在宅福祉サービスの供給組織で，住民参加型在宅福祉サービス組織の一つである。

協同組合

「共同で所有され，民主的に管理される事業体を通して，自分たちが共通して抱く経済的・社会的・文化的な要求を満たすための人びとが自発的に団結した自律的な」協会である，たとえば，消費生活協同組合（生協）や農業協同組合（農協）などによって組合員の相互扶助による新たな協同組合型福祉サービスが多様に展開されてきている。

できるように，保護観察期間に保護観察官とともに指導監督及び補導援護を行う。保護司法に基づき，法務大臣から委嘱された非常勤の国家公務員であり，地域社会において社会的信望が厚い人が任命されることになっている。

4　諸外国の動向

前述のように，日本のソーシャルワークは，世界のソーシャルワーカーの団体である国際ソーシャルワーカー連盟や国際ソーシャルワーカー養成校協会と歩調を合わせて進んでおり，国際的な動向と基本的には大きく変わるところはないといえるが，ここでは，ソーシャルワークの専門性という点でもっとも日本に影響を与えてきたと思われるアメリカとイギリスの動向をみてみよう。

(1) アメリカ

もともとアメリカの社会福祉はミクロなソーシャルワーク－ソーシャルケースワーク－を柱として展開してきており，専門性の追究は，専門職化の進展と歩みを共にし，専門職団体や専門教育，公的資格が関係しあって展開してきている。

その先駆的な出来事のひとつとしてソーシャルワークの専門性と質の担保のために1923～1928年にかけてミルフォード会議が開かれ，アメリカ家族福祉協会，アメリカ医療ソーシャルワーカー協会，アメリカ児童福祉連盟，アメリカ精神科ソーシャルワーカー協会，全国訪問教師協会，全国保護観察協会の6つのソーシャルワークの関連団体によって話しあわれた。そこでソーシャルワークの共通的基盤が「ジェネリックソーシャルワーク」として呈示された。各分野のソーシャルワーカーの団体[3]は1955年に全米ソーシャルワーカー協会（National Association of Social Workers, NASW）として統一され，専門職資格については，ソーシャルワーク教育協議会（Council on Social Work Education, CSWE）が1952年に任意団体として創設され，ソーシャルワーカー専門教育を行う大学／院におけるカリキュラムの認可基準を示してきている。

州政府が大きな権限をもつアメリカで，日本の国家資格にあたるのは州政府認定資格であるが，資格認定を行っていない州も含めて内容は多種多様である。一般的に州認定ソーシャルワーカーは，定められた教育と訓練の上に試験を受けるもので，基礎資格は，大学院修了以上である。大学院修了で認定されるLMSW（Licensed Master Social Worker）に加えて一定の実務訓練を受けたLCSW（Licensed Clinical Social Worker）などが認定ソーシャルワーカーである。ここ10年間くらいの間により良質のソーシャルワーカーをめざして差異化，専門化[4]される傾向も見られる。しかしながら，実際にソーシャルワーク現場でソーシャルワーク実践を担っている人びとの多くは大学学部卒業（Bachlor

> **ジェネリック・ソーシャルワーク**
> たとえば児童福祉や高齢者福祉等の分野別の専門性の高いスペシフィック・ソーシャルワーカーとは異なり，ソーシャルワーカーとして，どの領域でも，どのような方法（グループワーク，ケースワーク等々）でも，サービス利用者がどのような対象者であっても対応できる基盤がまずは前提であるという考え方。

of Social Worker, BSW) ソーシャルワーカーであり、そうした大学院ではなく学部卒業レベルの人びとを認定ソーシャルワーカー（Licensed Social Worker, LSW）として認定している州もある。

　一方、アメリカのマクロな社会福祉政策は社会・経済の大きな変動を背景に、個人主義と国家の管理という軸と貧困などのさまざまな問題と社会保障制度のコストという軸で、揺れ動いてきた。深刻化する人種問題や貧困の問題などのニーズと政府の「自由放任」「自助原則」に基づく対応との力関係で展開され、その間にソーシャルワーカーが介在したものである。1960年代の脱施設化に始まって、社会保障制度、医療保険制度の改革、アメリカ障害者法（Americans with Disabilities Act:ADA, 1990）や高齢者法（Older American vs Act, 1965, 改正2001）の法の整備や改正などさまざまな経過を経て、伝統的なソーシャルケースワークの専門性に重きをおきつつも、今日的なコミュニティーケアに新たな専門性が求められている。人びとの地域での生活ニーズをケアマネジメントや、家族・親戚、ボランティアなどの専門職以外の人びとが担う潮流のなか、その専門性はコミュニティーでの専門職も私的な関係者も含めての多職種の連携やネットワーキングに発揮されることとなった。スペシフィックな専門性や高度のコミュニケーション能力を求められる一方で、従来のソーシャルワーク業務にはなかったケアワークやケアマネジメントも行うこととなり、その専門性は希薄化、ボーダーレス化してきている。また、ワーキングプアや格差社会、社会福祉受給から洩れる人びと[5]等の問題がより多層化してきており、「もともと自立自存（self-relianee）で、『福祉への権利』という観念が存在しない」[6]アメリカであるならば、人権啓発活動やソーシャルアクションなどの役割に専門職として一層の社会的使命が求められるところである。

(2) イギリス

　セツルメント、慈善組織協会の発祥の地であるイギリスはソーシャルワーク誕生の地でもあり、「ゆりかごから墓場まで」といわれる福祉国家体制が1940年代に確立した社会福祉国家でもある。「ベヴァリッジ報告」で問題とされた5つの巨人を克服するための具体的な政策は児童手当、包括的保健社会復帰サービス、雇用の維持であり、そこから発展した家族手当法（Family allowance Act, 1945）や児童法（Children Act, 1948）によってソーシャルワーカーが必要とされ、そのなかで児童福祉協会やソーシャルワーカー協会が結成された。その後社会福祉ニーズの変化に対応して従来の社会福祉サービスを見直そうとする「シーボーム報告」（1968）がなされ、「地方自治体ソーシャルサービス法」（Local Authority Social Services Act, 1970）へと展開していく。これによって、それまでいくつかの部局でなされていた社会福祉サービスが社会サービス部（Social Services Department, SSD）に一本化され、実践に当たって

> **5つの巨人**
> ベヴァリッジ報告では、貧困はひとりの人間に起因するのでなく、「窮乏」「疾病」「無知」「不潔」「怠惰」の社会的相互作用によって引き起こされるものであるとし、その5つの要因を5つの巨人と呼んだ。

は、それぞれに地域拠点をもうけることとなり、よりきめ細かなソーシャルワーカー配置やスペシフィックよりもジェネリックなソーシャルワークが求められ、健全な家族機能の促進と少年非行の防止などにより地域に根差す家族を中心としたサービス提供が強調されるようになった。これと前後して、各種の専門職団体7)が統合されて全英ソーシャルワーカー協会（British Association of Social Workers, BASW, 1970）となり、専門職としてのソーシャルワーカー体制が整えられていった。さらにソーシャルワークの専門職とその専門職訓練の見直しの提言によって、ソーシャルワーク教育訓練中央協議会セツワ（CCETSW, Central Council for Education and Training in Social Work, 1971）が設立された。この協議会は、行政からは独立した協議会であり、社会福祉認定資格（CQSW, Certificate of Qualification in Social Work）やケアワーカーの認定資格である社会サービス資格（Certificate in Social Service, CSS）を定め、その資格取得のためのソーシャルワーカー専門教育システムや専門性の維持、向上のための現任訓練のシステムを作ってきた。1991年に社会福祉大学院修士修了者による認定資格（DipSW, Postgraduate Diploma in Social Work）が実務家であることが基本的要件の社会福祉認定資格にとって代わり、ソーシャルワークの認定専門職は社会福祉大学院修士修了者による認定資格保持者のみとなった。

> **社会福祉認定資格（イギリス）**
> 日本の社会福祉士制度のモデルのひとつであるといわれているが、国や行政の一部ではない民間の協議会がその基準を定めているところが日本と異なっている。

「シーボーム報告」以降、福祉コストの増大と国の経済力のきしみに重ねて在宅福祉への流れが主軸となるという葛藤状況にあって、病院退院後の精神障害者へのケア、在宅サービスと施設サービスの連携やつなぎなどコミュニティケアの在り方が問題とされるようになり、「国民のためのケア白書」（Caring for Peaple）（1989）が出され、「国民保健サービスおよびコミュニティーケア法」（1990）によって、保健・医療・福祉の各分野を包括する大きな改革がなされた。イギリスは「ゆりかごから墓場まで」の福祉国家からコミュニティーケアへと大きく舵をきることになったのだ。在宅サービスのための多様なニーズに応じた多様な供給主体からの継ぎ目のないサービスを目指し、介護者も支援対象となり、社会サービス部にケアマネジメント業務が入り、従来のソーシャルワーカーの専門性は大きなゆらぎの時を迎える。さらにサービス利用者主体の原則はより強まり、管理体制も強化された。また歴史的にもボランタリーセクターと民間セクターの役割が大きく、ソーシャルワークの専門性は、多職種との協働や連携・調整・ネットワーキングなどが中心となるコミュニティーソーシャルケアに求められるようになってきている。

この流れのなかでその質を担保するためにケア基準法（Care Standard Act, 2000）が誕生する。全国ケア基準委員会によるサービスの最低基準をもうけ、ソーシャルケア総合協議会（General Social Care Council, GSCC）が設立され、登録や規制、養成訓練機関の認定などを始めた。ソーシャルケア総合協議会にはサービス提供団体、ソーシャルワーカー、ケアワーカー、雇用主のみならず、

図表8－1　ソーシャルワークの専門家の資格・職種・職場

専門職の資格	社会福祉の専門職	社会福祉分野の他の専門職	主な職場・分野		
			公的施設・機関	民間の社会福祉施設・機関	地域
国家資格	社会福祉士		社会福祉一般, 医療機関等		社会福祉協議会・地域包括支援センター
	精神保健福祉士		精神保健福祉一般(保健所, 市町村保健センター, 精神保健福祉センター), 医療機関		
		介護福祉士 保育士	高齢者, 障害者施設・機関		
			保育所・児童施設・機関・児童相談所		
その他の公的資格		介護支援専門員(ケアマネジャー)		在宅介護支援センター	地域包括支援センター
		訪問介護員(ホームヘルパー)			
任用資格	社会福祉主事		福祉事務所	特別養護老人ホーム, 養護老人ホーム, 身体障害者療護施設, 救護施設, 更生施設	
	老人福祉指導主事		福祉事務所		
	家庭児童福祉主事		福祉事務所(家庭児童相談室)		
	身体障害者福祉司		福祉事務所・身体障害者更生相談所		
	知的障害者福祉司		福祉事務所・知的障害者更生相談所		
	児童福祉司		福祉事務所・児童相談所		
	児童指導員			児童施設(児童養護施設, 肢体不自由児施設, 重症心身障害児施設, 知的障害児施設, 情緒障害児短期治療施設, 自閉症児施設, 母子自立支援施設)	
	生活指導員			高齢者施設(在宅介護支援センター, 老人保健福祉施設, 特別養護老人ホーム, 養護老人ホーム), 救護施設, 知的障害者授産施設・更生施設 知的障害者施設, 身体障害者福祉施設, 自立支援ホーム, 母子自立支援施設	
	家族支援専門相談員(ファミリーソーシャルワーカー)			児童施設	
	児童自立支援専門員			児童自立支援施設	
	児童生活支援員(保育士)			児童自立支援施設	
	母子自立支援専門員			婦人相談所・配偶者暴力相談支援センター	
	婦人相談員			婦人相談所・配偶者暴力相談支援センター	
	母子指導員			母子自立支援施設	
任用ボランティア	児童委員／民生委員				
	保護司				地域
ボランティア				社会福祉協議会 社会福祉施設・機関一般	地域 福祉公社, NPO法人, 協同組合等

注）「障害者自立支援法」（2005）によって施設・機関名が変化したが, 従来のままのものもある。また, 今日のソーシャルワーカーの条件が曖昧であるため, すべてを網羅しているわけではない。

ソーシャルワークやケアワークに関連の人びとも登録でき，ソーシャルワーク教育訓練中央協議会はその使命を終えたことになる。しかしながら，現在も過渡期として従来の認定ソーシャルワーカーの呼称が使われており，専門職団体である全英ソーシャルワーカー協会（BASW）の会員資格は，これまでに述べ

てきた社会福祉大学院修士修了者による認定資格（DipSW），社会福祉認定資格（CQSW），社会サービス資格（CSS），などの資格保持者あるいはこれらの資格に関連するソーシャルワーク従事者とされている。現在のところ専門職としての名称独占を許されているソーシャルワークは，ソーシャルケア総合協議会認定ソーシャルワーカーとして認定機関で所定の教育訓練を受けてソーシャルワーカーとして登録された認定ソーシャルワーカー（RSW, Registered Social Worker）だけとなっている。

　こうして見て行くと，施設ケアに特色のある日本，ソーシャルワーク，ソーシャルケースワークが中心であったアメリカ，社会保障や福祉サービスのなかで展開してきたイギリス，それぞれの歴史的特性を残しつつ，等しく新たな専門性に立ち向かっている姿がみえる。社会福祉士の国家資格がより組織化され，その質を高めるために新たなカリキュラムが実施されるという専門職制度強化・管理の流れと，ケアワークやケアマネジメントもソーシャルワークであるという専門性希薄化の流れが同時に起こっている。そこにおいてソーシャルワークの連携やコンサルテーションなどの役割の重要性が改めて浮上しており，かつ，格差社会にあって，声なき声の代弁をし，ソーシャルアクションをしていくという役割の重要性もまた際立ってきている。何がどこまでソーシャルワークなのか，そのなかでもとりわけ専門職ならではのソーシャルワーカーの役割は何なのかという専門性にかかわる問いかけと向上に向けての努力はつきない。

注）
1) 高田真治「アメリカの社会福祉⑥サービス改革とその破綻」仲村優一監修『エンサイクロペディア社会福祉学』中央法規，2007 年，p. 14
2) 秋山智久『社会福祉専門職の研究』ミネルヴァ書房，2007 年
3) アメリカソーシャルワーカー協会，アメリカグループワーカー協会，アメリカコミュニティーオーガニゼーション協会，アメリカ医療ソーシャルワーカー協会，アメリカ精神医学ソーシャルワーカー協会，アメリカスクールソーシャルワーカー協会，ソーシャルワーク調査グループの7つであった。
4) たとえば，州認定資格の LCSW 認定家族療法家（LMFT Licensed Marriage and Family Therapy），認定専門職カウンセラー（LPC Licensed Professional Counselor），認定教育心理臨床家（LEP Licensed Educational Psychologist）などがとってかわっている州などもあり，極めて多彩で多様な専門職タイトルが併存している。
5) アメリカにおける生活保護手当は，女性一人親家庭の子どもへの手当と母親の就労のための教育・訓練が大きな割合を占めていたが，1996 年の福祉改定により「福祉受給から就労へ」というスローガンの下，受給資格が厳しくなったなどである。
6) 後藤玲子「アメリカの社会福祉⑧ 1990 年代以降の展開」中村優一等監修『エンサイクロペディア社会福祉学』中央法規，2007 年，p. 265
7) ソーシャルケア協議会は，児童ケア職員協会，家族ケースワーカー協会，精神科ソーシャルワーカー協会，ソーシャルワーカー協会，医療ソーシャルワーカー協

会，モラル福祉ワーカー協会，精神科福祉職員協会 97 であった。

＜参考文献＞

小田兼三編『別冊総合ケアコミュニティーケアマネジメント：保健・医療・福祉のネットワーキング』医歯薬出版，2006 年

ジベルマン，M.・ジェルビッシュ，F.H. 著／岩崎浩三，山手茂訳『ソーシャルワーカーとは』相川書房，1997 年

杉本敏夫・松宮満編著『ソーシャルワーカーの仕事』朱鷺書房，2001 年

仲村優一・日本社会福祉士会編『新社会福祉援助の共通基盤』（上）中央法規，2004 年

トレビロン，S.・ベレスフォード，P. 編著／小田兼三・杉本敏夫訳『コミュニティケア改革とソーシャルワーク教育：イギリスの挑戦』筒井書房，1999 年

三島亜紀子『社会福祉学の「科学」性―ソーシャルワーカーは専門職か？』勁草書房，2007 年

プロムナード

「まだまだ求められるスペシフィックな領域のソーシャルワーカーたち」

日本ではソーシャルワーカーの活躍の舞台は主に社会福祉領域ですが，医療・司法・法務，教育，産業などの社会福祉とは異なった分野で，人びとの福祉―ウェルビーイング―を第一に考えて支援するソーシャルワーカーの必要性が浮上してきています。

たとえば最近よく耳にするスクール・ソーシャルワーカーですが，もともとアメリカ等で，児童の修学の権利を保護し守るソーシャルワークの領域の一つとして早くから行われていました。

日本でも，児童虐待の早期予防や早期発見の必要性や不登校や不適応児童の増加には，従来のカウンセリングや適応指導や，その原因を家族や児童にのみ求めたり，学校や教育環境に求めて解決を図るのではなく，「問題解決は，児童生徒，あるいは保護者，学校関係者との協働によって図られる」というソーシャルワークの独自の視点をもつスクールソーシャルワーカーが，2000 年くらいからモデル事業として一部の地域で学校現場に導入され始めました。そして 2008 年度から文部科学省が小中学校に配置を決めました。今日大きな期待がもたれているスクールソーシャルワーカーの役割は，問題を抱える児童生徒が置かれた環境への働きかけ，関係機関などとのネットワークの構築，連携・調整，学校内におけるチーム体制の構築，支援，保護者，教職員等に対する支援・相談・情報提供，教職員などへの研修活動などです。一人ひとりの生徒やその家族と向き合った支援や，学校や地域などのシステムに働きかけていくことが求められています。

社会福祉士や精神保健福祉士が中心ですが，現状は加えて臨床心理士や教育相談などの経験者などから採用され，まだ非常勤や嘱託の雇用形態が一般的です。専門職養成のシステム作りもこれからですが，一層の活躍が期待される分野です。

学びを深めるために

三島亜紀子『社会福祉学の「科学」性―ソーシャルワーカーは専門職か？』勁草書房，2007 年

社会福祉が社会福祉学という科学的な学問であり，ソーシャルワーカーは専門職であるという「専門性」を獲得しようとする欧米の歴史的な奮闘を丁寧にたどったもの。少し，辛口で決して読みやすい本ではないが，この仕事の本質につ

いての興味の窓が開かれるかもしれない。

マーガレット・ジベルマン，フィリップ・H・ジェルビッシュ著／岩崎浩三・山手茂訳『ソーシャルワーカーとは』相川書房，1997年

　世界最大のソーシャルワーカーの専門職団体NASWの『Who We Are?』の翻訳。1993年の原著ではあるが，具体的なデータを元にアメリカのソーシャルワーカーたちの現状の報告である。ソーシャルワーカーの姿が多様化し，曖昧化している今日にその原点の現状と課題を学ぶことは大変興味深い。

👁 ソーシャルワークの専門性として挙げられた項目について，身近にソーシャルワーカーがいれば，そのひとにはそれらの専門性があてはまるかどうかを考えてください。その項目との共通点と相違点を挙げて，それがソーシャルワーカーのサービスの質とどのように関わっているかについて考えてください。

👁 日本のソーシャルワークについて，本節で学んだ海外と日本との相違や，近年の変化等を通して，あなたが一番大事だと思ったソーシャルワーカーの専門性は何でしたか？　その理由は何でしょうか？

福祉の仕事に関する案内書

杉本敏夫・松宮満編著『ソーシャルワーカーの仕事』朱鷺書房，2001年

杉本貴代栄・岡田朋子・須藤八千代『ソーシャルワーカーの仕事と生活——福祉の現場で働くということ』学陽書房，2009年

第 9 章

専門職倫理と倫理的ジレンマ

第9章 専門職倫理と倫理的ジレンマ

1 専門職倫理の概念

(1) ソーシャルワークの専門職倫理

　倫理とは人間関係と人間交互作用に価値が適用されたものであり，人間関係や人間交互作用に参加している者の行動を規制し，統制するものである[1]。専門職業は専門職業として倫理を備えており，それぞれの専門職業が兼ね備えている倫理を専門職倫理と呼ぶ。個人がもつ価値・倫理が不特定多数に向けられるのに対し，専門職がもつ価値・倫理は特定の利用者に対し，専門職組織に属する専門家自らが行った専門実践行為（サービス）にかんして自ら専門倫理責任をとるものである[2]（図表9－1）。ソーシャルワーク実践は，人びとが抱える生活のしづらさの軽減に働きかけるが，「どんな時にも使える」というような決まった方法があるわけではない。したがって，支援や活動の方向性について迷ったり，とるべき支援や活動の方向性を簡単に決められないこともある。そういった場合に，一定の指針を示すものが，ソーシャルワークの専門職倫理である。

　ソーシャルワークにおける価値と倫理の展開について，リーマーは以下の3つの段階を示している[3]。第1段階はソーシャルワークが公に専門職として出発した19世紀末であり，ソーシャルワーカーの倫理よりも，クライエントの道徳性に関心をもっていた段階，第2段階は20世紀初頭のセツルメント・ハウス運動の台頭の時期で，住居，保険，衛生，雇用，貧困，教育などに関連する広範な社会問題を改善することを意図した劇的な社会改革を重視する段階，第3段階は1940年代終わりから50年代初めで，この段階になってようやく専門職および実践者の道徳性や倫理に焦点があてられるようになった。その象徴として，1947年のアメリカ・ソーシャルワーカー協会代表者会議による倫理綱領の採択や，倫理にかんする研究論文の増加があげられている。

　ソーシャルワークの歴史をふりかえってみると，慈善組織協会の初期の活動

> **セツルメント**
> → p.40 参照

> **慈善組織協会**
> 　19世紀後半のイギリスにおいて，慈善事業による救済の重複や漏れをなくすことを目的として，慈善事業の組織化・合理化を図るために設立された。

図表9－1

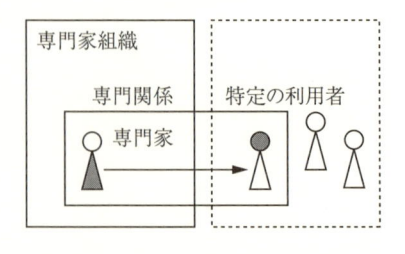

個人価値・倫理　　　　　　　　専門価値・倫理

不特定の人びと　　　　　　　　専門家組織／専門関係／専門家／特定の利用者

個人価値と専門価値

出所）北島英治「専門職に求められる価値と倫理」日本認知症ケア学会監修『認知症ケアにおける倫理』ワールドプランニング，2008年，p.4

では，救済の対象となる貧民に対して，「価値がある貧民」と「価値がない貧民」と区別し，貧困の原因を深く追究せず，価値がある貧民に対して救済を行っていた。ソーシャルワークの萌芽期といえるこの時期には，専門職は自分たち自身に向ける視線より，クライエントに対して厳しい視線を向けていた。そこから社会改革へと視線を向け，それから専門職自身の倫理に視線を向けるようになっていったといえる。

(2) ソーシャルワークにおける専門職倫理の必要性

あらゆる専門職業には専門職倫理が備わっているが，とくにソーシャルワークに専門職倫理が必要な理由として，以下のポイントをあげておくこととする。

① ソーシャルワーカーはクライエントの問題解決に影響を及ぼす一定の権限・権力をもっている

クライエントの問題の解決や生活課題の軽減にあたり，サービスの利用が必要になる場合，サービス利用や利用する機関の選定等のさまざまな情報をソーシャルワーカーはもっている。それは，どういった情報をクライエントに提供するか，どういった機関を紹介するか等，情報提供における一定の権力をソーシャルワーカーはもっていることになる。また，サービスの利用そのものの決定に権限をもっている場合もある。一方，情報提供だけではなく，ソーシャルワーカーはクライエントにかんする多くの個人情報にも触れることになる。クライエントの個人情報を保護し，適切に情報を利用して支援していく必要がある。したがって，ソーシャルワーカーが自身のもっている権限や権力を自覚し，不正に利用しないために専門職倫理は重要である。

② 人権の尊重，社会正義，利用者の自立支援等ソーシャルワークは社会福祉の価値・理念に基づく実践である

利用者の自立支援や自己決定は尊重されるべき，ソーシャルワークの価値であり，理念でもある。たとえば，利用者の自立支援においては，利用者の自己決定もポイントになるが，知的障害者や認知症高齢者，精神障害者，未成年者等は，彼らのみで自己決定を十分に行えない場合もあり，自己決定に対して支援が必要な対象者である。彼らが何を望み，どのように生活を送っていきたいか，その気持ちや意思をできる限り把握し，代弁していくこともソーシャルワーカーの役割のひとつである。ソーシャルワーク実践は，ソーシャルワークの価値や理念に基づいた実践であり，そういった実践を遂行していくために，専門職倫理は重要となる。

③ ソーシャルワークは，個人だけでなく家族や地域住民等多様な対象に働きかける実践である

ひとりの利用者の支援を行うことだけがソーシャルワーク実践ではなく，家族やグループ，地域住民に対する支援も行われる。さらには社会福祉領域にお

ける地域のネットワーク構築や政策策定，海外における貧困に苦しむ人びとの支援も，ソーシャルワーク実践であり，地域そのものが支援対象であったり，民族や国家，地球規模で支援を考えていく場合もある。このような実践においては，視点や思考においても幅の広さや多様性，多角性が求められるが，そういった視点や思考を支えていくために専門職倫理は重要である。

④ 社会福祉実践は社会的責任を担っている

前述しているが，ソーシャルワークはひとりの利用者だけでなく，多様な対象を支援する実践である。ひとりの利用者や，家族，地域等を支援していくなかでは，利用者や家族に人生，地域の未来に影響を及ぼすことも生じてくる。他者や地域住民の人生や未来に影響を及ぼすというのは，非常に重い社会的責任を背負っているということである。また，日本におけるソーシャルワークの財源は国民の税金や保険料をもとにしており，それは国民に対して社会的責任を担っているということでもある。

人は社会のなかで生活をしているが，社会のなかで生きる人を支援していくソーシャルワーカーもきわめて社会的な存在といえる。そして，その活動は大きな社会的責任を背負っており，ソーシャルワーカーはその点を自覚していることが重要になる。社会的責任を自覚して支援を行っていくために，専門職倫理は重要となる。

2 倫理綱領の意義と内容

(1) 倫理綱領の意義

このように，ソーシャルワーク実践において専門職倫理は重要であるが，ソーシャルワークの専門職倫理を形にしたものとして，倫理綱領がある。倫理綱領は専門職業の属性のひとつの条件と考えられることも多く[4]，その専門職のアイデンティティを形成するものともいえる。倫理綱領は個人が作成するのではなく，組織によって定められているものであり，作成した組織は倫理綱領に基づく実践をソーシャルワーカーに求めている。

倫理綱領には「価値志向」「教育・開発的機能」「管理的機能」「懲戒的機能」といった4つの機能がある[5]。「価値志向」とは倫理綱領のなかに実践における人権の尊重，社会正義，利用者の自立支援といった価値を示しているということ，「教育・開発的機能」とはソーシャルワーカーの研修・訓練を通じた，専門性および能力の向上について示しているということ，「管理的機能」とは秘密保持などソーシャルワーカーの業務の範囲などを示しているということ，「懲戒的機能」とは倫理綱領を遵守していない支援をした場合における懲戒について示している。こういった倫理綱領の機能は基本的に専門職と専門職が支援する対象（利用者・家族等・地域社会・コミュニティ・国際社会を含む）と

の両者を擁護するために機能するものである[6]。つまり，利用者と支援者である専門職両者のために倫理綱領は作られるのであり，決して専門職だけのものではない。倫理綱領は，利用者と支援者の間で展開される支援がより良い支援として展開されていくことのために，専門職団体によって作成されるものなのである。

こうした倫理綱領の評価項目として，① 実践に向けて自由に活用できること，② 条文の根拠が明確な表現になっていること，③ 倫理綱領を守ることを保証する手段が明確であること，④ 倫理綱領に対して誠実であることが求められていること，⑤ 倫理綱領違反に対する懲戒などの手続きが定められていること，⑥ 社会情勢を反映していること，⑦ 人権と平和の擁護を明確にしていること，⑧ 技術の使用についての指針を明確にしていること，⑨ みんなからの評価を得る仕組みを有していること，⑩ 適切な方法で公開されていること，⑪ 市民社会に啓発することが明確になっていることが示されている[7]。倫理綱領といっても，何らかの偏りがあっては評価できるものにはならず，これらの評価項目を満たしたものである必要がある。「⑥ 社会情勢を反映していること」という項目からは，社会情勢しだいでは倫理綱領を変更していく必要があることがわかる。一方，「⑦ 人権と平和の擁護を明確にしていること」は社会福祉の価値を含んでおり，またこうした社会福祉の価値は社会情勢にかかわらず，社会福祉の価値として維持されるものである。こういった点で，倫理綱領は社会福祉の価値といった普遍的なものと，社会情勢といった普遍的でないものとの両方で構成されているといえる。

(2) ソーシャルワーカーの倫理綱領の内容

では，次にソーシャルワーカーの倫理綱領として，「社団法人日本社会福祉士会の倫理綱領」，「全米ソーシャルワーカー協会の倫理綱領」，国際ソーシャルワーカー連盟による「ソーシャルワークにおける倫理」についてみていくこととする。

1）日本社会福祉士会の倫理綱領（pp.150～151）

日本では1986年に日本ソーシャルワーカー協会が「ソーシャルワーカーの倫理綱領」を宣言した。この「ソーシャルワーカーの倫理綱領」は1995年に日本社会福祉士会の倫理綱領として採択されたが，さらに充実した倫理綱領が求められたため，日本社会福祉士会は「社会福祉専門職団体協議会」を組織している「特定非営利活動法人日本ソーシャルワーカー協会」「社団法人日本医療社会事業協会」「社団法人日本精神保健福祉士教会」とともに，「社会福祉専門職団体協議会倫理綱領委員会」において改訂作業に取り組み，2005年「社団法人日本社会福祉士会の倫理綱領」を採択した。

「日本社会福祉士会の倫理綱領」は，（図表9－2）に示しているとおり，「前

国際ソーシャルワーカー連盟
→ p.6参照

日本社会福祉士会
国家資格である「社会福祉士」に登録した者の専門職団体。1993年に設立され，1996年に社団法人となり，全国47都道府県に支部をもつ。社会福祉士の倫理の確立と専門的技能の研鑽，および資質と社会的地位の向上等を目的としている。

全米ソーシャルワーカー協会
1955年にソーシャルワークに関連する5つの専門職団体と2つの研究団体が統合される形で結成された社会福祉専門職団体。

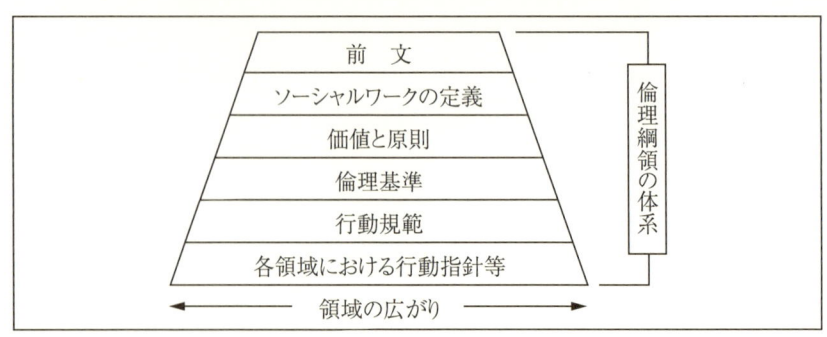

図表9-2 日本社会福祉士会の職業倫理の構造

- 前文
- ソーシャルワークの定義
- 価値と原則
- 倫理基準
- 行動規範
- 各領域における行動指針等

（倫理綱領の体系）
← 領域の広がり →

出所）社団法人日本社会福祉士会編集『改訂社会福祉士の倫理』中央法規年, 2009, p. 7

文」「ソーシャルワークの定義」「価値と原則」「倫理基準」「行動規範」「各領域における行動指針等」で構成されている。ここで示されている「ソーシャルワークの定義」は後述する国際ソーシャルワーカー連盟が提示している「ソーシャルワークの定義」である。国際ソーシャルワーカー連盟の「ソーシャルワークの定義」を「拠り所」と示しているが、このように示すことによって、日本の社会福祉士が行う実践が、国際的なソーシャルワークの定義にもとづいた実践であることを示している。

また、「倫理基準」のそれぞれに対応する形で、「行動規範」が示されている点は、「日本社会福祉士会の倫理綱領」の大きなひとつの特徴である。「日本社会福祉士会の倫理綱領」は、「社会福祉専門職団体協議会倫理綱領委員会」で検討、作成されたものであるが、「行動規範」は「日本社会福祉士会」の倫理委員会で作成された、社会福祉士独自のものである。したがって、「日本社会福祉士会の倫理綱領」は、領域の広がりをもつ一方で、「各領域における行動指針等」として「私たちのやくそく」や「実習指導確認書」を示している。

この「日本社会福祉士の倫理綱領」は、日本における社会福祉士の倫理基準、行動規範、行動指針を具現しているだけでなく、社会福祉士としてのアイデンティティを利用者や他の専門職、そして国民に示しているものである。社会福祉士としてソーシャルワーク実践に携わっていく際には、常に念頭に置き、「社会福祉士の倫理綱領」に基づいた実践を行っていかねばならない。

2) 全米ソーシャルワーカー協会の倫理綱領

全米ソーシャルワーカー協会（NASW：National Association of Social Workers）では倫理綱領を1960年に制定し、専門職としてのソーシャルワーク実践の向上、発展に向けての取り組みを行ってきた。そして、NASWは、ソーシャルワーク実践の基盤として倫理綱領を非常に重視し、社会情勢や新しいソーシャルワーク理論、それらをふまえた方向性をもとに細かい改訂を積み重ねてきた。1996年に"Code of Ethics"として出版しているが、その後も改訂

を重ねている。最新のNASWの倫理綱領は，NASWのサイト（http://www.socialworkers.org/pubs/code/code.asp）でみることができる。

NASWの倫理綱領は，「概要」「前文」「NASW倫理綱領の目的」「倫理原則」「倫理基準」で構成されている。「倫理綱領の目的」としては，以下の6点が示されている[8]。

① 綱領は，ソーシャルワークの使命である中心的価値観を確認する。
② 綱領は，専門職の中心的価値観を反映する倫理原則を総括し，ソーシャルワーク実践のガイドとなるべき個々の倫理基準を確立する。
③ 綱領は，専門職としての義務に矛盾が生じ，倫理上不明瞭な問題が起こるときに，ソーシャルワーカーが適切な考慮をする助けになるように考案された。
④ 綱領は，一般大衆がソーシャルワーク専門職を信頼できるように倫理基準を規定する。
⑤ 綱領は，この分野の新人を教育して，ソーシャルワークの使命，価値観，倫理原則，さらに倫理原則を身につけさせる。
⑥ 綱領は，ソーシャルワーカーが非倫理的行動を成したかどうかの評価をするためにソーシャルワーク専門職自体が活用することのできる行動基準を明示する。

また，「価値原則」として「サービス」「社会正義」「人の尊厳と価値」「人間関係の重要性」「誠実」「適任性」をあげ，「倫理基準」としてクライエント，同僚，ソーシャルワーカーの実践現場，専門職として，ソーシャルワーク専門職自体，一般社会それぞれに対する「ソーシャルワーカーの責任」といった6項目をあげ，そのなかにおいてもさらに細分化して精緻に倫理基準を示している。

倫理綱領には，それぞれの国におけるソーシャルワークの考え方やソーシャルワーカーに求められるものが現される。そういった点で，NASWの倫理綱領と「日本社会福祉士会の倫理綱領」の比較も興味深いものである。

3）国際ソーシャルワーカー連盟による「ソーシャルワークにおける倫理」

国際ソーシャルワーカー連盟（IFSW：International Federation of Social Workers）は，国際ソーシャルワーク学校連盟（IASSW：International Association of Schools of Social Work）と共同で「ソーシャルワークにおける倫理：原理に関する声明」を作成し，2004年10月に両連盟の総会で承認されている。この声明は，「序文」「ソーシャルワークの定義」「国際規約」「原理」「専門職としての行動」で構成されている。「序文」のなかで，「倫理に関する認識は，すべてのソーシャルワーカーの専門的実践に不可欠な要素である」とソーシャルワークにおける倫理の重要性について，まず触れている。そして，「原理」においては，「人権と人間の尊厳」「社会正義」といった2つの大きな項目のもとに，一般的倫理

の原理の声明が続いている。「専門職としての行動」は，ソーシャルワークの倫理的行動に関する基本的ガイダンスと位置づけられている。

この声明はひとつの国や文化に特化するのではなく，世界中で遵守されるべきものである。したがって，非常にシンプルなものであるが，逆に言えばソーシャルワークとして，もっとも根幹を成す重要な倫理が示されていると考えられる。

(3) ソーシャルワーク実践と倫理綱領

このような倫理綱領に基づいて実践を行えば，方向性に迷うことなく実践を行うことができるかというと，必ずしもそうとは言えない。たとえば，「社会福祉士の倫理綱領」のなかの「倫理基準」には以下の規定がある。

倫理基準
（利用者に対する倫理責任）
2．利用者の利益の最優先
　社会福祉士は業務の遂行に際して，利用者の利益を最優先に考える

そして，これに対応する行動規範として，以下のことが記されている。

2－1．社会福祉士は，専門職の立場を私的なことに使用してはならない
2－2．社会福祉士は，利用者から専門職サービスの代償として，正規の報酬以外に物品や金品を受けとってはならない
2－3．社会福祉士は，援助を継続できない何らかの理由がある場合，援助を継続できるように最大限の努力をしなければならない

倫理綱領上に「利用者の利益を最優先する」と示されていることは，利用者を支援する際にソーシャルワーカーの行動の指針になるが，「行動規範」のなかに具体的な支援の方法が記されているわけではない。むしろ，ソーシャルワーカーとしてとるべきではない，好ましくない行動が記されている。倫理綱領はソーシャルワーカーの具体的な行動を記したマニュアルの類ではなく，あくまで基本的な方向性を示すものであり，またソーシャルワーク実践そのものがマニュアル化される実践でもないのである。倫理綱領は倫理的なソーシャルワーク実践への指針，現実の実践に関する倫理を評価していくための基準，またソーシャルワーク倫理の適用と非倫理的行為に関する苦情を裁定するための基準として役立つのである[9]。

3 ソーシャルワーク実践における倫理的ジレンマ

(1) 倫理的ジレンマとは

　人は誰もが多様な価値観をもち，日々の生活を過ごしている。同じ価値観をもつ人ばかりではなく，似た価値観の人，全く違う価値観の人など，さまざまな価値観をもつ人のなかで生きている。価値観が完全に一致する場合はほとんどないと考えられるが，もっている価値観が違っていても，お互いの価値観を認め合えないと，対立しあうこともある。その究極の状況のひとつとして戦争がある。

　したがって，利用者の支援に際し，利用者個人がもつ価値観と，ソーシャルワーカーがもつ価値観は一致するとは限らない。また，同じソーシャルワーカーのなかでも価値観が全員一致するわけではなく，育った世代や受けた教育の違いによって支援に対するスタンスの違いが現れる場合も多い。また，近年他職種とチームを組み，チームアプローチとして支援に携わることも多く見られるが，ソーシャルワークの価値観と他職種の価値観は一致しない場合もある。またソーシャルワークの倫理のなかでも，2つないし3つの倫理が一致しなかったり，相反する場合がある。このような状況を倫理的ジレンマという。

(2) 倫理的ジレンマの構造

　この倫理的ジレンマについて，「社会福祉士の倫理綱領」のなかの「倫理基準」にある「利用者の利益の最優先」と「利用者の自己決定の尊重」に関連して想定される価値観や倫理の一致しない，倫理的ジレンマが生じる場合を，例として具体的にあげてみる。

① 知的障害者，認知症高齢者，病気や事故で意識不明に陥った者の意思確認がはっきりできない場合

〔事例1〕認知症を患う80歳の女性のAさん。記憶障害，見当識障害といった認知症は徐々に進行し，現在では，時間や場所，自分が誰であるか等わからなくなっている。Aさんを在宅で介護していた夫のBさんは，介護が負担になってきているので，Aさんの施設入所を考えている。認知症のため，Aさんの意思は明確に確認できない状態である。

② ひとりの住民の自己決定，利益を尊重することが，他の地域住民の利益と対立する場合

〔事例2〕自宅でひとり暮らしをしている73歳の男性Cさんは，寝タバコでボヤを出してしまった。近隣から苦情が出て，「ボヤを出す老人なんか，地域にいて欲しくない。大火事になったら大変だし，老人ホームに入ってくれた方が安心なのに」と言う人もいる。しかし，Gさん自身は長年ローンを払って住んでいる自宅や，地域の生活に愛着があり，自宅で死にたいと思っているため，

チームアプローチ

クライエント（福祉サービス利用者）のかかえる課題は複雑なものも多く，ワーカーひとりでは対処できない場合も多い。そこで他のワーカー・専門職者と協力し，課題に対応していく試みが必要とされる。そうしてクライエントの課題に対応していく支援をチームアプローチという。

老人ホームに入る気は全くない。

③ 虐待されたため，一時保護された児童の引取りを母親が希望し，児童も帰宅を望んでいる場合

〔事例3〕26歳の女性Dさんは，ひとりで3歳の娘Eちゃんを育てている。夫とは，2年前に離婚。高卒であり，何の資格ももたないDさんは正社員の職を得ることができず，昼間はEちゃんを保育所に預け，スーパーでパート，夜はEちゃんを寝かしつけてから居酒屋で働いている。時間に追われる生活は，Dさんの精神的余裕を奪い，Eちゃんがぐずるときに，叩いたりしてしまっている。保育所の保育士さんがEちゃんの身体に叩かれた痕と思われるアザを見つけ，Eちゃんは児童相談所で保護された。Dさんは虐待を反省し，「2度とEちゃんに手をあげないから，Eちゃんを返して欲しい」と再三訴え，Eちゃんも「帰りたい。お母さんのそばがいい」と話すが，Dさんの仕事の状況がかわらないのに，Eちゃんが家に帰っても，同じことが繰り返されないか懸念されている。

以上のような場合においては，「社会福祉士の倫理綱領」の「利用者の利益の最優先」と「利用者の自己決定の尊重」といった倫理基準にそって進めていこうとしても，支援は単純に進まないこともある。それは，「利用者の利益の最優先」と「利用者の自己決定の尊重」といった2つの倫理基準が一致しないからである。①の場合，Aさんにとっての最優先の利益は，何であろう？自宅で夫からの介護を受け続けることなのか，施設入所して専門職からの介護を受けることなのか。また，認知症のAさんにとって，「利用者の自己決定」はどうなるのか。こういった利用者の利益，自己決定をどう判断するのかは非常にむずかしい。

②，③の場合は利用者がひとりではなく複数といえるが，そういった複数の「利用者の利益」や，それぞれの自己決定をどう尊重するか，支援の方向性を決めていくことは簡単ではない。

倫理綱領の倫理基準に加えて，ソーシャルワーク実践において対立したり，一致しない価値観を整理すると以下のようになる。

① 利用者がもつ価値観
② 利用者の家族の価値観
③ 利用者の周囲の人の価値観
④ ソーシャルワーカーの価値観
⑤ ソーシャルワーカーの同僚，先輩，後輩等の価値観
⑥ 他職種の価値観
⑦ 所属する組織や機関の価値観や方針
⑧ ソーシャルワークの倫理に含まれる価値観
⑨ 地域住民がもつ価値観

⑩ 社会における一般的な価値観

　こういった価値観の不一致は2つや3つの価値観の間だけでなく，たとえば「ソーシャルワーカーがもつ価値観」といっても，一人ひとりのソーシャルワーカーでもつ価値観にも違いがあり，対立や不一致が見られる場合もある。価値観は本来個別的なものであり，人それぞれがもつものである。また，時間や状況，環境の影響も受けるので，決して固定的なものでもない。したがって，倫理的ジレンマは非常に多層的重層的なものになる。また，これらに加えて「時間や社会資源の制限」や「制度，法律，政策から受ける制限」も倫理的ジレンマに作用し，ソーシャルワーク実践をいっそう難しくすることもある。

　倫理的ジレンマは価値観や倫理を重視するソーシャルワーク実践において，実践上の難しさを生み出すひとつの要因ではあるが，決して軽視してはならないものである。ひとつの価値観が絶対的に正しいとはいえず，人や環境が変われば，支援の方向性は変わってくるものである。したがって，解決を焦らず，利用者や関係する人たちとじっくり向き合い，人や環境に応じて，柔軟に支援の方向性を見きわめていくことこそ，ソーシャルワーカーの姿勢として重要である。

(3) 倫理的ジレンマの解決に向けて

　川村隆彦は，「倫理的ジレンマ解決への10のステップ」を示している[10]。

1. ジレンマの状況を把握するうえで，必要な事実を収集し，専門的な視点から分析を行う。
2. ケースに関わる利用者や家族，ソーシャルワーカー，同僚，ほかの専門職，所属組織などの役割，責任，利害関係，意思決定能力，判断基準，価値観を把握する。
3. このケースに該当する倫理綱領は何か？　またその適応状況はどうか？
4. どの価値観同士，あるいは倫理綱領がぶつかり合うか？
5. 優先されるべき価値観があるか？　それはなぜか？
6. どんな法的，時間的，社会資源的制限，限界があるか？
7. この問題に関して，専門家や同僚，スーパーバイザーからの適切な情報や助言はあるか？
8. 考え付く限りの選択肢を作成し，その根拠，結果予測，リスク（誰が利害を被るか）を書きこむ。
9. 選択肢の決定と最終チェックを行い，行動に移す。
10. 選択の結果を観察し，記録する（モニタリング）。また，ジレンマ解消のためにとるべきソーシャル・アクションがあれば着手する。

　こういったステップは倫理的ジレンマを理解し，解決に向けて役立つものである。しかし倫理的ジレンマそのものの解決を急ぐのではなく，状況を見きわ

めて、柔軟に対応していくことが必要であり、利用者や関係する人たちと真摯にかかわっていくことが求められる。

倫理的ジレンマの発生は、ソーシャルワーク実践においては不可欠なものである。ケースに対していい加減に向き合っていれば、倫理的ジレンマの発生に気づかないこともあり得る。その点をふまえれば、倫理的ジレンマに直面することは、ケースにまじめに真摯に向き合っている結果なのである。したがって、倫理的ジレンマを必要以上に悪くとらえるより、むしろ利用者の問題解決に向けて真摯に向き合っていく手段と考えられるのである。

最後に、秘密保持について補足しておきたい。虐待、自傷他害や生命の危険、不正や犯罪の可能性、未成年の児童にとっての重要な決定が関係しているなど、秘密を保持することでかえって利用者の利益に損害を与える場合、秘密保持の原則はその制限を超えることが示されている[11]。しかし、秘密の内容を伝える必要のあることを利用者に十分に説明し、利用者自身から秘密の内容を、責任ある相手に伝えるよう支援することはエンパワメント・アプローチに基づいた実践であり、ソーシャルワーカーの秘密保持の原則も守られる。また、利用者に了解をとり、ソーシャルワーカーが伝える責任がある相手に伝えれば、それはアドボカシー（代弁）に基づいた実践となる。いずれにしろ、ソーシャルワーカーと利用者の間で十分な話し合いが重ねられ、利用者の納得が得られることが必要である。これは、秘密保持に限ったことではない。倫理的ジレンマは簡単には解決できないからこそ、利用者や関係する人びととの対話と同意が必要であり、そうしたプロセスそのものやソーシャルワーカーの姿勢がソーシャルワーク実践として重要なのである。

エンパワメントアプローチ
→ p.84参照

アドボカシー
→ p.58参照

注）
1) レヴィ、C.S.著／小松源助訳『ソーシャルワーク倫理の指針』勁草書房、1994年、p.1
2) 北島英治「専門職に求められる価値と倫理」日本認知症ケア学会監修『認知症ケアにおける倫理』ワールドプランニング、2008年、p.4
3) リーマー、F.G.著／秋山智久監訳『ソーシャルワークの価値と倫理』中央法規、2001年、pp.11-12
4) 奥田いさよ『社会福祉専門職性の研究』川島書店、1992年、pp.70-71
5) 秋山智久「倫理綱領」中村優一編著『ケースワーク教室』有斐閣、1980年、pp.256-257
6) 社団法人日本社会福祉士会編集『改訂社会福祉士の倫理　倫理綱領実践ガイドブック』中央法規、2009年、p.2
7) 同上、p.2-3
8) 全米ソーシャルワーカー協会編『ソーシャルワーク実務基準および業務指針』相川書房、1997年、p.4
9) レヴィ、C.S.、前掲書、p.56
10) 社会福祉教育方法・教材開発委員会編『新社会福祉援助技術演習』中央法規、2001年、pp.149-151

11) 仲村優一監修『ソーシャルワーク倫理ハンドブック』中央法規，1999年，p.139

> **プロムナード**
>
> 　ソーシャルワークの価値観や倫理と関連して，忘れられないケースがあります。それは，認知症の高齢者夫婦の在宅生活の継続を支援するケースです。お二方とも認知症が徐々に進行し，夫婦二人での暮らしの維持に，関係している支援者が不安を持ち始めていました。近所に娘さんがいらっしゃってご両親の生活を支えていらっしゃいましたが，この娘さんは正社員として非常に責任あるお仕事もされていました。ケース会議で，他職種のある方が「娘さんは仕事を辞めて，ご両親の介護に専念するべきよ。わたしならそうするわ」と発言されることもありましたが，表立って，娘さんにはっきりとそう言う人はいませんでした。
> 　ある日，わたしは娘さんと2人きりになりました。娘さんは「みんなが，わたしが仕事を辞めて，両親の介護に専念すれば良いって言ってるのは分かっています。でも，仕事を辞めれば，きっと後悔します。後悔して，そして，両親を恨んでしまいます。両親を恨みたくないので，わたしは仕事を辞めません。皆さんに無理を言っているのは分かっていますが，絶対にわたしは仕事を辞めたくないのです。」と涙を流しながら話して下さいました。利用者とその家族を意思や気持ちを大事にして，支援することの意味，重要性をひしひしと感じました。個人的な価値観で，ケースをみるのではない。できる限り，このお二方と娘さんの生活が維持されるよう支援することが，ソーシャルワーカーの仕事であり，使命なのだと教えられました。

学びを深めるために

リーマー，F.G.著／秋山智久監訳『ソーシャルワークの価値と倫理』中央法規，2001年
　　ソーシャルワークの価値と倫理を学ぶのに必読書である。倫理的ジレンマについても，詳しく説明され，北米のソーシャルワーク実践の状況も理解できる。
社団法人日本社会福祉士会編集『改訂社会福祉士の倫理　倫理綱領実践ガイドブック』中央法規，2009年
　　日本の社会福祉士会の倫理綱領を詳しく理解することができる。「倫理綱領」と「行動規範」について，ひとつひとつ詳しく説明がされているので，社会福祉士の役割そのものへの理解も深まる。

　社会福祉専門職では，社会福祉士以外にも介護福祉士，保育士に倫理綱領がある。それぞれの倫理綱領を比較し，職業と倫理綱領との関連について考えてみよう。

　〔事例1〕〔事例2〕〔事例3〕それぞれについて，倫理的ジレンマの解決に向けてどういった支援が考えられるか，話し合ってみよう。

福祉の仕事に関する案内書

福岡寿編著『コーディネーターがひらく地域福祉』ぶどう社，2002年
助川征雄『ふたりぼっち――精神科ソーシャルワーカーからの手紙』万葉舎，2002年
須藤八千代『母子寮と母子生活支援施設のあいだ―女性と子どもを支援するソーシャルワーク実践』明石書店，2007年

社団法人　日本社会福祉士の倫理綱領

1995年1月20日に本会の倫理綱領として採択した「ソーシャルワーカーの倫理綱領」を改訂し，2005年6月3日に開催した第10回通常総会にて採択したものである。

前文
われわれ社会福祉士は，すべての人が人間としての尊厳を有し，価値ある存在であり，平等であることを深く認識する。われわれは平和を擁護し，人権と社会正義の原理に則り，サービス利用者本位の質の高い福祉サービスの開発と提供に努めることによって，社会福祉の推進とサービス利用者の自己実現をめざす専門職であることを言明する。

われわれは，社会の進展に伴う社会変動が，ともすれば環境破壊及び人間疎外をもたらすことに着目する時，この専門職がこれからの福祉社会にとって不可欠の制度であることを自覚するとともに，専門職社会福祉士の職責についての一般社会及び市民の理解を深め，その啓発に努める。われわれは，われわれの加盟する国際ソーシャルワーカー連盟が採択した，次の「ソーシャルワークの定義」（2000年7月）を，ソーシャルワーク実践に適用され得るものとして認識し，その実践の拠り所とする。

> ソーシャルワークの定義
> 　ソーシャルワーク専門職は，人間の福利（ウェルビーイング）の増進を目指して，社会の変革を進め，人間関係における問題解決を図り，人々のエンパワーメントと解放を促していく。ソーシャルワークは，人間の行動と社会システムに関する理論を利用して，人びとがその環境と相互に影響し合う接点に介入する。人権と社会正義の原理は，ソーシャルワークの拠り所とする基盤である。（IFSW；2000.7.）

われわれは，ソーシャルワークの知識，技術の専門性と倫理性の維持，向上が専門職の職責であるだけでなく，サービス利用者は勿論，社会全体の利益に密接に関連していることを認識し，本綱領を制定してこれを遵守することを誓約する者により，専門職団体を組織する。

価値と原則
Ⅰ（人間の尊厳）社会福祉士は，すべての人間を，出自，人種，性別，年齢，身体的精神的状況，宗教的文化的背景，社会的地位，経済状況等の違いにかかわらず，かけがえのない存在として尊重する。
Ⅱ（社会正義）社会福祉士は，差別，貧困，抑圧，排除，暴力，環境破壊などの無い，自由，平等，共生に基づく社会正義の実現をめざす。
Ⅲ（貢　献）社会福祉士は，人間の尊厳の尊重と社会正義の実現に貢献する。
Ⅳ（誠　実）社会福祉士は，本倫理綱領に対して常に誠実である。
Ⅴ（専門的力量）社会福祉士は，専門的力量を発揮し，その専門性を高める。

倫理基準
Ⅰ．利用者に対する倫理責任
（利用者との関係）社会福祉士は，利用者との専門的援助関係を最も大切にし，それを自己の利益のために利用しない。
（利用者の利益の最優先）社会福祉士は，業務の遂行に際して，利用者の利益を最優先に考える。
（受　容）社会福祉士は，自らの先入観や偏見を排し，利用者をあるがままに受容する。
（説明責任）社会福祉士は，利用者に必要な情報を適切な方法・わかりやすい表現を用いて提供し，利用者の意思を確認する。

（利用者の自己決定の尊重）社会福祉士は，利用者の自己決定を尊重し，利用者がその権利を十分に理解し，活用していけるように援助する。
（利用者の意思決定能力への対応）社会福祉士は，意思決定能力の不十分な利用者に対して，常に最善の方法を用いて利益と権利を擁護する。
（プライバシーの尊重）社会福祉士は，利用者のプライバシーを最大限に尊重し，関係者から情報を得る場合，その利用者から同意を得る。
（秘密の保持）社会福祉士は，利用者や関係者から情報を得る場合，業務上必要な範囲にとどめ，その秘密を保持する。秘密の保持は，業務を退いた後も同様とする。
（記録の開示）社会福祉士は，利用者から記録の開示の要求があった場合，本人に記録を開示する。
（情報の共有）社会福祉士は，利用者の援助のために利用者に関する情報を関係機関・関係職員と共有する場合，その秘密を保持するよう最善の方策を用いる。
（性的差別，虐待の禁止）社会福祉士は，利用者に対して，性別，性的指向等の違いから派生する差別やセクシュアル・ハラスメント，虐待をしない。
（権利侵害の防止）社会福祉士は，利用者の擁護し，あらゆる権利侵害の発生を防止する。

Ⅱ．実践現場における倫理責任
（最良の実践を行う責務）社会福祉士は，実践現場において，最良の業務を遂行するために，自らの専門的知識・技術を惜しみなく発揮する。
（他の専門職等との連携・協働）社会福祉士は，相互の専門性を尊重し，他の専門職等と連携・協働する。
（実践現場と綱領の遵守）社会福祉士は，実践現場との間で倫理上のジレンマが生じるような場合，実践現場の本綱領の原則を尊重し，その基本精神を遵守するよう働きかける。
（業務改善の推進）社会福祉士は，常に業務を点検し評価を行い，業務改善を推進する。

Ⅲ．社会に対する倫理責任
（ソーシャル・インクルージョン）社会福祉士は，人々をあらゆる差別，貧困，抑圧，排除，暴力，環境破壊などから守り，包含的な社会を目指すよう努める。
（社会への働きかけ）社会福祉士は，社会に見られる不正義の改善と利用者の問題解決のため，利用者や他の専門職等と連帯し，効果的な方法により社会に働きかける。
（国際社会への働きかけ）社会福祉士は，人権と社会正義に関する国際的問題を解決するため，全世界のソーシャルワーカーと連帯し，国際社会に働きかける。

Ⅳ．専門職としての倫理責任
（専門職の啓発）社会福祉士は，利用者・他の専門職・市民に専門職としての実践を伝え社会的信用を高める。
（信用失墜行為の禁止）社会福祉士は，その立場を利用した信用失墜行為を行わない。
（社会的信用の保持）社会福祉士は，他の社会福祉士が専門職業の社会的信用を損なうような場合，本人にその事実を知らせ，必要な対応を促す。
（専門職の擁護）社会福祉士は，不当な批判を受けることがあれば，専門職として連帯し，その立場を擁護する。
（専門性の向上）社会福祉士は，最良の実践を行うために，スーパービジョン，教育・研修に参加し，援助方法の改善と専門性の向上を図る。
（教育・訓練・管理における責務）社会福祉士は教育・訓練・管理に携わる場合，相手の人権を尊重し，専門職としてのよりよい成長を促す。
（調査・研究）社会福祉士は，すべての調査・研究過程で利用者の人権を尊重し，倫理性を確保する。

第10章

総合的かつ包括的援助の概要

1 総合的かつ包括的な援助の意義と動向

(1)「総合的・包括的」な援助とは

「総合的かつ包括的な援助」には2つの考え方がある。ひとつは、保健・医療・福祉の連携を図りながら総合的・包括的にサービスを提供しようというアイデアであり、もうひとつは、包括・統合的なソーシャルワークとその実践である。

まず、総合的・包括的なサービス提供について概観することから始めたい。社会福祉基礎構造改革は、民間企業の参入にも期待しながら、増加し続ける保健・医療・福祉関連の課題に対処していくために始められた。これによって、住み慣れた家や地域で生活を続けることが一般的になり、この社会に用意されたさまざまなサービスや専門職を、コーディネートして利用していく必要性が高まった。その担い手として期待されたのが、介護保険制度の制定にあわせて新設された介護支援専門員（ケアマネジャー）である。その基礎資格は、医師・看護師などの医療職と社会福祉士・介護福祉士等を中心とした福祉職などである。社会福祉士は、このケアマネジャーとして活躍する一方、かれらと連携して利用者の支援にあたる役割も担っている。その社会福祉士のベースとされているのは、特定の分野や機能・役割に特化せず、総合的かつ包括的な実践ができるようなジェネラリストとしてのソーシャルワーカーである。

他方、2008年には、日本学術会議が、この社会福祉士を基礎資格として、7つの分野別資格（精神保健、医療、高齢者、障害者、児童家庭、学校、司法）と4つの機能・役割別資格（権利擁護、退院・退所、虐待、就労支援）を順次整備していくことを提案している[1]。これは、ソーシャルワーカーが働く分野やその仕事をわかりやすく説明したものとして一定の評価はできるものの、ソーシャルワークの基盤や専門性を逆にわかりにくくした側面も無視できない。もし、前述した総合的かつ包括的なサービス提供システムのなかで、この制度が実際に動きだすことになれば、役割や機能からしかソーシャルワークが語られなくなってしまうことが危惧されるからである。社会福祉士の専門性は、次項からみていくように、ソーシャルワークの価値と支援技術（skill）から理論化して示されるべきだと考えられる。

(2) ソーシャルワークの包括・統合化

太田義弘は、ソーシャルワークの方法と技術の構成を図表10-1のように整理している。本項では、このアイデアに基づいて、ソーシャルワークの包括・統合化の道筋を、技術、方法、方法論の順で（図表10-1の下から上へ）整理してみたい。

ジェネラリスト・アプローチ（Generalist approach）

北米で、1980年代から90年代にかけて、ジャーメインとギッターマンの生態学的アプローチを洗練させつつ発展してきた統合アプローチのアイデアである。特色としては、(a)システム思考と生態学的な視野と発想にもとづいて、「人と環境の交互作用」の結果として生じている利用者の生活における課題を、全体的・多元的に理解する。(b)直接的援助のほかに、必要に応じて、予防のためのプログラムやサービス資源の開発などの間接的援助を行なう（多様な方法の活用、多様な規模のシステムへの介入、多様な役割の遂行）、(c)計画的な援助過程、(d)利用者との協働、(e)利用者の社会的機能の回復・促進・強化と環境システムの変革をめざす、などをあげることができる。（久保紘章・副田あけみ編著『ソーシャルワークの実践モデル』川島書店、2005年、p.135～157を筆者が要約した）

図表10－1　方法と技術の構成

方法論の階層	構成の体系	構成の範疇と内容
方法論 Methodology	実践の構成要素	価値・知識・方策・方法
方　法 Method	方法レパートリー	① ミクロ・メゾ・エクソ・マクロ ② 直接・間接・関連
技　術 Skill	生活コスモスの認識過程	① 対人関係支援技術 ② 問題解決支援技術 ③ ネットワーク構成支援技術
技　法 Technique	技術の実践行為化	① 自己理解・状況理解・生活コスモスなどの情報収集とアセスメントへの支援技法 ② コミュニケーション・場面展開・サービスの選択や提供などへの支援技法 ③ ネットワーク構成・チームワーク・日常業務の管理・運営などの支援技法

出所）太田義弘「支援トレーニングの意義」太田義弘・中村佐織・石倉宏和編著『ソーシャルワーク実践と生活支援方法のトレーニング』中央法規, 2005年, p.107（筆者が3行目2列目の「実践レパートリー」を「方法レパートリー」に変えた。）

① 技術

視野（生活理解の包括・統合性）

　ソーシャルワークは，利用者の生活の一部だけをとりあげて，その部分に専門的な援助を提供するのではなく，生活を利用者固有の秩序とまとまりをもったシステム（生活コスモス）ととらえて（図表10－2を参照），「人と環境の交互作用」にアプローチしようとする。

手段（サービス・コーディネーションの包括・統合性）

　そのために，ソーシャルワーカーは，他職種と連携したり，利用者が活用しているサービス全体のコーディネートやマネジメントにかかわっていく（フィードフォワードとしてのサービス提供）。

　また，サービス活用のプロセスに，利用者が主体的に参加し，ソーシャルワーカーと協働できるように支援することも重要である（フィードバックとしてのサービス活用）。

② 方法（方法レパートリーの包括・統合化）

　ソーシャルワークは，たとえばソーシャル・ケースワーク，ソーシャル・グループワークなどが，それぞれ独自に発展してきた歴史がある。NASW（全米ソーシャルワーカー連盟）が結成されたのは，そのどれもがソーシャルワークの方法だと考えられたからである。バートレット（Bartlett, H.）は，それらに共通する構成要素は，価値・知識・インターベンションの3つであるとした[2]。ソーシャルワーカーは，これらを核として，ミクロからマクロまでのさまざまな方法レパートリー（図表10－2を参照）を活用し，利用者を支援していくのである。

③ 方法論（制度・政策を含めた包括・統合化）

　太田は，「社会福祉」を，ハード福祉（制度・政策）とソフト福祉（ソー

インターベンション（intervention）

　1960年代の北米では，公民権運動や福祉権運動が起こり，またソーシャルワークが利用者の役に立っていないという調査結果も公表された。これらの現実に対処するため，1970年代になって，社会的に埋没し，ものいえぬ人びとの生活を代弁し，問題を掘り起こし行動する実践，すなわち社会正義を反映して積極的かつ意図的・計画的・効果的に利用者や社会問題にかかわっていく実践が求められるようになった。したがって，広義では，このような人権と共生の思想やマクロ問題への対応や政策をも視野に入れた新しいソーシャルワーク実践体制の総称としてこの用語が用いられている。

　また，狭義には，(a) ミクロの実践過程において，アセスメントやプランニングに続く局面，すなわち課題解決に有効と考えられる実践方法を有機的に組み合わせて具体的に支援を展開していく局面を意味する場合と，(b) さまざまな実践モデルやアプローチがそれぞれ個々にインターベンションと呼ばれる場合とがある。（太田義弘・秋山薊二編著『ジェネラル・ソーシャルワーク』光生館, 1999年, p.115～116の記述を筆者が要約した）

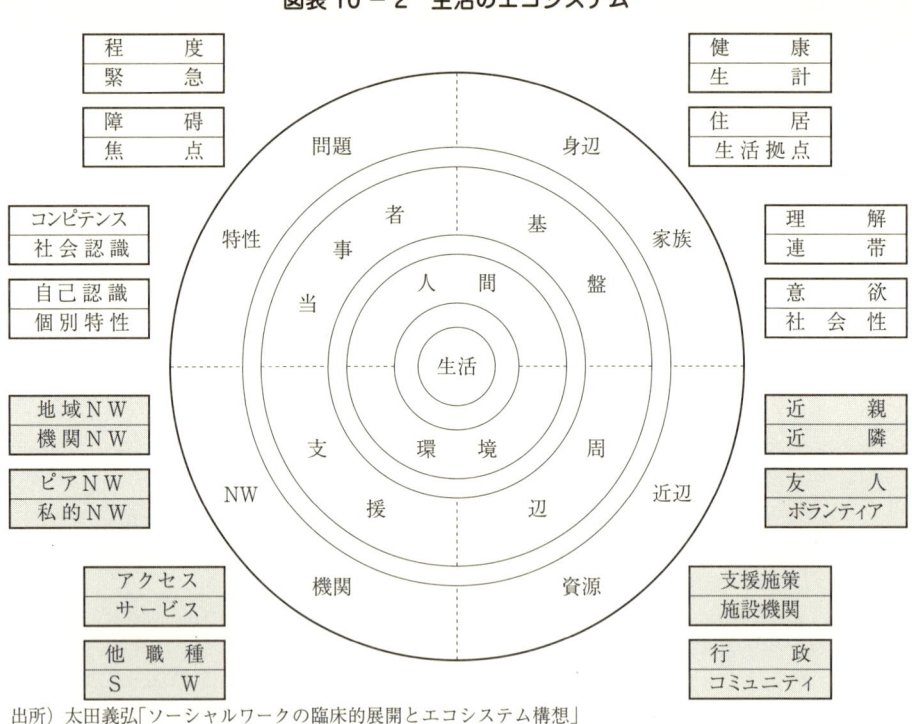

図表 10 − 2　生活のエコシステム

（同心円の図）
- 中心：生活
- 人間／環境
- 当事者／基盤／周辺／支援
- 問題／身辺／家族／近辺／資源／機関／NW／特性

周辺ラベル：
- 程度／緊急
- 障碍／焦点
- コンピテンス／社会認識
- 自己認識／個別特性
- 地域NW／機関NW
- ピアNW／私的NW
- アクセス／サービス
- 他職種／SW
- 健康／生計
- 住居／生活拠点
- 理解／連帯
- 意欲／社会性
- 近親／近隣
- 友人／ボランティア
- 支援施策／施設機関
- 行政／コミュニティ

出所）太田義弘「ソーシャルワークの臨床的展開とエコシステム構想」『龍谷大学社会学部紀要』（第 22 号），2003 年，p. 5

シャルワーク）に分け，この 2 つの関係を，次の 3 つに分類している[3]。

　(a) **不分・併合型**　政策中心の発想であり，社会（福祉）制度の不備や貧しさ，不具合などをソーシャルワークに代替あるいは補完させるというもの
　(b) **分立・相補型**　現在のわが国のあり方であり，制度・政策とソーシャルワークが協力し補い合って生活を支援しようというもの
　(c) **包括・統合型**　制度・政策を，ソーシャルワークの側から包括・統合していこうとするもの

　この (c) の立場が，利用者の視点から，社会（福祉）制度の不備や貧しさ，不具合などを問い返すというフィードバック概念を中心として発想されたジェネラル・ソーシャルワークである。

　そして，バートレットが示した 3 つの構成要素のうち，「知識」には利用者理解に関する知識と制度・政策についての知識の 2 つが含まれることから，わが国の現状に合わせて，後者を「方策」として独立させ，価値・知識・方策・方法の 4 つから，ソーシャルワークの構成概念を説明している（図表 10 − 3 を参照）。

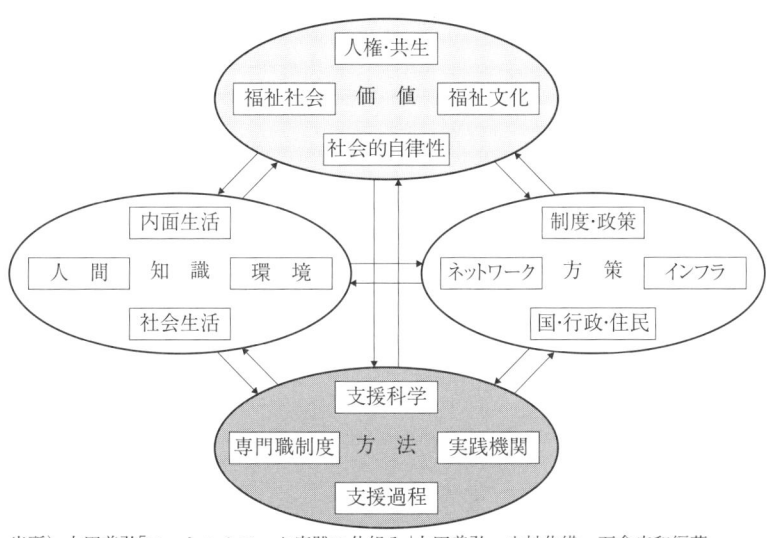

図表 10 － 3　ソーシャルワークの構成概念

[図：中央に「価値」（人権・共生、福祉社会、福祉文化、社会的自律性）を含む楕円、左に「人間・知識・環境」（内面生活、社会生活）の楕円、右に「方策」（制度・政策、ネットワーク、インフラ、国・行政・住民）の楕円、下に「方法」（支援科学、専門職制度、実践機関、支援過程）の楕円が配置され、相互に矢印で結ばれている。]

出所）太田義弘「ソーシャルワーク実践の仕組み」太田義弘・中村佐織・石倉宏和編著『ソーシャルワーク実践と生活支援方法のトレーニング』中央法規，2005 年，p.9

2　多様な方法と技術の活用と援助関係の視点

　ここからは，図表 10 － 1 に基づいて，方法，技術，技法の順序（上から下）で，その内容を詳しくみていくことにしたい。

(1) 方法レパートリーの活用

　まず，方法について。太田は，ソーシャルワークで活用される方法レパートリーを図表 10 － 4 のようにまとめている。

①直接援助技術

　ケースワークやグループワークなど，利用者と対面して支援を展開するもので，それぞれにいくつかのアプローチが存在する。

②間接援助技術

　住民のニーズや社会環境，その地域の制度・サービスの状況などを総合的にとらえつつ，住民の参加・協働のもとに，地域を社会福祉の立場から開発・組織化していく方法を中心として，施設の運営管理やソーシャルアクションなど，いくつかの方法が含まれる。

③関連援助技術

　ネットワークやケアマネジメント，カウンセリングなど，ソーシャルワークそのものではないが，効果的で質の高い支援を展開するために必要な，おもに周辺的な技術群である。

　実践においては，これらの方法レパートリーや，関連する制度・サービスなどの包括・統合的な活用が求められる。つまり，これらの寄せ集めがソーシャ

図表10-4 ソーシャルワークの体系と内容の構成

	方法レパートリー	主要技法	対象	目標	特性
直接援助技術	個別援助技術（ケースワーク）	面接	個人・家族・関係者	ニーズの充足・社会生活の維持と向上への支援	社会福祉サービスの提供と活用・環境調整
	集団援助技術（グループワーク）	グループ討議・利用者相互の話し合い	小グループ・関係者	小グループとメンバーの共通課題達成への支援	グループ活動とプログラムの展開
間接援助技術	地域援助技術（コミュニティワーク）	協議会活動・地域福祉活動構成メンバーによる話し合い	地域住民と地域組織の関係者	地域福祉課題の解決と住民組織化への支援	地域福祉サービスの提供と地域福祉活動の展開
	社会福祉調査法（ソーシャルワーク・リサーチ）	統計調査技法・事例調査技法・テストなど	個人・家族・住民・社会福祉従事者・関係者	ニーズ把握とサービス評価・施策改善への情報提供	ニーズとサービスの適合性の整備・フィードバック
	社会福祉運営管理（ソーシャル・ウェルフェア・アドミニストレーション）	運営協議会・各種委員会活動	運営管理者・社会福祉従事者・利用者・関係者	サービスの計画・運営改善とニーズのフィードバック	運営管理者・社会福祉従事者・利用者の参加と協働
	社会活動法（ソーシャルアクション）	集会・署名・請願・陳情・交渉・デモ・裁判など	当事者グループ・ボランティア・一般市民・関係者・社会福祉従事者	社会福祉サービスの改善向上・施策策定・社会改善	世論の喚起・参加と協働・立法や行政的対応の促進
	社会福祉計画法（ソーシャル・ウェルフェア・プランニング）	地域福祉推進計画・会議活動	施設機関・行政・住民・社会福祉従事者・関係専門家	地域福祉ビジョンの策定・課題・実施計画の立案	ノーマライゼーション・統合化・参加と連帯
関連援助技術	ネットワーク	社会福祉サービス調整会議活動	個人・家族・社会福祉従事者・ボランティア・関係者	支援組織の育成と地域福祉の展開	ミクロからマクロの支援組織網の整備と推進
	ケアマネジメント	支援サービス担当者会議	個人・家族・社会福祉従事者・関係者	利用者中心のサービス提供計画と運営の推進	ニーズとサービスの適合化・サービスシステムの整備
	スーパービジョン	面接・グループ討議	社会福祉従事者・社会福祉訓練受講生	従事者支援・支援方法の検討と評価・業務遂行訓練	社会福祉従事者訓練と教育・専門性の維持と向上
	カウンセリング	面接・グループ活動	個人・家族・小グループ	心理的・内面的・個人的問題の解決	対人援助と社会的適応
	コンサルテーション	相談・協議	社会福祉従事者	隣接関連領域の専門化の助言と協議	学際的支援知識の活用と協働体制の構築

出所）太田義弘「社会福祉援助技術の体系」福祉士養成講座編集委員会編『新版 社会福祉援助技術論Ⅰ 第2版』中央法規，2003年，p.133（筆者が1行目の2列目の「援助技術レパートリー」を「方法レパートリー」に変えた。）

ルワークなのではなく，あくまでもソーシャルワーカーの道具箱のなかにある「道具（支援のための手段）」のひとつとしてこれらを理解しておくことが重要である。

(2) 支援関係と支援技術

次に技術について。太田は，ソーシャルワーク実践の特性として，次の3つを指摘している[4]。

①生活概念

人間の生活は，図表10-2で示したように「生物学的な生命や生きる手だてになる経済関係はもちろんのこと，生きる意味を問う生活の質や生きがいから，日常生活の場面としての家庭や近隣・職場や学校・人との交わりや社会関係などから複合的に構成されている」[5]。

②支援概念

ソーシャルワークの目的は，(a) 利用者が自分自身の実存的な価値基準を信

頼して生活できるようになること（自己実現）と，(b) 自分の実感と環境とに適切なコンタクトをもち，それらに責任のある応答ができること（社会的自律性）の2つ[6]である。したがって，これらを実現するためには，支援者と利用者がどちらも主体としての責任をもって支援過程に参加し，協働していくような支援関係が不可欠である。

③過程概念

生活とは，人間がそのときどきに出会った人やものごと，感じたことの積み重ね（過程）である。そこに，「参加と協働」によって展開される支援過程が重なっていく。それは，利用者と支援者が，情報やその理解の仕方，実感などを共有し，だれもがおなじように尊重される（あなたもOK，わたしもOK）人間関係や社会の仕組み（共生社会）の実現に向けて協働していくような「分かちあおうとする意志」[7]をベースとした過程だということができるだろう。

では，このような支援関係において活用される技術にはどのようなものがあるのだろうか。それをまとめたものが図表10-5である。

ここでは，支援技術をつぎの3つの側面からまとめておきたい。

① **支援者**　(a) システム思考にもとづいて，利用者の生活を客観的に把握する技術

　　　　　　(b) その前提となる伝統的な関係技術（バイステックの原則やアイビー（Ivey, A. E.）の技法分類など）（知識1）

② **利用者**　実感の形成と，それにもとづいて現実を意味づけていく技術（知識2）

③ **支援関係**　利用者の主体性を尊重し，協働のコンテクストを創造する技術（知識3）

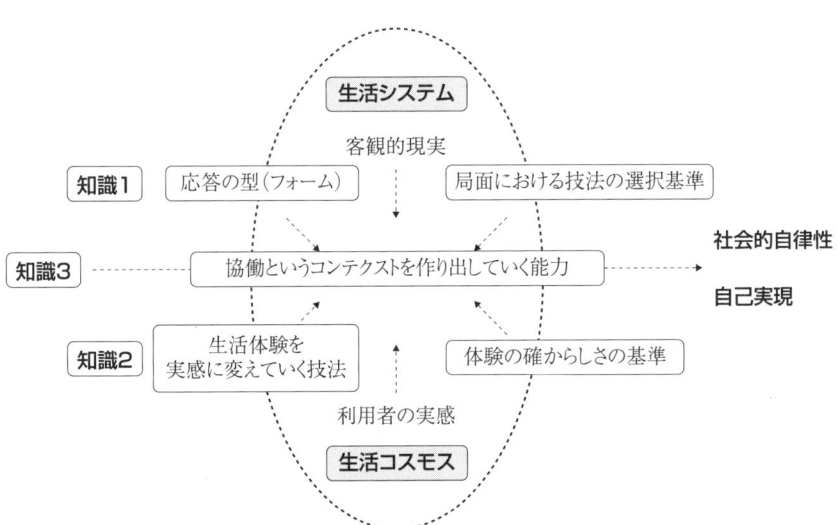

図表10-5　ソーシャルワークの支援技術

```
                    ┌─ 生活システム ─┐
                        客観的現実
        ┌──────────┐         ┌──────────────┐
知識1 │ 応答の型(フォーム) │         │ 局面における技法の選択基準 │
        └──────────┘         └──────────────┘
                                              → 社会的自律性
知識3 ┈┈ 協働というコンテクストを作り出していく能力
                                              → 自己実現
        ┌──────────┐         ┌──────────────┐
知識2 │ 生活体験を     │         │ 体験の確からしさの基準 │
        │ 実感に変えていく技法 │         └──────────────┘
        └──────────┘
                        利用者の実感
                    └─ 生活コスモス ─┘
```

3 利用者の主体性形成の原理と展開

(1) 主体性と実存性

一般に，利用者の主体性を尊重した支援展開のアイデアとしては，(a) インフォームド・コンセント（利用者に十分な説明をしたうえで同意を得ること）や，(b) インフォームド・チョイス（利用者がしっかりと選択できるように説明すること），(c) セカンド・オピニオン（複数の専門家の意見を聞くこと）などがあげられる。しかし，これらは，利用者の視点というよりは，援助者の枠組みから発想されたもので，パターナリズム（相手の利益のためには，本人の意向にかかわりなく，生活や行動に干渉し制限を加えるべきであるとする考え方[9]）の弊害を最小限に抑えようとしたアイデアだと考えられる。

社会福祉の分野では，利用者や当事者がカンファレンスに参加することなどが提案されているが，ここでは，そのようなシステム作りにとどまらず，真の意味で利用者の主体性を尊重した支援関係とはどのようなものなのかを考えてみたい。

『明鏡国語辞典』によれば「主体性」とは「他から影響されることなく，自分の意志や判断によって行動しようとする性質・態度」[10]を意味している。ただ，支援関係において，利用者と支援者がそれぞれ好き勝手に動いていたのでは「関係」そのものが成立しないので，そこには何らかの合意（エンゲージメント）が必要になる。それは，支援過程に参加しようとする意志であり，情報や感情，あるいは限界を分かち合って（おたがいに譲り合って）人と社会のあいだに互恵関係を作りだすために協働しようとする意志である。つまり，利用者の「主体性」を支援するためには，相手に関わっていこうとする「責任性」とそれにともなう「相互変容」の2つを含めて考えていく必要があるのである。

したがって，ここからは，主体性・責任性・相互変容という3つを総合した概念をティリッヒ（Tillich, P.）にならって「実存性」と呼んでみたい。実存性とは，主体的参与に対する責任性を意味するとともに，そのような参与によって主体と客体がともに変化し，そのなかで新しい意味を共有していくような関係性やプロセス[11]のことである。

(2) 利用者の実存性を尊重した支援展開とその技術

それでは，このような支援関係を実現するための技術にはどのようなものがあるだろうか。図表10-6はライフモデルに基づいて支援技術をまとめたマクメイアン（McMahon, O. M.）の分類[12]をもとにして，筆者が作成したものである。

マクメイアンのものが「人-環境」とその相互作用という枠組みから内容が

3. 利用者の主体性形成の原理と展開

図表 10 − 6　実存性を尊重した支援技術の構成と内容

関係技術（コミュニケーションの技法・態度）			
利用者（生活コスモス）	と（支援関係）	支援者（客観的事実）	環　境
実感を形成する技術	支援関係形成の技術	問題解決技術	フィードバックの技術
利用者の内的準拠枠からの共感的理解 （実存的・現象学的理解） ・利用者の実感形成を促進する技術 ・主観の確かさ 　（言語表現のパターン、身体の緊張度など）	生活コスモスの情報収集とアセスメント （問題状況理解への支援） ・協働のコンテクストを創造するための技法 ・協働のコンテクストを妨げる要因への対処	(1) 支援者の枠組みにもとづいた情報収集とアセスメント (2) 場面展開の技術 ・個々のセッションのマネジメント ・局面展開の技術	社会生活の場への働きかけ
利用者の主体性・責任性		業務としての技術	
		専門職技術	政治的技術
社会的自律性 自己実現	利用者によるサービスのマネジメント ・方法レパートリーの活用 　利用者と支援者の両方が尊重される関係性	(3) 記録技術 (4) 調査技術 (5) 時間管理技術（日常業務の管理） (6) チームワーク技術 ・施設・機関内でのネットワーク ・他の施設・機関との協働	・弁護・擁護の技術 ・法的措置の技術 ・証明の技術 ・取り引きの技術 ・組織化の技術 ・公表の技術 ・デモンストレーションの技術

構成されていたのに対して、利用者と支援者の支援関係を軸にして協働で環境に働きかけるという構造になっているところがこの表の特徴である。したがって支援者側の技術だけではなく、利用者の主体性や責任性が必然的に含まれることになった。支援過程とは、所与の環境（客観的現実）を、利用者の生きられた実感によって問い返し、互恵的な関係を回復または樹立する（利用者にとってのニッチ（適所、役割、存在意義など）に作り替えていく）ための協働作業だからである。

　このことを図にしたものが、図表 10 − 7 である。

　では、利用者の実存性に関わっていくための技法には、どのようなものがあるだろうか。ここでは、次の 2 つをあげておきたい。

① ゲシュタルト療法の言い換え技法

　ゲシュタルト療法では、(a) 利用者が自らの体験に、「今－ここ」で、実感としてコミットできたとき、自分の生活あるいは人生という物語には多様な受けとめ方があることに気づいたり、そこに新たな意味をみいだすことができるようになる、(b) 人は、自己の感受性に応答して行動を選択できたとき、責任を引き受けることができる、と考えられている。これらのことを支援するためには、図表 10 − 8 で示したような言い換えの技法が有用である。

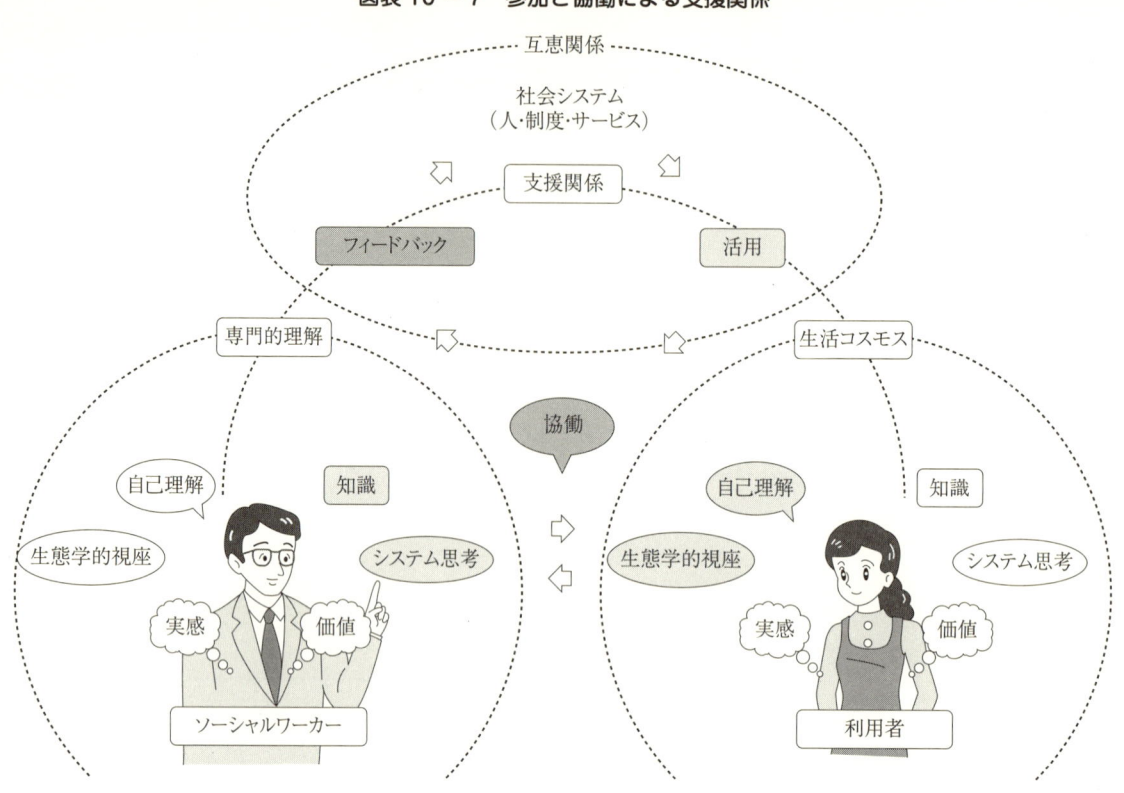

図表10-7　参加と協働による支援関係

（図：互恵関係／社会システム（人・制度・サービス）／支援関係／フィードバック／活用／専門的理解／生活コスモス／協働／ソーシャルワーカー（自己理解・知識・生態学的視座・システム思考・実感・価値）／利用者（自己理解・知識・生態学的視座・システム思考・実感・価値））

図表10-8　言い換えによる明確化

①	想像 対 事実	私の想像によれば～	⇨	私の観察によれば～
②	受動性 対 主体性	私は～することができません。	⇨	私は～する意志がありません。
③	他律 対 自律	私は～すべきである。	⇨	私は～する方を選ぶ。
④	相手をコントロールする意図をもった表現	そんなことをして楽しいですか。	⇨	私はそんなことをされて不愉快です。

出所）この表の①～③は、倉戸ヨシヤがスティーブンス(Stevence, J.)による訓練技法として紹介しているものをまとめたもの（倉戸ヨシヤ『ゲシュタルト療法の人格論』(財)関西カウンセリングセンター、1991年、pp.96-107）、④は、倉戸が訓練の場面で用いていた技法を筆者が付け足したものである。

②ソリューション・フォーカスト・アプローチの質問の型

　ナラティブ・アプローチは利用者の語る物語（コンテクスト）に関心を向けるが、なかでもソリューション・フォーカスト・アプローチは、利用者の対処能力に着目し、利用者自身が課題解決に向けて自分の物語を作り替えることに特化されている[13]。このアプローチ自体は、プラグマティックな発想で考案されているため背景となる理論は折衷的であるが、利用者と支援者の協働関係を作りだす技法としてはきわめて有用であると考えられる。図表10-9は、ソリューション・フォーカスト・アプローチの質問の型を、支援の局面に対応させ、その焦点とともにまとめたものである

図表10－9　ソリューション・フォーカスト・アプローチによる質問の型

支援の局面	質問の型	焦点
エンゲージメント	私に，何かお手伝いできることがありますか？	「支援」関係の提示
↓	どういうことがあると，今日ここに来たことが，少しでもよかったと思って帰ることができますか？	目的　課題
アセスメント	夜眠っているあいだに奇跡が起きて，今日ここに来た問題が全部解決しているとします。朝，何がちがっていたら，奇跡が起きたことに気づきますか？	優先度　関心
↓	今まで，どんなふうにして解決してきましたか？	対処能力と方法の確認
	そのことについて，今までに何か例外がありましたか？	例外　認知の確認・修正
	仮に，ここに○○さんがいらして，同じ質問をしたとしたら，なんとおっしゃると思いますか？	複眼的視座　反省的考察
アセスメントまたはモニタリング	10点満点で点数をつけると，今の○○という気持ちは何点ぐらいですか？　それが3点だったときと，5点だったときとでは，何がどう違ったのですか？	スケーリング　比較　照合
プランニング	たとえば，どのような解決の方法があると思いますか？	対処方法の考察

出所）ここに取りあげた質問の型は，菱川愛「ソーシャルワーク実践とソリューション・フォーカスト・アプローチの援用」東京都医療社会事業協会『医療ソーシャルワーク』53号，萌文社，2004年，pp. 9-11のものを一部改変して用いた。

4　地域基盤を主体としたソーシャルワーク

本節では，1－(2)－①で述べたことをふまえて，①総合的かつ包括的なサービス提供システム（地域包括支援センター）と，②包括・統合的なソーシャルワーク実践（べてるの家）という2つの側面から，地域における具体的な支援展開を考えてみたい。

(1) 総合的かつ包括的なサービス提供システム

わが国では2005年の介護保険法改正によって，「縦割り型」のサービス提供の弊害を克服するために地域包括支援センターの設置が進められた。『地域包括支援センター業務マニュアル』で述べられている特色と基本機能[14]を次のようにまとめておきたい（図表10－10を参照）。

① **総合性**（相談支援）

高齢者の多様なニーズや相談を総合的に受け止めるとともに，訪問して実態を把握し，尊厳ある生活の継続のために必要な支援につなぐこと。

② **包括性**（総合的，重層的なサービスネットワークの構築）

介護保険サービスだけではなく，地域の保健・医療・福祉サービスやボランティア活動，支え合いなどの多様な社会資源を有機的に結びつけること。

③ **継続性**（高齢者の心身の状態の変化に応じた継続的なケアマネジメント体制の構築）

ゲシュタルト療法

パールズ（Perls, F.）が創始した実存的・現象学的な心理療法。特徴としては，(a) 過去や未来ではなく，「今，ここで」の行動や感情に基礎を置くこと（現在性），(b) 実際に体験していることを尊重すること（体験性），(c) 行動や感情の意味を自分自身で選択できるようにサポートすること（責任性），(d) 心と行動の両方に着目し，観察された行動や想像・思い込みと今ここで実際に感じていることとを比べつつ，全体が自分であるという感覚（ゲシュタルト）の獲得をめざすこと（統合性），などである。ターナー（Turner, F.）の『ソーシャルワーク・トリートメント』ではゲシュタルト理論としてとりあげられている

図表10－10　地域包括ケアシステムの概念図

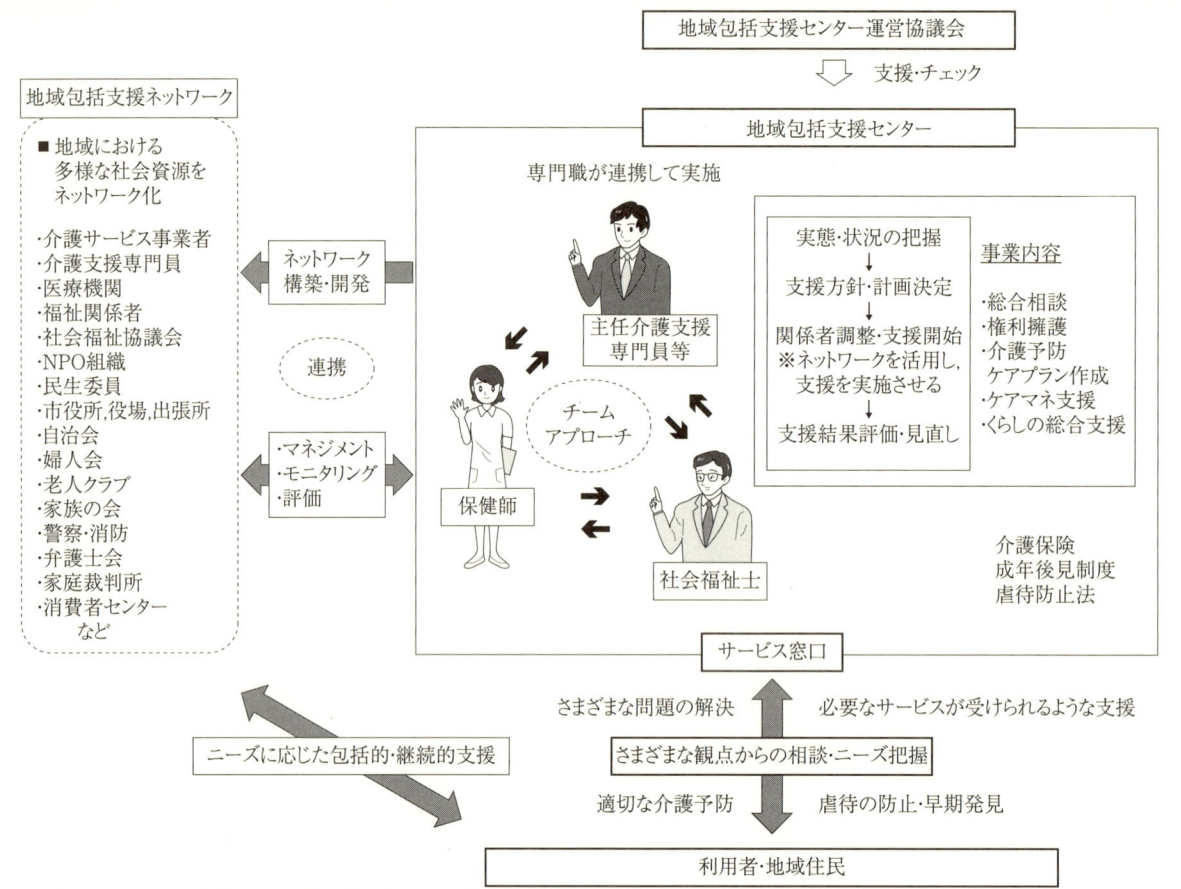

出所）この図は，地域包括ケア・介護予防研修センター『地域包括支援センター業務マニュアル』長寿社会開発センター，2007年，p.4の図をもとに筆者が加筆して作成した。

　これ以外にも，(a) 虐待の防止など高齢者の権利擁護，(b) 介護予防ケアマネジメントの実施などがその業務としてあげられている（図表10－10を参照）。

　これは，現在はまだ介護保険をめぐる高齢者支援のシステムであるが，今後，介護保険に障害者支援を統合する計画などもあり，地域で支援を展開する際のひとつのモデルとなることはまちがいないだろう。

(2) 包括・統合的なソーシャルワーク実践

　しかし，他方で，それは，制度やサービスをどう届けるかというはなしであって，利用者の視点から既存の制度やサービスを問い返したり，新しいサービスを作り出すようなボトムアップのオリエンテーションではない。このような支援の具体例としては，精神保健福祉の分野で活動を展開しているべてるの家の支援システム[15]がある（図表10－11を参照）。ここでは，地域に関するものを中心に，次の３点に絞ってみてみることにしたい。

4. 地域基盤を主体としたソーシャルワーク

図表10－11　べてるの家の支援システム

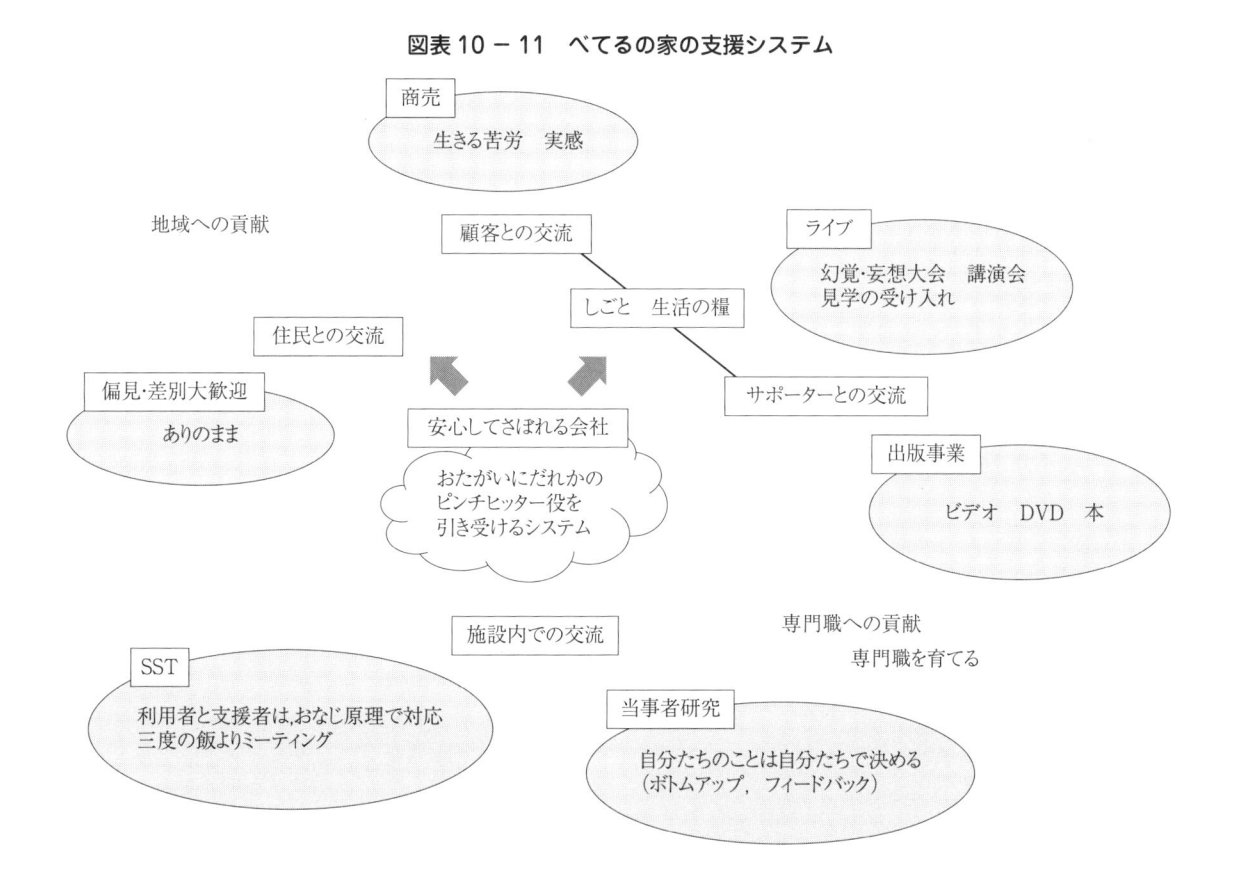

```
         商売
       生きる苦労　実感

  地域への貢献    顧客との交流        ライブ
                                   幻覚・妄想大会　講演会
                                   見学の受け入れ
                しごと　生活の糧
   住民との交流
                              サポーターとの交流
 偏見・差別大歓迎
    ありのまま      安心してさぼれる会社
                    おたがいにだれかの           出版事業
                    ピンチヒッター役を
                    引き受けるシステム         ビデオ　DVD　本

                                      専門職への貢献
              施設内での交流            専門職を育てる
  SST
 利用者と支援者は,おなじ原理で対応    当事者研究
 三度の飯よりミーティング       自分たちのことは自分たちで決める
                              （ボトムアップ，フィードバック）
```

① 住民との交流

　アファーマティブ・アクション（affermative-action）（差別を禁止する制度を作ること）ももちろん必要であるが，思いのままを話しても，そのことによって批判されない（偏見・差別大歓迎）というルールをもった住民との交流が，利用者も地域住民もありのままであることが尊重されるような関係性を作り出していると考えられる。

② 顧客との交流

　商売の目的は「生きる苦労」を取りもどすことである。服薬によって感覚を麻痺させる方向ではなく，苦労を実感すること，トラブルに出会い悪戦苦闘することが大切にされているのである。このようなポリシーが宣伝にもなり，ビジネスとしても成功を収めている。

③ サポーターとの交流

　幻覚・妄想大会では，それまで否定的にしかみられなかった幻覚妄想体験が，それが荒唐無稽であるほど高く評価され，ビデオの制作・販売においては，それが「商品」としての価値をもつ。これらは，出演した利用者のセルフ・エスティームを向上させ，生計を支える手段ともなっている。また，この施設では，その活動に関心をもち見学に訪れる人びとも少なくない。見学者が多くなると，

> **偏見差別大歓迎**
> 一般に，偏見や差別といった場合，社会の側のものを問題にするが，べてるの家では，利用者（障害者）の側にも「地域住民は偏見をもっているにちがいない」という偏見があると考えた。また，利用者自身の差別意識が自分に向けられ，自分自身の価値を感じられなくなっている場合も少なくない。つまり，「地域住民」対「利用者」という関係性を前提にしてしまうと，地域住民は「こんなことを言ったら糾弾される」というおそれから思っていることをことばに出さない，利用者は「地域住民は私たちのことをわかってくれない」という分かち合わない関係性ができあがり，おたがいの差別意識や偏見が定着してしまうと考えたのである。そこで，おたがいのありのままをまず尊重し，おなじ立場，おなじ土俵で，率直に気持ちや考えを出し合うところからしか真の意味での相互理解は生まれないというアイデアのもとでこのスローガンが生まれた。

> **セルフ・エスティーム（self esteem）**
> 自分自身をどれだけ尊重し大切に感じているかという自己についての感じ方や認識，評価のこと。これが低すぎると，評価をあげるために，自分の気持ちを押し殺してでも他者の期待に応えようとしたり，上下や優劣でしか他者をみることができず対等な関係をつくることがむずかしい場合がある。逆に高すぎた場合には，傲慢で他者を尊重できなくなってしまう危険がある。したがって，ウィニコット（Winnicott, D. W.）の表現を借りれば good enough（ほどよいこと）が大切であり，「ありのままの自分」でいることができ，相手のありのままも尊重できる程度のものが望ましいと考えられる。

日常的な業務も，ライブ活動としての意味をもち，場所と時間を共有する仕組みができあがると考えられる。

このように，べてるの家のアイデアやスローガン，生き方などを，さまざまな方法で「分かちあおう」とする工夫と，それらによる価値の逆転の2つが，この施設のエンパワメントを支えていると考えられる。

以上，地域包括支援センターとべてるの家の地域支援についてみてきた。利用者の生活支援には，(a) ソーシャルワークがうまく機能するための環境整備としての総合的かつ包括的なサービス提供システムと，(b) べてるの家のように，利用者の実感にもとづいたフィードバック過程を含んだ包括・統合的なソーシャルワーク実践の両方が必要だといえるだろう。

注）

1) 日本学術会議社会学委員会社会福祉学分科会「近未来の社会福祉教育のあり方について―ソーシャルワーク専門職資格の再編成に向けて―」2008年，http://www.scj.go.jp/ja/info/kohyo/pdf/kohyo-20-t59-1.pdf

2) バートレット著／小松源助訳『社会福祉実践の共通基盤』ミネルヴァ書房，1978年

3) 太田義弘「社会福祉と社会福祉援助活動」福祉士養成講座編集委員会編『新版 社会福祉援助技術論I 第2版』中央法規，2003年，pp. 15-16

4) 太田義弘「ソーシャルワークの概念と特性」太田義弘・中村佐織・石倉宏和編著『ソーシャルワークと生活支援方法のトレーニング 利用者参加へのコンピュータ支援』中央法規，2005年，pp. 7-8

5) 同上書 p. 7

6) 安井理夫『実存的・科学的ソーシャルワーク エコシステム構想にもとづく支援技術』明石書店，2009年，p. 148

7) 安井理夫「ソーシャルワークと『分かちあおうとする意志』 個人情報保護法や自然科学的方法とのミスマッチを中心に」同朋大学論叢第92号，2008年，pp. 53-54

8) アイビイ，A. E. 著／福原真知子他訳編『マイクロカウンセリング』川島書店，1985年

9) 『広辞苑 第六版 for ATOK』岩波書店／JUSTSYSTEMS, 2008年

10) 『明鏡国語辞典』ATOK2009収録版，大修館書店／JUSTSYSTEMS

11) ティリッヒ著／大木英夫訳「生きる勇気」『ティリッヒ著作集第9巻 存在と意味』白水社，1978年，pp. 136-137

12) 太田義弘・秋山薊二『ジェネラル・ソーシャルワーク』光生館，1999年，p. 79。マクメイアンの原典は，McMahon, O. M., *The General Method of Social Work Practice* (3rd ed.), Alley & Bacon, 1996, p. 14.

13) たとえば インスー・キム・バーグ著／磯貝希久子監訳『家族支援ハンドブック ソリューション・フォーカスト・アプローチ』金剛出版，1997年，p. 33 などを参照

14) 地域包括ケア・介護予防研修センター『地域包括支援センター業務マニュアル』長寿社会開発センター，2007年，pp. 4-5

15) おもに，浦河べてるの家『べてるの家の「非」援助論』医学書院，2002年を参照した。

プロムナード

　総合的かつ包括的援助ときいて，まず思ったのは，「なぜ？」ということでした。ソーシャルワークにとって，それは「あたりまえ」のことだったからです。
　そういえば，あたりまえのことが，ことさらに強調されている場合が，ほかにも思い浮かびます。たとえば，「医療・保健・福祉の連携」。実は，リッチモンドが『社会診断』を出版する10年以上も前に，キャボットはそのことに着目し，病院にソーシャルワーカーを採用しているのです。つまり，そのころから，それは自明のアイデアだったのです。
　では，なぜこのようなことが起こるのでしょうか。筆者には，社会福祉士の養成教育を厚生労働省が指導・監督するようになったことが大きいと思われます。国レベルの政策や制度をうまく運用するために，都合のよい方法を寄せ集めて「相談援助」や「地域福祉の方法」のカリキュラムが組まれているように思えるのです。だから，「総合的かつ包括的援助」や「医療・保健・福祉の連携」というのは，縦割りで作られて，わかりにくく活用しづらいさまざまな制度やサービスをうまくコーディネートして利用者に届けようというスローガンに過ぎない気がします。
　そのような流れに振り回されて，現場のソーシャルワーカーたちは，利用者中心の支援がうまくできないジレンマに悩んでいます。ソーシャルワークを学ぶというのは，ほんとうの意味で，利用者中心の支援を学ぶということなのだと思います。

学びを深めるために

太田義弘・中村佐織・石倉宏和編著『ソーシャルワークと生活支援方法のトレーニング』中央法規，2005年
　包括・統合的なソーシャルワークの視野や発想，技術などを，図や表を用いて，わかりやすく解説している。

鎌田實『がんばらない』集英社文庫，2003年
　この本のテーマは医療であるが，私たちが読んでも，真の意味で，利用者の人間性（主体性や責任性）を尊重した支援とはどのようなものなのか，考えさせられる。

総合的かつ包括的なサービス提供とそのシステムについてまとめてみよう。利用者の主体性から出発して，包括・統合的なソーシャルワークを展開するためにはどのような知識や技術が必要なのか，考えてみよう。

福祉の仕事に関する案内書

久保紘章『自立のための援助論　セルフ・ヘルプ・グループに学ぶ』川島書店，1988年
向谷地生良『統合失調症をもつ人への援助論　人とのつながりを取り戻すために』金剛出版，2008年

第11章

総合的かつ包括的援助理論

1　ジェネラリスト・ソーシャルワーク

(1) 今，求められるジェネラリスト・ソーシャルワーク

　ジェネラリスト・ソーシャルワークとは，副田あけみによると，「あらゆる種類の問題・ニーズ，またあらゆる実践の場に対しても応用可能な，問題・ニーズを全体的（包括的）にとらえる視点と，多面的な援助内容を柔軟に計画・実施していける能力・融通性・想像力をもったソーシャルワーカーを養成するための認識および実践の枠組みである」[1]と定義されている。第3章でもみたように，ソーシャルワークの歴史のなかで，さまざまな理論に専門分化していた状況下において，各種専門分野に特有のスペシフィック・ソーシャルワークと，すべての分野に横断的に共通するジェネリック・ソーシャルワークに分けられて，ソーシャルワークとしての共通基盤（原理・過程・技術）に立ち返る必要性が唱えられた。それが，ピンカス（Pincus, A.）とミナハン（Minahan, A.）による，ソーシャルワークの統合化であり，その潮流がジェネラリスト・ソーシャルワークを生み，ジョンソン（Johnson, L. C.）等が体系化したといえる。ジェネラリスト・ソーシャルワークは，システム理論・エコロジカル理論・ストレングス視点やエンパワメントなど，近年のソーシャルワークの歴史のなかで育った各種理論を統合することを提唱した立場であり，ソーシャルワーク実践を全体としてとらえながら地域でおこっている課題に対して多様な理論を柔軟に活用していこうとするひとつの方向性を打ち出したものであると位置づけられている。

　ジェネラリスト・ソーシャルワークの特徴としては，上記のような1970年代以降にソーシャルワークの発展の経過で登場した多角的な理論的基盤，多層的介入，問題解決過程（インテークと取り決め，探索，アセスメント，目標設定と計画，契約合意，介入，モニタリング，評価，終結）があげられる[2]。その目的は困難を抱えている人びとに対し，その人を巡るさまざまなシステムを構造的に理解し，対象や状況に応じた柔軟な支援計画を立案・実施し，状況に応じた役割を果たすことができることを目指すことである。実践においては，対象把握の視点としてエコロジカル・システマティックな視点をもち，クライエントとのパートナーシップを育みながら複合的な介入援助方法を多用し，クライエントの社会的機能の回復や彼を取り巻く環境システムの改革を果たすことが具体的な目的とされている。[3]

　近年，疾病構造・家族構造の変化にともない，人間の寿命が長らえるようになった今，地域にはさまざまな世代の人びとの生活が存在し，つまりそこには多種多様な価値嗜好が在るといってもよい状況である。地域で暮らすということは，つまり，人間のさまざまな生き様を認めあうことがまず求められ，一方で，互いの生活に抵抗やストレスを抱くこともあることとなる。たとえば，い

ニーズ
　人間が社会生活を営むうえで必要不可欠な基本的要件を欠いた場合，発生するのがニーズである。ニーズは福祉サービスに対する必要，要求，需要，困窮等と訳すことができ，その性質によって分類される。主なものとして，潜在的ニーズと顕在的ニーズ，規範的ニーズと比較的ニーズ，貨幣的ニーズと非貨幣的ニーズがあげられる。

わゆるごみ屋敷の住人と地域住民との確執の問題などは，地域で見られる代表的な価値葛藤の例である。さまざまな価値嗜好が氾濫しているともいえる時代において，個々人のやり方，生き方，暮らしぶり，こだわりは，近隣社会において，あるいは家族内においても理解し認めあうには困難な場合も多く存在する。そこに，多様な社会環境の変化が引き起こした重層的・多重的な社会生活上の困難が人びとの生活に降りかかるとすれば，価値葛藤を乗り越えること事態が非常に難しく，地域社会において対立が起こったり，地域社会から排除され，周囲に支援してくれるはずの人的・物的な資源があるにもかかわらず，社会的に孤立した生活を送らざるをえないという事態を招くこととなる。支援困難ケースや多問題家族などの言葉は，地域の生活実態を象徴する用語であるといえる。

　人びとの生活が多様化する現代は，個々にとってごくごくあたりまえであると感じる価値嗜好が多様化していると言い換えることができるが，その生活のありようの1つひとつが社会から容認されているかどうかといえば，なかなかむずかしいところもある。異なる価値観がぶつかりあったり，個々の価値観が地域生活から排除・孤立して埋もれてしまう生活の実態のなかで，人びとの尊厳・生命・人権の指標が非常にあいまいになってきているのも現実である。互いの生活への無関心，非干渉，あるいは，見てみぬふりといった，互助や助け合い，共同体意識といった人間の基本的な欲求からは程遠い問題が地域では起こっている。地域生活での人びとの価値の拡大は，同時に地域全体を包み込んでケアすることが急務であることも意味しているといえる。

　そこで現代に求められる支援は，地域を基盤としたソーシャルワークの実践，つまり，そこに発生している生活課題の解決にむけ，多くの専門知を集結させて多角的に分析し，すべての人びと，地域全体を包み込むことができるケア，すなわち総合的・包括的な援助，すなわちジェネラリスト・ソーシャルワークによる地域包括ケアである。ソーシャルワークの発展の歴史において，ケースワーク，グループワーク，コミュニティ・オーガニゼーションをはじめ，ソーシャルサポートネットワークなどをも含めた地域を基盤としたソーシャルワークが求められ，それら社会福祉援助技術を統合した実践が求められている。

　岩間伸之は，「地域を基盤としたソーシャルワークの機能」として，ジェネラリスト・ソーシャルワークの視点の必要性を，①点と面の融合，②システム思考とエコシステム，③本人主体，④ストレングスパースペクティブ，⑤マルチシステムの5点にまとめている。4)　ソーシャルワーカーは，ソーシャルワーカー自身と属する組織・機関をあらわすチェンジ・エージェントシステム，ソーシャルワーカーによる支援を受け取る人，家族，組織，地域社会をあらわすクライエント・システム，チェンジ・エージェントシステムが影響を及ぼすべき人びとをあらわすターゲット・システム，そしてチェンジ・エージェ

地域包括ケア
日常生活において介護を中心とした援助が必要な在宅の高齢者や障害者などに対して，その生活を支えることを目的に，地域内のさまざまなケアに関わる機関・団体が組織的，系統的に連携し，ニーズ把握から処遇検討まで一貫したケアをより包括的，効率的，継続的に行うためのシステム。

ントシステムが支援目標を果たすため，対応していく人びとをあらわすアクション・システムという4つのシステムを構造的にとらえることが必要である。ソーシャルワーカーは，これらのシステム間の相互作用を視野に入れ，家族や地域，組織などで構成されるマルチパーソンクライエントシステムを対象に，システム間の相互作用を促進する介入が求められる。さまざまなシステムを支援に活かしていく場合，まずは本人およびそれを取り巻くさまざまなシステムのストレングスを見つけることができるアセスメントの力が重要となってくる。そして最終的には，本人が自分や自分を取り巻く環境において起こっている生活困難に対し，取り組み意欲をもとに対処していくことができる力を支援し，本来の力を発揮できるように，環境を整える支援を行う必要がある。その際のソーシャルワーカーの立ち位置は，パートナーシップを発揮し支援を必要とする人びとにとってのパートナーであることが求められる。そのような視点をもち，個の生活を地域のなかで一体的にとらえていくことを5点にまとめ提言している。

> **パートナーシップ**
> 福祉的な諸課題に取り組む際，行政機関を突き上げることにより問題解決を図るというような両者の関係性から脱皮した新たなあり方。両者は協力関係を築きながら，共に解決の糸口を求めていく。

(2) 地域包括支援センターにおけるソーシャルワーク

地域包括支援センターでは，総合相談支援，介護予防マネジメント，包括的継続的マネジメントを担う機関として広く地域をとらえ，支援する視点が必須とされている。2005（平成17）年，介護保険制度の改正が行われ，すでに各地で実践的に取り組まれていた社会福祉士・ケアマネジャー・保健師という多職種によるサービス連携をモデル化して制度に取り入れることが決まり，地域包括ケアという言葉が政策上の一般名称になった。これが，翌年から事業実施された地域包括支援センターである。2005年という年は，医療と福祉が大きく歩み寄り，地域医療を包み込む地域包括ケアという概念が福祉においても医療においても位置づけられることとなった記念すべき年であるといえる。医療においては，第五次医療制度改革が実施され，従来のピラミッド型階層による医療提供の仕組みが，地域における機能分化した地域の資源をつなげて提供する連携的な仕組みへと組み変わり，急性期医療から在宅療養までを地域という枠組みで展開する地域連携パスが多くの医療機関で実施されるようになった。

地域包括支援センターでの社会福祉士に求められるのが，まさにジェネラリスト・ソーシャルワークの多角的な理論的基盤，多層的介入，問題解決過程に関わる知識や技術である。

日本医師会が，日本における医療体制の立て直しを図るべく，アメリカの世界大恐慌時において，広大なるアメリカ全土に散らばる社会資源を，効率的に支援に活かすことで成果をあげ，続いて発展途上国に導入され社会開発のひとつの手法として成果をあげた包括医療理論を日本に導入したのが，1960年代のことである。1970年代には，地域保健活動などと連動し，地域における連

携という概念が実践として広まり始め，地域包括医療の典型事例が国内各地で見られるようになっていく。1989年には，福祉と保健，医療との連携強化をはかるべく，中央社会福祉審議会分科会・身体障害者福祉審議会企画分科会・中央児童福祉審議会企画部会小委員会意見答申「今後の社会福祉のあり方について」において，在宅福祉の充実・市町村の役割重視が提唱され，高齢者保健福祉推進10か年戦略（ゴールドプラン）が発表され，施設サービスを在宅サービスに引き伸ばして活用することが提唱された。1990年には，通称福祉関係八法の改正が行われ，老人福祉法ならびに老人保健法にそれぞれ老人福祉計画，老人保健計画の策定が義務づけられた。地域老人保健福祉計画としての総合的な仕組みが急務とされ，高齢者に限らず，他の領域においても在宅福祉サービスへの移行や連携強化という視点が確認されることとなる。このような施設から地域における在宅へという潮流のなかで，在宅介護支援センターが登場し，その後，標準型・基幹型・単独型に整備されることとなる。在宅介護支援センターは，2005年に地域包括支援センターの創設につながるべく，地域におけるソーシャルワーカーの活躍の場を広げ，多職種の連携により，ケアマネジメントという手法を活用し支援にあたる，ひとつの地域包括ケアの実践モデルの創設期を支えてきたものとして，大変重要なものである。とくに，高齢者サービス調整会議といった，市町村等の行政機関やサービス提供機関との連絡調整を行い，マルチシステムを対象にシステム間の相互作用を促進する役割を果たしていたという点で，地域包括支援センターに求められる総合的アセスメントの実績を積んできているということがいえる。市民によるボランティア活動が地域福祉推進との関連で積極的に位置づけられる

　また，1990年は，ボランティア活動が地域のなかで活発化していくきっかけとなった年でもある。住民協働型の福祉社会形成論が登場し，人びとの日々の生活のなかにもボランティアをする機会，ボランティアによる助けを受ける機会を相互に活用する場面が多く見られるようになっていく。また，ニーズとボランティアの供給を結び付けていくボランティアコーディネーターという調整活動も見られるようになっていった。

　2000年には，介護保険制度が導入され，ケアチームによるケアマネジメントを前提とする介護提供が本格的に実施されるようになった。地域の介護保険関連の事業所や関係職があつまり，ケアカンファレンスが実務レベルで行われることが必須となる。また，介護認定審査会では，保健・医療・福祉分野における学識経験者が委員会を構成し，合議を経て要介護度を審査するしくみがとられ，総合的アセスメントの視点は，さまざまな段階に取り入れられるようになっていく。2006年には介護保険見直しが実施され，介護予防と自立支援の観点から地域支援事業の実施が提案された。保健医療の向上および福祉の増進を包括的に支援することを目的とする施設として，いよいよ地域包括支援セン

ボランティア
自己の意志を出発点とする自発性，権力などに拘束されない自由性，自らが活動する主体性に基づいて，1人ひとりの人権を尊重し，自らの暮らしを守ること（人）。

ターが登場することとなる。

　同じ頃，在宅療養支援診療所が創設された。医療においても地域において専門分化した医療を横につなげる視点にてコーディネートし，本人が一番望むかたちにあった医療サービスの提供をかかりつけ医を中心に実施されることが提唱される。急性期病院の退院支援においては，退院前ケアカンファレンスが位置づけられ，報酬化されるようにもなっている。

　地域のさまざまな資源を用いての包括的ケアの視点は今後ますます必要となり，利用者にとっての生活の連続性を保障する姿勢が求められる。生活の連続性を保障する支援の根本には，ソーシャルワーカーが，今必要とされているニーズに対して，一番相応しい支援方法を選択して活用していく柔軟な姿勢と，総合的なアセスメントを行うためにネットワークと多職種連携の基盤作りが重要となる。従来の在宅介護支援センターの枠組みを超え，地域包括支援センターでは，権利擁護も視野にいれ，地域で孤立化している人びとへの支援に多職種で取り組み始めた。

　長田貴は，個別ケース課題を地域課題としてとらえるコミュニティソーシャルワークの視点から，機関内の社会福祉士や保健師等と連携して地域ケアネットワークづくりを担っていく必要性に触れ，「人と人がつながって初めてシステム（構造＋機能）としての効果が発揮できる」5) と述べている。これは地域包括支援センターだけのことではなく，地域で働く保健・医療・福祉分野のさまざまな施設・機関で働く専門職らにもあてはまる。とくに社会福祉士は，地域で暮らす人びとの生活を支援する職種であるため，組織内で完結・終結する支援ではなく，保健・医療・福祉分野の多くの専門職の人びととつながる必然性がある。その，つながりを育むスキル，つまり連携を育むスキルとしては，長田は地域でのネットワークの構築に必要な要素として，以下の5点にまとめている5)。①所属機関の役割と，そのなかで個人の役割および専門性について伝えられる力（言語力，表現力）を有すること，②機関間と職種間で理解し合えること，③そこには共通の視点や考え方，共通認識を図るための共通言語が存在すること，④相互に「つなぐ」視点を有していること。そして，⑤それぞれの職能団体によるバックアップネットワークと職能団体間の連携があること等である6)。

2　エコシステムと利用者参加，地域社会

(1) 1960年代以降諸科学がソーシャルワークに与えた影響

　人間と環境という概念は，ソーシャルワークの歴史においてはリッチモンドの時代から興味を抱かれていた。ジェネラリスト・ソーシャルワークの実践においても，さまざまなシステムにおける相互作用に対する技術は，意識的に洗

練されなければならないとされている[7]。

　アメリカのリッチモンドは，1917年に出版した『社会診断』のなかで，対人間に関するサービスを直接サービスとして，そして対環境に関するサービスを間接サービスと表現している。人間と環境という概念は，ソーシャルワークを語るにはなくてはならない要素となり，1948年には生物学者のベルタランフィ（Bertalanffy,L.V.）が一般システム理論を提唱し，人間の精神世界と環境を結びつけて解釈する自我心理学も同時期に登場するが，実用価値的にはまだまだ認められなかった。そして1957年には，問題解決モデルを唱えたパールマン（Perlman,H.H.）が4つのP（person 人，problem 問題，place 場所，process 過程）を提唱し，placeという場の概念を導入し，後にprofessional person（専門職），provision（援助制度・政策）を加えて6つのPとした。続けて1960年代にはケースワークにおける心理的社会的療法をホリス（Hollis,F）が唱え，人間と環境を個別にとらえて環境操作という概念をソーシャルワークに導入し，ソーシャルワークにおいて人間と環境が支援の重要概念であることを重ねて訴えた。

　ソーシャルワークにシステム理論が本格的に導入されるのは，1970年代以降，ピンカスとミナハンが4つのシステム（チェンジ・エージェント・システム，クライエント・システム，ターゲット・システム，アクション・システム）を提唱し，社会システム理論という形で取り入れてからのことである。ピンカスとミナハン，およびユニタリーアプローチのゴールドシュタイン（Goldstein,H.）が影響を受けた社会システム理論とは，現代社会学の代表者であるパーソンズ（Persons,T.）の構築したものである。

　その後，1980年代以降，ジャーメイン（Germain,C.）とギッターマン（Gitterman,A.）がシステム理論の延長戦上にエコロジカルアプローチというものを生み出し，これまで整理されてこなかった環境の概念を，物理的環境と社会的環境に分類し，人間と環境という単一概念を定義した。ここでは交互作用は常に力動的であり，双方が互いに順応する方向に向ってのみ援助が成立する，という概念が唱えられた。

　このシステム理論は，用語が抽象的であったり，金属的で無機質的な響きをもつものが多かったため，批判をかった。また，とくにエコロジカルアプローチは介入概念というよりもあくまで対象把握の概念にすぎず，実践への導入の限界性も叫ばれた。しかし，人間にしか焦点が向けられなかった歴史にピリオドを打ち，人間と環境をともにとらえ，その交流の過程をシステムの構造，境界，順応，凝集性，緊張，フィードバック，変化と安定，役割といった概念を組み合わせて，ソーシャルワークに思考の枠組みを提供してくれたことに関しては，多大なる価値があるといってよい。

（2）利用者参加，ソーシャルアクションが求められていく時代背景

　1960年代以降，先進国アメリカでは，より豊かな社会に向けての高度経済成長，工業化といった急激な社会変動のために，社会問題が複雑多岐化した。発展のための専門分化をとげていたはずのソーシャルワークは，精神医学や心理学へ傾倒するあまり専門的近視眼に陥り，現実的に機能しなくなり，その存在自体が見直されなければならない時代を迎えていた。まさに方法論統合化の動きはこの状況を打破するために起こったものであり，これまでに発展・展開されていた諸方法の展開過程に内在する共通基盤を，多様的・多面的・拡散的生活課題中心に整備し，システムの力動関係を変数として位置づける，という新しい概念が登場したのであった。システムとして問題の全体性を同時一体的にとらえなければ，真の問題解決はありえないとする時代に突入したのである。

　1960年代は公民権運動，ベトナム戦争等が起こった年代であり，1970年代は石油ショック，核戦争の危機など社会変動のいちじるしい時期であった。そのような社会情勢に危機感をもったNASW（National Association of Social Workers）とCSWE（Council on Social Work Education）は時代に反応を示し，ソーシャルアクション志向を強めていくのである。そして学生と大学教員は地域の基幹，政治活動，自由解放運動に対する関心を強め，大学における実習計画への学生の参加も頻繁に見られるようになっていく。この頃，実習教育がシステムとして整備されるようになってきた時代でもあった。実習教育のありかたの明確化が求められ，それとともに，大学教員が社会福祉現場において指導的役割を強化することを目指し，大学教員が実習教育へさらに参加するように奨励されていた。実際，タイトル20（Title XX）という社会福祉プログラムの拡充を目指した法律により，連邦政府から実習・訓練のための補助金が増加され，大学教員が中心となった実習ユニットや，いくつかの大きな機関やコミュニティを基盤にした訓練センターも発足される運びとなった。

　続く1980年代の間は，いちじるしい社会的・経済的・政治的勢力が対人援助サービスの供給システムに影響を与え，人びとの生活は都市環境とサービスの供給システムのめまぐるしい変化に翻弄される時代でもあった。1982年から1985年の間に，連邦政府は貧困問題・医療・住宅に対する財源を削減することとなり，対人援助サービスの供給システム自体も質的・量的に直接被害を被ることとなった。つまり効果的なサービス供給，ソーシャルワーカーが十分に機能できる環境，およびソーシャルワーカーが属する機関の不安定さに関わるさまざまな問題が露見し，ソーシャルワーカーは厳しい経済政策に振り回される都市環境に直面することとなった。よって，このような状況下にあるソーシャルワーカーにとっては，社会的な制限をうけない個人開業という形態をとることが，魅力的な選択肢のひとつとなっていく。

(3) システム理論からライフモデル・エンパワメントアプローチ・ストレングス視点の登場へ

　以上のような時代的背景をふまえ，19世紀後半から20世紀前半にかけて，システム理論は，全体が部分の総体以上のものであるという複雑な相互作用の状況を分析するためのさまざまな必要に答えてきた。つまり，状況のなかの人間という概念が，ソーシャルワークの基盤として根づいているのは，システム理論，ライフモデル等の対象認識理論がソーシャルワーク実践で役立ってきているからである。環境を人間と区別して，人間の背景にあるものとして認識するというよりも，むしろ人びとの営みは環境の影響を交互に受けながらあるもの，として認識したことにそれらの理論の貢献が見られる。

　たとえば，システム理論は，ソーシャルワークに具体的に次のような影響を与えている。この理論は，多様な観点や方法論を組織化し，統合化していくための理論であることを提唱している。実践的に言えば，個人のパーソナリティの内部と，社会システム内部の変数間の関連を明らかにすることを助ける理論である。環境の複雑な交互作用の特質と人間の発達と機能に対する多面的に展開する関係を，実践モデルに採用したことがわかる。

　システムというものは，部分の結合性によってまとまっている総体であり，それはインプット（入力）・アウトプット（出力）・フィードバック・コントロールの過程によって特徴づけられる。システムはひとつの全体をさすが，それが機能するのは各部分どうしの相互作用がなされてからのことである。この理論は，他に開かれたシステム，閉ざされたシステム，影響力とのつながり（結合性），境界，緊張，変化と安定，役割などの概念によって説明され，対象把握がされることとなる。

　このシステム理論は，家族療法の実践において積極的に取り入れられている。その分野での基本原則を顧みると，システム理論の全容が見えてくる。たとえば，家族療法では，個人ではなく，関係性に焦点をあてる。そして介入の焦点を，ジョイニング技法等を用いながら，個人の精神内界ではなく，関係性のあり方におく。支援者は世代間境界に配慮しながら中立的な立場を守り，家族の長所や対立，こだわり等を十分に聴き，リフレーミング等の技法により家族神話を解き，肯定的な価値へと転換させていく，などである。

　家族療法では，問題のある人を患者とせず，患者とされている人（IP）とよんでいる。介入においては，質問をし，情報を引き出すことで，相互作用のパターンを把握し，それを面接の場で取り扱う。これはコミュニケーションパターンを変えることを意味する。相補性，つまり人間は互いに補い合う性質をもっている点を示し，互いを補うことは建設的であるが，それぞれの役割が硬直してしまうと，そこに問題が起こると解釈する。これが緊張状態と呼ばれるものである。そして，個人に発達段階があるように，システムそのものの発達

段階をもち，その段階の移行期に柔軟にそのシステム自体のあり方が適応できない時に，部分の一部に症状が出現すると考える。またシステム内関係において，各役割が明確である必要があり，そうでない時には，部分の発達が阻まれる。そして実際の治療においては，その緊張あるいはパターンの固着化・神話的思い込み・不明確な役割認識を打破するために，「私は・・・」という立場で明確にものを言う練習をしてもらったり，問題自体の枠付けのし直しと肯定的意味づけの作業を，自分もシステムの一部分である援助者も一緒に共同作業として取り組んでいくのである。

　一般システム理論に生態学的視座が導入され，それ以降に登場したのが，エコロジカル・アプローチというものである。個人の精神内界に着目する伝統的モデルへの批判として登場した。クライエントは，治療の対象者であるとみなす医学モデルとは正反対に，人と環境の関係性，すなわち交互作用を通して成長する生活主体者であると定義され，1980年代には，先述のジャーメインとギッターマンによりライフモデルとして体系化された。ライフモデルの登場は，ソーシャルワークにおける対象把握において，パラダイムの転換を引き起こした。つまり，サービス提供者側の論理から，サービス利用者主体への論理を重視することである。これは，「取り組み主体としてのクライエント本人」を主体として，クライエントと環境双方の強みを探して支援に活かしていくというジェネラリスト・ソーシャルワークの中核概念ともなっている。クライエントの潜在的な強さ，すなわちストレングスを個人・対人・社会・政治の各レベルにおいて増強し，人間が生まれながらにして誰もがもっている能動的側面を引き出し重視するというストレングス視点とエンパワメントアプローチとも結びつき，クライエントの強さと多様性を認めていく基礎となっている。

　ジェネラリスト・ソーシャルワークでは，「人びとについての望ましい概念」として，以下の5点に人間のとらえ方をまとめている。[8]

　①ソーシャルワーカーは固有の価値と尊厳を信じている。
　②人は固有の能力と，人生をより満たされたものにする変化への動機づけをもっている。
　③人は自分自身と，社会を含めた仲間の人間に対する責任を負っている。
　④人には居場所があるべきである。
　⑤誰にも共通する人間としてのニーズもあるが，人はそれぞれ固有で違いがある。

　したがって，上記の定義に立ち，ソーシャルワーカーとして支援した場合に期待される効果として，地域交流や住民活動など社会に参加する機会を誰にも平等にクライエントに保障し，そして，「人がその可能性を完全に発揮できる成長と発達の機会を与えなければならない」とジョンソンはいっている[9]。それには，ストレングス視点やライフモデルを基礎として，そのクライエントが

図表11－1　個人的なニーズについて検討するための指針

人間に共通する私のニーズ
1. 食べ物, 住居, 衣服に関するニーズは何か。これらのニーズをどのように満たすのか。
2. 痛みや身体的な損傷を避けるための安全に関する私のニーズは何か。これらのニーズをどのように満たすのか。
3. 私の健康に関するニーズは何か。これらのニーズをどのように満たすのか。
4. 愛情と所属に関する私のニーズは何か。これらのニーズをどのように満たすのか。
5. 受け入れと地位に関する私のニーズは何か。これらのニーズをどのように満たすのか。
6. 能力と可能性を高めることに関する私のニーズは何か。これらのニーズをどのように満たすのか。
7. 自分自身と自分の住む世界に関する私のニーズは何か。これらのニーズをどのように満たすのか。
8. 他にどのような生物学的ニーズを持っているのか。
9. 自分の精神的な成長をどのように考えるのか。この成長のための主な源泉は何か。この領域での現在の私のニーズは何か。

発達上の私のニーズ
1. 身体的に成長するうえで自分の体験からくる私のニーズは何か。これらのニーズをどのように満たすのか。
2. 認知的な成長に関係する私のニーズは何か。これらのニーズをどのように満たすのか。
3. 私の現在の心理社会的な発達段階はどこか。
4. 現段階における発達課題からくる私のニーズは何か。これらのニーズをどのように満たすのか。
5. これまでの発達段階での課題をどのように達成してきたのか。
6. これらの課題を達成できていないことに関係する課題からくる現在のニーズは何か。

人間の多様性から生起する私のニーズ
1. 私のコミュニティにおいて主流となっている生活様式と「異なっている」ものは何か。
2. 多党制の基礎は何か。人種, 文化集団, 性, 宗教, 障害の条件のいずれか, あるいはその他なのか。
3. 私にとってこの多様性の意味は何か。この多様性に関係する自分自身についてどのように感じているのか。
4. 私の直接的な周囲の人にとってこの多様性の意味は何か。周囲の人は, 異なる人として私をどのように取り扱うのか。
5. 多様性のために存在するストレスと緊張感をどのように取り扱うのか。
6. 私の多様性はどのようなストレングスや特別なニーズを私にもたらしているのか。

私がその一部となっている社会システムから生起する私のニーズ
1. 私がその一部となっている多様な社会システム（これらには, 家族, 仲間集団, 学校や職場, 自分が構成員となっている組織, 近隣や文化集団などを含む）は, 私にどのような体験をもたらしたのか。
2. 私がその一部となっている社会システムに対して私の責任とみなしているものは何か。
3. 気体と責任を含めたこれらの社会システムに関係する私のニーズは何か。

（出典　ジョンソン, L.C. & ヤンカ, S.J. 著／山辺朗子・岩間伸之訳『ジェネラリスト・ソーシャルワーク』ミネルヴァ書房, 2004年, P. 139より）

図表11－2　人間の多様性：多様性に由来するニーズや強さを特定する上で考慮すべて要素

```
A. 文化的要素
  1. 価値
     物事，時間の使い方，支配的文化，権威，仕事，気分や感情表現などについての態度
     過去，現在，未来志向
     タブー
  2. 関係－関わりのあり方
     他者との
     物理的世界に対しての
     精神世界に対しての
  3. 家族構成
     家族関係の性質
     家族生活の内容
     相違や変化の可能性
     意志決定
     世代的要素－年齢，性別
     育児，家事
  4. 歴史－移住
     支配的文化との関係の歴史
     集団の変化－発展－意味の歴史
  5. コミュニケーションのパターン－言語
     用法，語彙，話し言葉，符号，方言，シンボル，文法，表現の幅
     非言語的側面
     パターン－短い会話の活用，時間など
  6. コミュニティの構造
     政治，経済，教育，宗教
     相互扶助，社会化，社会的管理の手段
     社会的，文化的，及び宗教的活動
     保健，ケア
     個人や家族にとっての資源
  7. 対処のメカニズム
     適応，補償，ストレスに対する反応，新しい状況や環境に対する適応
B. 支配的な社会の態度や行動に関連する要素
  1. 偏見，差別，スティグマ，階層化，ステレオタイプ化の問題
  2. 人種意識
  3. 多数派文化に対する関係
     距離，多数派の予想，搾取，マイノリティの過敏さ，苦痛や疑い，力関係
  4. 生活水準の問題
  5. 多数派集団との関係での集団のアイデンティティや集団の期待
  6. 差異の評価の仕方
  7. 機会またはその制限
C. 個人差
  1. 志向性－文化に関して伝統的，同化的，適応的，混乱している
  2. 自己，同じマイノリティ集団の他者，別のマイノリティ，支配的集団に対する態度
  3. 自己認識，対処や適応のメカニズム，言語その他の意志疎通手段の使用
  4. 家族や文化的集団との関係，その関係での責任または力量
  5. その文化的集団のメンバーとしての顕著な生活経験
  6. 多様性に基づく立場に影響された自己のダイナミクス，多様性が自己に与えている影響
```

（出典　ジョンソン，L.C. & ヤンカ，S.J. 著／山辺朗子・岩間伸之訳『ジェネラリスト・ソーシャルワーク』ミネルヴァ書房，2004年，P.176より）

どのような長所，資源，力量をもち，同じく彼を取り巻く環境が同じくどのようなストレングスになる。それは，環境およびクライエントと環境の相互作用に対して理解を深め，生活上の困難な状況にあるクライエントについて，その困難な状況を明らかにし，さらに，そのクライエントがその課題や困難な状況に立ち向かうため，持っている意欲や能力・資源等を発見することである[10]。つまり，クライエントを適切にアセスメントすることにつながる。そのためには，ソーシャルワーカーには，社会生活歴の作成概要（個人），人間の多様性，社会生活歴の作成概要（家族）そして地域的コミュニティの調査概要などの評価項目を念頭に入れながら情報収集を行い，集めた情報を体系づけ，集めた情報を分析し，システム間につながりや関係性を見出す力が求められることとなる。

注
1) 久保紘章・副田あけみ『ソーシャルワークの実践モデル―心理社会的アプローチからナラティブまで―』川島書店，2005年，p.135
2) 岩間伸之「地域を基盤としたソーシャルワークの機能―地域包括支援センターにおけるローカルガバナンスへの視角―」『地域福祉研究』第36号，日本生命済生会，2008年，p.38
3) 久保・副田，前掲書，p.136
4) 岩間，前掲書，p.40
5) 長田貴「地域ネットワークづくりとしての居宅介護支援事業所と地域包括支援センターの役割」『介護支援専門員』9(1)，2007年，p.44
6) 同上 pp.46-47
7) ジョンソン，L.C.＆ヤンカ，S.J.著／山辺朗子・岩間伸之訳『ジェネラリスト・ソーシャルワーク』ミネルヴァ書房，2004年，p.151
8) 同上 p.67
9) 同上 p.67
10) ニーズやストレングスを見つける一つの指針として，図表11-1，11-2を参照のこと。

<参考文献>
佐藤豊道『ジェネラリスト・ソーシャルワーク研究 人間：環境：時間：空間の交互作用』川島書店，2001年
岩間伸之「講座 ジェネラリスト・ソーシャルワークNO.1」『ソーシャルワーク研究』第31巻第1号，相川書房，2005年
岩間伸之「地域を基盤とした包括的支援への助走」『社会福祉研究』第98号，鉄道弘済会，2006年

プロムナード

わが国の社会福祉教育においては，日本社会福祉教育学校連盟・日本社会福祉士養成校協会（2006）が「社会福祉士国家試験制度に関する提言」のなかで，社会福祉士に求められているソーシャルワーカー像として，複雑多岐化する現代の社会生活におけるニーズに対応できるのは，「どのような領域においてもその専門性が発揮できる」ジェネラリスト・ソーシャルワーカーであるとしている。つまり，施設から在宅へ，また在宅から施設へといった，地域生活を基盤とした切れ目のない一連の流れを支援する専門職として，高齢者・児童・障害者・傷病者等いかなる対象者であっても，ひとりの人の抱える生活問題に立ち向かうことができるジェネラリストであることが切望されている。

学びを深めるために

鷹野和美『チームケア論　医療と福祉の統合サービスを目指して』ぱる出版，2008年
　医療と福祉の真の統合は，医師や看護師などの医療専門職とソーシャルワーカーやケアワーカーなどの福祉・介護職との真の連携なくしては実現できない。地域包括ケアを支える多職種によるチームケアの推進に役立つ具体的な理論と技法，そして連携実践の成功事例集が掲載されている。地域を基盤にして働くソーシャルワーカーだけでなく，レジデンシャルソーシャルワーカーにとっても必読の書である。

野中猛・髙室成幸・上原久『ケア会議の技術』中央法規，2006年
　保健医療福祉分野で働く専門職のとって，いまや，ケース・カンファレンス，サービス調整会議，ケア会議というものは日常当たり前の如く行われている。さまざまな専門職が，1人の人，1つの家庭を支援するためにそれぞれの専門性を用いてアセスメントを持ち寄る際，一同に会する場と多くの専門家が共通の理解を得ることができる共通言語（枠組みと用語）が必要となってくる。筆者らは，ケア会議を，あくまでも支援を必要としている人のために，その支援のあり方についての課題等を中心課題とする実務者の会議と定義し，ケア会議の定義，枠組み，具体的進め方に関する技法，そして事例等から構成されている。地域におけるネットワークの構築という観点からも，見逃せない書である。

人びとの価値や生活が多様化する現代において，地域では，家族問題や社会問題等が重層的にからまる支援困難ケースへの支援に，ソーシャルワーカーは奮闘しています。どこから介入したらよいかも判断が難しい支援困難事例のなかから，支援に活かすことができるストレングスを見つけ出すポイントは何か，考えてみてください。

福祉の仕事に関する案内書

羽田澄子編著『終わりよければすべてよし』岩波書店　2009年

第12章

総合的かつ総体的援助における専門的機能

1 教育における相談援助（学校ソーシャルワーク）

(1) 学校ソーシャルワークの定義

1916年にカルバート（Culbert, J.）は，訪問教師の役割について「学校外の子どもの生活を学校に理解してもらうこと，つまり，教師の子どもに関する知識を補うこと。そして，親にも学校の要望や子どもの特別な課題やニーズを説明して理解してもらうことである」と定義した[1]。コスティン（Costin, L.B.）は次のように定義した。①困っている子どもであると認識すること，②子どもへのサービスを広げること，③学校職員に対して働きかけること，④親に対して働きかけること，⑤地域資源を子どもの家族が利用することを助けること，⑥障害をもつ子どもに対する教育計画を立てること[2]。また，門田光司は1996年から学校ソーシャルワークの必要性について述べ，「教育の社会的公平と平等の権利と危機が奪われた生徒の状況を改善すること」と説明している[3]。山下英三郎は学校ソーシャルワークの役割の二面性について次のように述べている。ひとつは学校という組織における教育活動を円滑に行うための補完的な役割を果たすこと，もうひとつは，学校ソーシャルワークの価値と理念に基づいて学校を基盤として，子どもの最善の利益実現のための支援活動を行おうとすることである[4]。なお，学校ソーシャルワークはスクールソーシャルワーク（School Social Work, SSWと略される）と呼ばれることも多い。ここでは，状況に応じて両方を用いる。

(2) 学校ソーシャルワークの歴史

1）アメリカにおける歴史

19世紀のアメリカには，家計を助けるために児童労働に従事する子どもたちが多く存在した。学校へ行かないまたは行くことができない子どもたちの数は多く，教育権を保障できない状態が続いていた。

アメリカで，学校ソーシャルワークが始まったのは1906年であった。その背景には既述の児童就労，生活困難，そして移民の増加などがあった。とくに移民は，20世紀に入ってから爆発的な増加を示していた。そして，この時期の急増する移民の多くは特殊な技術もとくにもたず出稼ぎが目的であったので，低賃金労働者であり，一種のコロニーを形成し，子どもに教育を受けさせる余裕はなかった[5]。この状況を憂慮したセツルメントのセツラーたちが，コロニーの住民の生活支援と子どもたちの教育支援に乗り出したのであった。

最初は，学校ソーシャルワーカーは訪問教師（visiting teacher）とよばれていた。ニューヨーク市では1906年の秋に2名の訪問教師が誕生し，1907年10月には公教育協会が訪問教師を採用した。こうした活動が，初めて財政的に裏づけられたのは1913年のことで，ニューヨーク州のロチェスター市において

学校ソーシャルワーク

20世紀初頭にアメリカで誕生した子どもたちを支えるためのソーシャルワークで，学校をベースにして子どもたちの福祉的課題の解決と生活の質を高めるための支援を行う。基本的な姿勢は子どもの人格を尊重しその利益を最優先に考えたアドボケイトとエンパワメントを行いながら，子どもを取り巻く様々な社会資源（ソーシャルワーカーも含めて，家族・教師・友人，近隣の人，その他の専門職などや法律，制度，機関・施設などを含む）や地域の環境に注目し，それらの活用を図りながら問題解決に向かって活動する。

であった。

1918年に全州で義務教育法が制定され，児童労働をさせている親に子どもが学校に行くことを保障させ，同時に学校にも子どもたちの家庭環境に気づいてもらうためのアドボケイト機能として訪問教師活動は拡大していった[6]。1919年には全米訪問教師委員会（National Committee of Visiting Teachers）[7]が組織された。1920年代は貧困地域だけではなく，比較的裕福な家庭が多い公立学校や私立学校でも雇われており，生活問題だけでなく心理的な問題にもかかわるようになっていた。

1940年代になって訪問教師は，学校ソーシャルワーカーと呼ばれるようになった。1対1で子どもにかかわるケースワークに限定することが多かったが，不況などの影響で停滞していたその活動を再び活発化させていった。1960年代には若年人口の増加と，公民権運動の高揚により，子どもの人権への関心も高まっていき，学校ソーシャルワーカーは，グループワークやコミュニティワークの手法も採り入れていった。

1975年に施行された全障害児教育法――1990年に障害児教育法（Individuals with Disabilities Education Act, IDEA）となる――は，障害をもつ子どもたちの公立学校における，無償の適切な教育を受ける権利を保障するものであったが，子どもたちが受けることができるとされた関連サービスのなかにソーシャルワークがあったことで，サービス提供専門職として学校ソーシャルワーカーが法的に認められることとなった。

1992年には全米ソーシャルワーカー協会は「学校ソーシャルワーク専門家」の資格制度を誕生させた。近年では，カナダやイギリス，オーストラリア，スウェーデン，インド，日本，韓国でも学校ソーシャルワークが導入されており，国際会議も開催されている。

2）日本における歴史

日本においては，1949（昭和24）年以降，高知県などで長欠児対策として，訪問教師制度が実施されていた。1950（昭和25）年には同じく高知県で初めて福祉教員が配置された。この制度は長欠・不就学などへの対策として始まったが，後には同和教育を担う人材を輩出する独特の教員制度となった。京都市教育委員会「生徒福祉課」や，「あいりん小中学校」[8] の実践を経て，1986（昭和61）年，埼玉県所沢市での山下英三郎の実践に至る[9]。校内暴力や不登校状態にある子どものサポートが実際には中心を占めたという山下英三郎による十数年にわたる実践は，全国に影響を与え，「学校ソーシャルワーク」の名を一般に知らしめることとなった。

その後，1996年の北海道の道警察による「少年サポートチーム」の設置，2000年の福島県郡山市の市教育委員会による「少年サポートチーム」の設置，兵庫県赤穂市の「スクールソーシャルワーカー推進事業」，茨城県結城市にお

> **不登校児**
> 学校において，いじめ，体罰，高速などの管理逃避・拒否のように，自分の意思で行かない場合や，腹痛，嘔吐などの身体症状等の神経症的原因により学校に行けない子どものことを言う。その他，文部省(現，文部科学省)の30日以上の長期欠席生徒を不登校児ととらえる場合もある。

ける「スクールソーシャルワーカー（市職員）の配置」，2001年の香川県での「スクールソーシャルワーカー派遣事業」などを経て，2002年の文科省の「サポートチーム等地域支援事業システムづくり推進事業」をはじめとする一連の国の事業が始まった。地方自治体でも2005年の大阪府のスーパーバイザー体制を取り入れた「スクールソーシャルワーカー派遣事業」，2007年の群馬県ほか20数ヵ所の自治体による「スクールソーシャルワーカー配置事業」など，少しずつ取り組みが広がって来ている[10]。赤穂市での実践は市教育委員会と地元の大学の共同事業として行われた本格的な学校ソーシャルワーク実践であった。また，学校側の独自な取り組みとしては，2002年から千葉大学教育学部附属小学校が学校ソーシャルワーカーを配置した。

(3) 日本の学校ソーシャルワークの現状

こうした状況のなか，学校単独で子どもの問題を解決することはむずかしいと判断した文部科学省は，「少年の問題行動などに関する調査研究協力者会議」を組織した。そして，学校以外の児童相談所，保護司，児童委員，警察などから構成される「サポートチーム」が必要であるとして，2003年度にモデル事業を実施して，その結果，2008年度には15億円の予算を計上して「スクールソーシャルワーカー（SSW）活用事業」を実施することにして全国141地域の公立小中学校に学校ソーシャルワーカーを配置した。しかし，この活用事業は1年でなくなり，2009年度からは「調査研究事業」から「補助事業」に変わり，自治体に対する国の負担は3分の1になった。なお，日本においては，1999年以降，国際学校ソーシャルワーク大会が開催されており，2006年に日本学校ソーシャルワーク学会が設立された。

近年，児童虐待，不登校，いじめ，校内暴力，学級崩壊など，児童・生徒にまつわる問題が，社会問題として大きく取り上げられている。一方，少子化の進むなかで教員が受けもつ児童・生徒数は減少している。しかし，公立学校で精神疾患により休職する教員は増えており，在職者に占める休職者割合は1997年に比べて2007年には3倍以上の4,995人に増えた。他職種でも精神疾患による休職者は増えているが，この数字は子どもの問題が深刻化・多様化していることも原因していると考えられる[11]。

(4) 学校ソーシャルワークの理論

山下英三郎らによると，学校ソーシャルワークの限定的実践理論（実践モデル）には次のようなものがある。①コスティンの「学校・地域・生徒間連携モデル」，②アルダーソン（Alderson, R.）の「社会的相互作用モデル」，③「伝統的治療モデル」，④「家庭と学校のエンパワメントモデル」，⑤門田光司の「パワー交互作用モデル」，⑥大塚美和子の「親と学校の仲介理論」等があ

児童相談所
児童福祉法に基づき都道府県および指定都市が設置する児童福祉サービスの中核となる相談・判定医機関である。児童相談所長は都道府県知事からの委任を受け，施設入所，家庭裁判所への送致，国立療養所等への入所委託等の措置をも行う。

保護司
保護司法に基づき，法務大臣から委嘱された非常勤の国家公務員である。無給であり実費以外は金銭の支給はない。実質的には民間のボランティアといえる。任期は2年であり，業務内容は保護観察官で十分でないところを補うことである。

る．①は学校，地域，生徒の3者の関係に変化をもたらし，制度や学校の在り方を改善していくアプローチ，②は子どもと学校の間の相互関係に焦点を当て障害となるものを取り除くアプローチ，③は学校との関係で，社会的，情緒的困難を抱える子どもがうまく適応できるように支援するアプローチ，④は学校と家庭のパートナーシップ構築のためのエンパワメントモデル，ピラミッド型モデルともいう．⑤は権威的・権力的パワーを行使する人に対抗するのではなく，交互作用に介入し，良好なパワー交互作用を促進する．⑥は親の無力感に注目して，学級崩壊を経験した親と学校の間の仲介に焦点を当てた実践理論である[12]．

2　医療における相談援助（医療ソーシャルワーク）

(1) 医療ソーシャルワーク

1958年の「保健所における医療社会事業の業務指針」（厚生省公衆衛生局長通知）によれば，「医療社会事業とは，医療ならびに保健機関などの医療チームの一部門として，社会科学の立場から医師の診断を助けるとともに，疾病の治療，予防，厚生の妨げとなる患者や，その家族の経済的，精神的，あるいは社会的諸問題を満足に解決もしくは調整出来るように，患者とその家族を援助する一連の行為をいう」となっている．

また，日本医療社会事業協会によれば，2009年の時点では医療ソーシャルワークとは「保健医療機関において，社会福祉の立場から患者や家族の抱える経済的・心理的・社会的問題の解決，調整を援助し，社会復帰の促進を図る業務を行う」ことである．

なお，医療におけるソーシャルワーカーは多くの場合，医療機関に所属する立場であり，医療の目的達成のために側面から協力していくという基本的立場を有している．医療の理念や方法論と社会福祉の理念や方法論がかみ合わない時があるので，ここに医療ソーシャルワークの独自の困難さがあり，また存在理由があるといわれている．なお，医療ソーシャルワークはメディカルソーシャルワーク（Medical Social Work, MSWと略される）ともよばれている．

日本医療社会事業協会
構成員は，メディカル（医療）ソーシャルワーカーや医療社会事業の普及・発展を支援する人びとである．1953（昭和26）年に全国組織として結成された日本で一番古いソーシャルワーク関連の団体で，2003（平成15）年には創立50周年を迎えた．メディカルソーシャルワークの実践と研究によって，医療福祉および社会福祉の発展に寄与することを目的としている．

(2) 医療ソーシャルワークの歴史
1) アメリカにおける歴史

前年に試行的に相談事業が行われて後，1906年に，ボストンのマサチューセッツ総合病院で看護師キャノン（Cannon, Ida M.）が医療社会事業部を創設したことからアメリカの医療ソーシャルワークは始まった．同病院のキャボット（Cabot, R.C.）博士が，院内での治療を終えて退院した人が再入院してくる様子を見て，病気には社会的要因への対処も必要であると考えたからである．

> **キャボット**
> → p.44 参照

なお，キャボット博士は「医療ソーシャルワーカーの父」と呼ばれ，「医薬を与えることは，重すぎる荷をひいて山を登る馬に薬を与えようとするのと同じで，不合理なことが多々ある。本当に必要なことは荷車を解き放して馬を休めることである。重荷を軽くすることのできない患者に軽くする方法を工夫してやることである」[13]という言葉は有名である。

1912年にはボストン社会事業学校で医療ソーシャルワーク教育が始まった。1920年代から1940年代の医療ソーシャルワーカーは医師の治療の妨げになる患者の生活問題の相談や，医師の治療を支援するための患者教育を行っていた。その後，アメリカの医療事情の変遷にともなって，医療ソーシャルワークへの需要は増大してきた。近年，メディケア（Medicare：高齢者医療保険制度）に，DRGs[14]が導入されたこともあって，患者の入院期間が短縮し，医療ソーシャルワーカーの立てる退院計画が重要となっている。

2）イギリスにおける歴史

1895年にロンドンのロイヤルフリー病院（王立施療病院）の外来部門に，病院理事会と慈善組織協会のチャールズ・ロック卿がアルモナー（almoner 病院慈善係。語義は慈悲深い恵みを施す人）を設置した。このアルモナー――メアリー・スチュアート（Mary Stewart）――が医療ソーシャルワークの創始者といわれている。アルモナーが置かれたのは，最初は受診者が，適正に入院できるようにするためであった。アルモナーのほとんどはCOS（Charity Organization Society 慈善組織協会）から採用されていたので，教育研修はCOSと密接な関係をもっていた。そして，1950年代にはアルモナーの研修は大学レベルにまで広がり，1960年代には医療ソーシャルワーカーと改称した[15]。

3）日本における歴史

1919（大正8）年，東京の泉橋慈善病院（現在の三井記念病院）内に2人の婦人相談員を配置した「病院相談所」が日本における医療ソーシャルワークの萌芽といわれている。1926年には生江孝之の提言で，済世会本部病院に専門家が置かれたが，本格的な医療ソーシャルワークは，1929（昭和4）年の聖路加国際病院内におかれた「社会事業部」から始まった。浅賀ふさら，数人のソーシャルワーカーが勤務した。最初のうちの主な仕事は結核患者への医療サービスと家庭訪問による生活支援であったが，この頃は地域の衛生教育も行っていたという。1936年，「医療社会事業研究会」が結成された。29余人の病院からの参加者が集まり，ソーシャルワークの重要性に対する認識を深めた[16]。

戦後は，公的機関である保健所や国立病院に医療社会事業が設置され，1953（昭和28）年，11月に，全国から200人の参加を得て日本医療社会事業家協会が発足した。

> **浅賀ふさ**
> **（あさがふさ；1894-1986）**
> 愛知県生まれ。日本女子大学卒業後，1919年に兄の渡米に同行，シモンズ女子大学社会事業専門学校に入学。渡米中はキャボット（Cabot, R.C.）医師や医療ソーシャルワーカーのアイーダ（Ida, C.）に師事。1929年に帰国後，現在の聖路加国際病院に社会事業部を設置し，医療ソーシャルワーカーとなる。その業務を医療チームの一員として，患者・家族の抱える心理・社会的問題への援助と考え，院内外の幅広い実践に取り組む。戦後，厚生省（現厚生労働省）で児童福祉専門官となり，1953年，現在の日本福祉大学へ赴任。日本医療社会事業家協会設立とともに1973年まで初代会長となり，医療分野の専門職養成とその組織化に従事する。また，朝日訴訟第二審では原告の証人として証言を行った。

(3) 医療ソーシャルワークの現状と業務

　医療ソーシャルワークにおいては，2002年12月現在の職能団体会員数は9,416名であった[17]。各医療機関には，医療ソーシャルワーカーを必置する義務はないが，医療ソーシャルワーカー設置状況は各医療施設にほぼ1名となる。ただ，登録された会員数によると各都道府県の数値にかなりの差があった。医療ソーシャルワーカーには精神科領域のソーシャルワーカーも含まれており，介護老人保健施設，在宅介護支援センター，精神障害者社会復帰センターなどに配置されている。しかし，精神科領域のソーシャルワーカーがすべて，医療ソーシャルワーカーに含まれるかどうかは議論のあるところである。

　なお，日本医療社会事業協会のホームページ内の会員マップによれば，会員は2009年12月現在約4,200名（掲載承諾者のみ）である。

　また，当事者団体，医師会，看護協会等の関連団体での検討の下に作成された厚生労働省「医療ソーシャルワーカー業務指針」（厚生労働省保健局長通知2002（平成14）年改訂）によれば，業務の範囲は，病院等においては管理者の監督の下に行うものとして，以下のようになっている。

①療養中の心理的・社会的問題の解決，調整援助
・受診や入院，在宅医療にともなう不安等の問題の解決を援助し，心理的に支援すること
・患者が安心して療養できるように，多様な社会資源の活用を念頭に置いて，療養中の家事，育児，教育就労等の問題の解決を援助すること
・高齢者安堵の在宅療養環境を整備するため，在宅ケア諸サービス，介護保険給付等についての情報を整備し，関係機関，関係職種等との連携の下に患者の生活と傷病の状況に応じたサービスの活用を援助すること
・その他，家族関係の調整，患者同士や職員との人間関係，学校，職場の調整の援助，近隣など地域での人間関係の調整の援助や，難病などの傷病の受容の促進，家族の喪失感のサポート，患者会・家族会の育成・支援名をすること等である

②退院援助
　生活と傷病や障害の状況から退院・退所にともない生ずる心理的・社会的問題の予防や早期の対応を行うため，社会福祉の専門的知識および技術に基づき，これらの諸問題を予測し，退院・退所後の選択肢を説明し，相談に応じ，次のような解決，調整に必要な援助を行う，として，地域における在宅ケアの諸サービスについての情報の整備，介護保険制度の利用の支援，治療継続と地域のなかでの生活，あるいは転院，あるいは，地域の選定などを具体的に挙げている。

③社会復帰援助
　退院・退所後において，社会復帰が円滑に進むように，社会福祉の専門的知

識および技術に基づき，患者の職場や学校との調整を行い，復職，復学の援助や，関係機関，関係職種との連携や訪問活動等により，社会復帰が円滑に進むように転院，退院・退所後の心理的・社会的問題の解決を援助する。

④受診・受療援助

入院，入院外を問わず，患者やその家族等に対する受診，受療の援助を行うとして，具体的に場合を列挙している。

⑤経済的問題の解決，調整援助

入院，入院外を問わず，患者が医療費，生活費に困っている場合に，社会福祉，社会保険等の機関と連携を図りながら，福祉，保険等関係諸制度を活用できるように援助する。

⑥地域活動

患者のニーズに合致したサービスが地域において提供されるよう，関係機関，関係職種等と連携し，地域の保健医療福祉システムづくりに次のような参画を行うとして，

・他の保健医療機関，保健所，市町村等と連携して，地域の患者会，家族会等を育成，支援すること。
・他の保健医療機関，保健所，市町村などと連携しし，保健・医療・福祉に係る地域のボランティアを育成，支援すること
・その他，地域ケア会議等を通しての在宅ケア支援，地域ケアシステムづくりへの参画，地域の支援のネットワークづくりへの貢献や，高齢者，精神障害者等の在宅ケアや社会復帰について関係機関，関係職種と連携し，地域の理解を求め，普及を進めること等である。

また，業務の方法等は，以下のようになっている。

①個別援助に係る業務の具体的展開

②患者の主体性の尊重

③プライバシーの保護

④他の保健医療スタッフおよび地域の関係機関との連携

⑤受診・受療援助と医師の指示

⑥問題の予測と計画的対応

⑦記録の作成等である

3 精神保健医療福祉における相談援助（精神科ソーシャルワーク）

(1) 精神科ソーシャルワークの定義

精神科ソーシャルワークは，サイキアトリックソーシャルワーク（Psychiatric Social Work, PSW と略される）のことである。もともと，日本においては精神医学ソーシャルワークとして紹介された[18]。サイキアトリックソーシャルワー

3. 精神保健医療福祉における相談援助（精神科ソーシャルワーク）

図表12－1　精神保健医療領域の3つの側面とソーシャルワーク

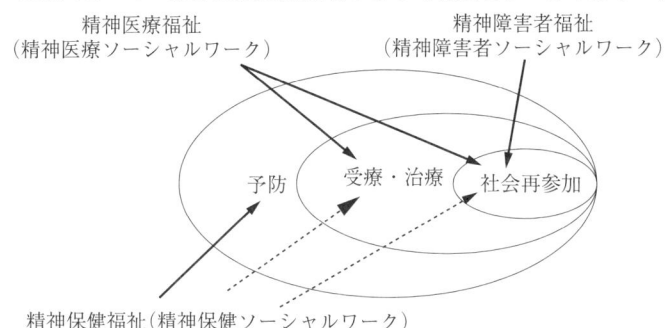

```
    精神医療福祉              精神障害者福祉
（精神医療ソーシャルワーク）  （精神障害者ソーシャルワーク）

         ┌──────────────────────────────┐
         │     ┌─────────────────┐      │
         │ 予防│ 受療・治療 社会再参加│  │
         │     └─────────────────┘      │
         └──────────────────────────────┘

     ↑
精神保健福祉（精神保健ソーシャルワーク）
```

注）点線は弱い関係を示す。
出所）精神保健福祉研究会編『改訂第2版　精神保健福祉法詳解』中央法規, 2002年
　　　より一部抜粋変更

クは，精神医学ソーシャルワーク，精神科ソーシャルワーク，そして最近では精神保健医療ソーシャルワークと呼称されている。ここでは，最もよく用いられる精神科ソーシャルワークという呼称を主として用いる。

　1997年に誕生した「精神保健福祉士法」では精神保健福祉士の業務を「精神障害者の保健および福祉に関する専門的知識および技術をもって，精神科病院その他の医療施設において精神障害の医療を受け，または精神障害者の社会復帰の促進を図ることを目的とする施設を利用している者の社会復帰に関する相談に応じ，助言，指導，日常生活への適応のために必要な訓練その他の援助を行うことを業とする」としている。精神保健福祉士が精神科ソーシャルワークを行う者であることを前提にすれば，この内容が精神科ソーシャルワークであるといえる。ただし，この内容は法律に規定されていることであり，実際の精神科ソーシャルワークはもっと広い範囲に及んでいる。日本精神保健福祉士協会によれば，精神科ソーシャルワークは「社会福祉学を学問的基盤として，精神障害者，精神障害者の抱える生活問題の解決のための援助や，社会参加に向けての支援活動を通して，その人らしいライフスタイルの獲得を目標としている」（2009年，日本精神保健福祉士ホームページ）ことになる。

　精神科領域により，保健の視点を加えた精神保健医療領域とそれぞれの場でのソーシャルワーク実践を示すと図表12－1のようになる。

　図表12－1の精神保健ソーシャルワークは，本来的には'予防（再発予防も含む）'の部分で実践を行うソーシャルワークである。精神医療ソーシャルワークは精神科治療の領域で行うソーシャルワークである。精神障害者ソーシャルワークは，主として社会再参加（社会復帰）の部分で行うソーシャルワークである。予防は健康な人，半健康な人，受療・治療は精神疾患のある人，社会再参加は精神障害のある人を主たる対象者とする。

　精神保健医療ソーシャルワークは，精神保健ソーシャルワークと精神医療

> **精神障害者**
> 精神保健福祉法の定義では「精神障害者とは統合失調症，精神作用物質による急性中毒又はその依存症，知的障害，精神病質その他の精神疾患を有する者をいう」となっている。支援の際には，生物学的な疾病だけでなく，疾病によって日常生活上さまざまな不便が生じているという点に配慮しなければならない。

ソーシャルワークを包含するものであるが，その定義は，日本精神保健福祉士協会の定義を援用して次のようにしたい。「精神保健医療ソーシャルワークは社会福祉学を学問的基盤として，精神障害の予防，受療，社会再参加，および生活問題の解決のための援助や支援活動を通して，その人らしいライフスタイルの獲得を目標としている」ものである。

サイキアトリックソーシャルワークの意味する所は，医師との協働を重視した'精神医学ソーシャルワーク'から，社会再参加（社会復帰）の領域のソーシャルワークを含めた'精神科ソーシャルワーク'へ，そして保健の概念の深化とともに，医療と保健をあわせもつ'精神保健医療ソーシャルワーク'へと変遷してきたのである。

(2) 精神科ソーシャルワークの歴史

1) アメリカにおける歴史

1905年，マサチューセッツ総合病院外来部でキャボット（Cabot, R.C.）博士らが医療社会事業を準備した。同年，ニューヨークのベルビュー病院およびコーネル診療所で精神科ソーシャルワーカーの部門が開設された。これは病気の診断・治療にあたっては患者の社会生活上の諸側面が重要であり，正確な診療・治療に必要であるとの認識にたっていた。1906年にはマンハッタン州立病院に公的機関としては初めての精神医学のソーシャルワーカーが採用された。医療ソーシャルワーカーとして，医師が必要とする患者の社会生活の諸情報を収集することが主要任務であった。のちに，患者の家庭復帰の準備を家族調整も含めて行うことが業務に加わった。[9] 1913年にはボストン精神病院（現マサチューセッツ精神保健センター）でジャレット（Jarret, M.）女史が精神科ソーシャルワークを行った。また，1914年には精神科ソーシャルワークの専門的養成がシモンズ社会事業学校で行われた。

なお，ビアーズ（Beers, Clifford）は，1908年に精神病院における自分の体験を『わが魂にあうまで（*A Mind that Found Itself*）』に著し精神障害者の待遇改善を訴えた。これが，1908年のコネチカット州の「精神衛生協会」の設立につながり，全米に精神衛生運動が普及していくこととなった。

後，リッチモンドを始め，多くのソーシャルワーカーが登場し，精神科ソーシャルワークを含むアメリカでのソーシャルワークを発展させていくことになる。

2) イギリスにおける歴史

前項で述べたアルモナーたちが，イギリスにおける精神科ソーシャルワークを確立した。1920年代後半から1930年代のことであった。1929年にはブラウン（Brown, S.C.）が，ロンドン・スクール・オブ・エコノミクス（London School of Economics；LSE）に精神保健コースを開設した。1946年にはビエラ

(Bierer, J.) が精神科ソーシャルワーカーとともに院外に患者クラブを作って，これが精神科デイケアの萌芽となった。

1960年代以前のイギリスにおいては，大多数のソーシャルワーク教育コースは専門化され，児童，精神保健，医療の3部門があったが，1957年にLSEのジェネリックなソーシャルワーク教育コースのなかに精神保健と児童ケアは併合された[20]。そして，1959年に施行された精神保健法により，コミュニティケアが始まり，地域生活支援における精神科ソーシャルワーカーの役割は，ますます重要なものとなった。

近年には精神科ソーシャルワーカーはNHSトラスト（国営医療制度機関）に社会サービス部から配置転換され，多機能，多職種チームに所属して活躍している。

3）日本における歴史

日本に初めて置かれたソーシャルワーカーは既述のように1929年に国際聖路加病院に置かれた医療ソーシャルワーカーであった。精神科ソーシャルワーカーは戦後1948年に国立国府台病院の精神医療に看護婦を転用した社会事業婦として置かれた。1952年に国立精神衛生研究所が設立され，精神科医，心理学者，精神科ソーシャルワーカーの三者が臨床チームを結成した。国立国府台病院院長であった村松常雄は後に名古屋大学医学部精神科に移り，精神科ソーシャルワーカーをおいた。

1964年には日本精神医学ソーシャルワーカー協会が仙台で誕生した。1965年には改正精神衛生法により保健所に精神衛生相談員が置くことができるとされ，ソーシャルワーカーとしてのアイデンティティをもつ相談員は，精神障害者支援を中核とする精神科ソーシャルワーカーを展開して行った。また，1970年には谷中輝雄を中心とするやどかりの里の活動が始まり，精神科ソーシャルワーカーは，精神障害者に対して，生活支援を目指す活動を始めた。そして，1973年のY問題を経て，精神科ソーシャルワーカーは人権擁護とクライエント参加を中心にする活動をすることを再確認した[21]。

1987年の精神保健法，1995年の精神保健福祉法を経て，精神障害者の福祉が重視されるようになった。2005年の障害者自立支援法によって精神障害者の就労支援が促進される一方，ニート（Neet：Not in Education, Employment or Training）や引きこもり，自殺予防等のメンタルヘルスの面でも精神科ソーシャルワーカーの活躍が期待されるようになった。

> **やどかりの里**
> 1965年に，PSWの谷中輝雄が，精神障害者の人権の尊重や社会復帰の促進のために，埼玉県大宮市に数名の当事者とともに地域生活を始めたことが，はじまり。1990年には社会復帰施設を建設，その後地域生活支援センター，作業所を経て，グループホーム等を作っていった。当事者が町で当たり前に生活していくことをめざした。

（3）精神科ソーシャルワークの現状と業務

1）精神科ソーシャルワークの現状

1986（昭和61）年，公衆衛生審議会精神衛生部会（岡上和雄座長）の「精神障害者の社会復帰に関する意見」で「精神障害者が疾病と障害を併せもつ障害

者である」と公的に明らかにし，1993年の障害者基本法によって，精神障害は身体障害，知的障害とともに障害であると規定された。

1987（昭和62）年の「精神保健法」で初めて社会復帰という言葉が記され，社会復帰の制度ができた。1995年には，「精神保健法」が「精神保健及び精神障害者福祉に関する法律」（精神保健福祉法）となり，「自立と社会参加の促進のための援助」が加わり，手帳制度の創設，社会復帰施設の4類型，社会適応訓練事業の法定化などが行われた。1999年の精神保健福祉法の一部改正では，精神障害者地域生活支援センターが精神障害者社会復帰施設に加えられたこと，3種類の精神障害者居宅生活支援事業が法定化されたこと，2002年度から福祉サービスの利用に関する相談・助言等を市町村も行うこと，保健所と都道府県が市町村を専門的・広域的に支援すること等が決められた。

一方，厚生労働省により2001年度から進められている「21世紀における国民健康づくり運動（健康21）」に「こころの健康」が取り上げられて，アルコール，自殺，ストレス等の精神保健の問題が，精神保健分野の取り組むべき課題として示されており，産業精神保健関係での精神科ソーシャルワーカーに対する期待も大きい。

また，2003年の「心神喪失等の状態で重大な他害行為を行った者の医療及び観察等に関する法律」（心神喪失者等医療観察法）の制定以後，社会復帰調整官など，司法関係への精神科ソーシャルワーカーの進出が目立つようになった。

2）精神科ソーシャルワーカーの業務

基本的には，他領域，とくに医療機関では医療ソーシャルワークとその業務を共有する所が多い。しかし，精神保健福祉センターや保健所，市町村等では，若干の違いがみられる。

精神保健福祉センターは広範囲にわたる業務を行っており，地域住民の精神的健康の保持増進，精神障害の予防，医療ルートの確保から社会復帰・社会参加の促進等を行っている。また，精神障害者保健福祉手帳（精神保健福祉法第45条）の判定業務や精神医療審査会（法第12条）の業務も行っている。すべてを精神科ソーシャルワーカーが行っているわけではないが，地域保健を推進するための企画立案，保健所や，市町村の関係機関に対しての，技術指導および技術援助，関係職員への教育研修，住民に対しての精神保健に関する啓発活動，その他，調査研究，精神保健福祉相談等も行っている。

保健所では，精神保健福祉相談として，受療相談や，市町村へのスーパービジョンやコンサルテーションを行っている。

社会復帰施設の精神科ソーシャルワーカーはその機関のもつ特色もあるが，入所，通所者に関する全般的な相談業務を行いながら，施設マネジメントや生活支援，就労支援等を主たる業務としている。

4 司法・家族・児童における相談援助

(1) 司法における相談援助

　司法における相談業務の根底にある考え方は「司法福祉」である。司法福祉は狭義には，司法機関としての裁判所が司法過程（裁判過程）において実践する福祉的実践であり，広義には行政機関との連携によって実現する福祉実践であり，政策や予防も含まれる[22]。山口幸男は，「国民の司法活用の権利を実質化し，司法を通じて一定の社会問題の個別的・実体的緩和―解決を追求する政策とその具体的業務」と司法福祉を規定している。福祉業務は，何らかの法的根拠に基づいて行われることが多いが，「司法福祉」は「司法の過程のなかで福祉が実践される」ことと「裁判所がその核であり司法の責任においてなされる」と述べている[23]。

　司法福祉は少年保護の分野から始まっており，とくに非行少年の更生に関心が注がれた。ゆえに家庭裁判所は司法機関ではあるが福祉的機能も有していた。

　司法福祉は裁判官，家庭裁判所調査官，保護観察官，法務教官，児童自立支援施設職員，弁護士その他の人びとの協働において成り立っているが[24]，司法福祉実践におけるソーシャルワークを司法ソーシャルワークというならば，司法ソーシャルワークは主として家庭裁判所調査官，保護観察官，児童自立支援施設の児童自立支援専門員などが行っている。

　なお，司法福祉の関係機関および社会資源としては，警察，児童相談所，保護観察所，少年鑑別所，少年院，児童自立支援施設等，さまざまな社会福祉施設がある。

　そして，精神障害者の分野では法務省所管の保護観察所に配置されている前述の社会復帰調整官などが，対象者の生活環境の調整などを行っている。

(2) 家族・児童における相談援助

　家族は，夫婦や子どもを中心とする親族の集団であり，生存の安定と情緒の安定をはかるものである。マードック（Murdock, George Peter）[25]によれば，家族は性，生殖，教育，経済の4つの普遍的な機能をもっている。家族における相談援助は家族福祉の推進のためにある。家族福祉は，「高齢者や障害者，児童等というように，対象者ごとにとらえられている従来の社会福祉を，家族という視点からとらえなおした概念」[26]であり，家族ソーシャルワーク（ここでは，ファミリーソーシャルワークと同義として用いる）はその実践のためのものである。

　家族ソーシャルワークは，実際には，児童虐待や高齢者虐待，認知症，独居高齢者，DV，依存症等家族のかかえるあらゆる問題に対応するものであるが，近年，児童施設等に家庭支援専門員が配置されている状況から明らかなように，

保護観察官
　更生保護法により，地方更生保護委員会事務局と保護観察所に置かれている国家公務員である。保護観察官は職名で，官名は法務事務官である。医学，心理学，社会学，教育学などを学び，保護観察所の保護観察官は通常の社会生活を行っている罪を犯した者や非行少年に対してその社会復帰のための指導・監督を行う専門家である。

家庭裁判所
　司法権を有する通常裁判所の系列下にある下級裁判所である。家事審判部と少年審判部があり，前者は家庭内に生じる種々の問題や悩みについて支援する部門である。後者は非行少年の保護事件の審判を担当し，非行事件処理の中枢的機能を果たしている。

家庭支援専門相談員
　乳児院，児童養護施設，情緒障害児短期治療施設および児童自立支援施設に配置されて，児童相談所との連携のもとに入所児童の早期家庭復帰等をはかるため，総合的な家族調整を担う職種である。

認定こども園
　2006年「就学前の子どもに関する教育，保育等の総合的な提供の推進に関する法律」（認定子ども園設置法）が制定，施行された。①就学前の子供に教育・保育を提供，②地域における子育て支援を行い，保育所と幼稚園が持つ機能と，それぞれにない機能を付加することによって都道府県より認定される。類型は，①幼保連携型，②幼稚園型，③保育所型，④地方裁量型の4つがある。

児童養護施設や保育所等，児童領域で行われることを想定していることが多い。ゆえに，ここでも家族と児童のためのソーシャルワークとして，児童領域の家族ソーシャルワークについて述べる。

児童領域の家族ソーシャルワークもまた，児童相談所，乳児院，児童養護施設，情緒障害児短期治療施設，児童自立支援施設，保育所，幼稚園，認定こども園等で行われるが，ここでは子育て支援を中心に行われるソーシャルワークについて述べる。

2003年の社会保障審議会児童部会「社会的養護のあり方に関する専門委員会」報告には，アフターケア（施設退所後のケア）も含めて，家族ソーシャルワークの必要性を提言している。一般には家族ソーシャルワークは「児童相談所をはじめとする関係機関や児童を直接ケアする職員等と連携を図りながら，施設の入所前から退所後に至る総合的な家族調整を担う」[27]とされている。最近では，2001年，保育士が児童福祉法において「児童の保育および児童の保護者に対する保育に関する指導（保育指導）を行う」専門職とされ，2006年には「就学前の子どもに関する教育，保育等の総合的な提供の推進に関する法律」で，子育て支援は，保育機能，教育機能に加えて認定こども園が有するひとつの機能となったこともあり，保育所などの子育て支援をさすことも多くなった。

家族援助が求められる背景は，家族機能の後退，地域の子育て力の低下，保育所にも幼稚園にも行っていない多数の子どもの存在（第16回社会保障審議会少子化対策特別部会　平成20年10月29日資料2によると，3歳未満の子どもたちは約64.2%が家庭にいる）があるといわれる[28]。家族は核家族化，そして，女性の社会進出が増加することにより，多くの家族機能が，いわば外部委託するような形になっている。冠婚葬祭も外部施設で行う。子育ての知恵も，古い世代から学ぶことが少なくなった。また，実際に子育てを家族で代替できる家庭はきわめて少ない。そして，地域も，以前のようなコミュニティは形成していない。都市部では，隣人とあいさつを交わすことすらない暮らし方が稀ではない。母親が産後や病気の場合，気楽に家事を頼めるご近所はなく，親姉妹に頼れない場合や，介護保険が利用できない場合はたちまちに途方に暮れることになる。幼児を抱えている母親が，人づきあいを好まず自宅に閉じこもりがちで，夫の協力も得にくい状況が続くと，母親のストレスがたまり，児童虐待も引き起こしかねなくなる。

こうした状況のなかで，家族援助，すなわち家族ソーシャルワークを行う意義は，①ソーシャルワークの理念のひとつである現実性の原則に則った援助が行え，課題の解決ないしは軽減を図ることができる，②母親が子育て中に出会う問題への対処の仕方を習得することを支援できる，③家族が課題解決の過程で必要となった地域の資源を利用することにより，地域とのつながりを

もつことができる，④ そのことによって地域が相互支援力をもつことができるようになる[29] ということであり，加えて，⑤ 家族援助をしっかりと行うことができれば，今後起こりうる諸問題を予防するということになる。ただし，保育士が，それまで担って来た保育の機能に加えて，ソーシャルワークの機能を担うのは果たして可能であろうか，とする見方もある。

注)

1) Cubert J., Visiting teachers and their activities:Oroceedings of the National Conference of Charities and Correction, Chicago: Hildman Parinting Co., 1916.（ポーラアレンミアーズ，ロバート O. ワシントン，ベティ L. ウエルシュ編／山下英三郎・日本スクールソーシャルワーク協会訳）
2) "School Social Work", *Encyclopedia of Social Work*, 18, National Association of Social Workers, 2009.
3) 門田光司「学校ソーシャルワーク」岡本民夫・田端光美・濱野一郎・古川孝順・宮田和明編『エンサイクロペディア　社会福祉学』中央法規，2007 年，p. 701
4) 山下英三郎「子どもたちの現状とスクールソーシャルワーク」日本スクールソーシャルワーク協会編／山下英三郎・内田宏明・半羽利美佳編著『スクールソーシャルワーク論（歴史・理論・実践）』学苑社，2008 年，p. 12
5) 半羽利美佳「アメリカのソーシャルワークの誕生から現在」門田光司他編著『スクールソーシャルワーカー養成テキスト』中央法規，2008 年，pp. 12-13
6) 門田光司，前掲書 3)，p. 701
7) 1955 年には全米ソーシャルワーカー協会に合併され，訪問教師はスクールソーシャルワーカーとしての役割地位を確立させていくこととなった。
8) 1961 年 2 月 1 日，大阪釜ケ﨑では不就学児のための学校，「大阪市立萩之茶屋小学校・今宮中学校分校あいりん学園」が授業を開始した。そして，1961 年 10 月 1 日，不就学児の教育対策の嘱託として"学校ケースワーカー"が任命された。
9) 大崎広行「日本における学校ソーシャルワークの萌芽」前掲書 5)，p. 35
10) 同上書，p. 36
11) 教員が受けもつ児童・生徒数は，2008 年度で公立小学校 1 学級当たり 25.5 人で，中学校は 29.5 人であり，1985 年度と比べて，小学校は 7.4 人，中学校は 8.7 人少ない。しかし，公立学校で精神疾患により休職する教員は増えており，2007 年は 4,995 人になった。在職者に占める休職者割合は 1997 年の 0.17% から 3 倍以上に増えた（福祉新聞，2009 年）
12) 日本スクールソーシャルワーク協会編／山下英三郎・内田宏明・半羽利美佳編著『スクールソーシャルワーク論（歴史・理論・実践）』学苑社，2008 年，p. 71
13) 中尾仁一『医療社会事業』メジカルフレンド社，1956 年，pp. 4-5
14) 岡田進一「アメリカ医療ソーシャルワークの起源と歴史」日本社会福祉士会．日本医療社会事業協会編『保健医療ソーシャルワーク実践』中央法規，2009 年，pp. 2-3。なお，DRG（Diagnosis Related Group）は診断群別分類と訳されている。
15) 金田知子『保健医療分野のソーシャルワークの歴史と動向』日本社会福祉士会．日本医療社会事業協会編『保健医療ソーシャルワーク実践』中央法規，2009 年，pp. 23-30
16) 田代国次郎著「日本医療社会事業協会前史」50 周年記念誌編集委員会編『日本医療社会事業協会前史』日本医療社会事業協会，2003 年，pp. 2-6
17) 50 周年記念誌編集委員会編集『日本の医療ソーシャルワーク史　日本医療社会事業協会の 50 年』日本医療社会事業協会，2003 年

18) 1964年に日本精神医学ソーシャルワーカー協会が発足したが，精神医学ソーシャルワーカー協会と命名した由来を，柏木は「協会に，児童相談所や家庭裁判所を含め，精神科医とチームを組んで働く領域のソーシャルワーカーが率先して入ってくることを望んだ」故であるとしている。第45回社団法人日本精神保健福祉士協会全国大会／第8回日本精神保健福祉学会　柏木昭基調講演『新しいコミュニティの創造をめざして――私たちの立ち位置の確認』より，2009年
19) 岡本民夫『ケースワーク研究』ミネルヴァ書房，1985年，pp.32-33
20) 柏木昭『改訂　精神医学ソーシャル・ワーク』岩崎学術出版社，1993年，p.39
21) 田中英樹『精神障害者の地域生活支援――統合的生活モデルとコミュニティソーシャルワーク』中央法規，2001年，p.84
22) 廣井亮一「司法福祉の特質」村尾泰弘・廣井亮一編著『よくわかる司法福祉』ミネルヴァ書房，2004年，pp.2-3
23) 山口幸男『司法福祉論』ミネルヴァ書房，1996年，p.17
24) 同上書，p.100
25) アメリカの文化人類学者G.P.マードックが核家族という概念を1949年刊行の「社会構造」のなかではじめて使用した。
26) 川村匡由「家族福祉の位置づけ」川村匡由編『家族福祉論』ミネルヴァ書房，2008年，p.10
27) 同上書，p.196
28) 山縣文治「家族援助の対象と役割」橋本真紀・山縣文治編『よくわかる家族援助論』2009年，pp.2-3
29) 同上書，p.3

プロムナード

　1987年に社会福祉士・介護福祉士資格が，1997年に精神保健福祉士資格が誕生して，22年と12年が経過しました。この章を書きながら，医療や，精神保健医療の分野に加えて，司法・児童・家族等のソーシャルワークが，地域という視点を取り入れて，今後ますますその実践を伸ばしてくる予感と期待を感じました。そして，先輩格である，医療，精神医療保健の分野と，上手に連携を取りながら，日本における生活支援の専門家としての，ゆるぎない専門性と立場を確立してほしいものだと思いました。
　今後，ソーシャルワークの各領域間の役割分担と，協働体制が問われることになると思いますが，基礎資格として社会福祉士と精神保健福祉士があり，それぞれの実践経験を加えて，はじめて認定上級ソーシャルワーカーが誕生するという仕組みはいかがなものでしょうか？つまり，上級ソーシャルワーカーは，その基礎にそれぞれの現場経験も加えて社会福祉士と精神保健福祉士の両資格を所持しているわけです。そして，そのうえで，児童や高齢者や，障害者のそれぞれの分野の専門実践があるのです。ジェネラリストアプローチは，それぞれの分野における方法の問題として，緩やかにとらえたいものです。欲を言えば，上級ソーシャルワーカーはファミリーソーシャルワークもできる人であって欲しいと思います。

学びを深めるために

堀正嗣・栄留里美『子どもソーシャルワークとアドボカシー実践』明石書店，2009年
　イギリスにおける子どもアドボカシーの理論と実践から，ソーシャルワークにおけるアドボカシー実践の意義と可能性を明らかにすると前書きに書かれているが，その通りで，とくに虐待が問題となる昨今，アドボカシーとは何かを再考するのに有用な著作である。

▶生活支援における介護と，ソーシャルワークの共通点と，相違点について論じてください。

📖 福祉の仕事に関する案内書

古川孝順・山縣文治・鎌田ケイ子・清水順一『NHK 社会福祉セミナー 10 月 福祉の仕事』NHK 出版，2008 年

索　引

あ　行

IFSW →国際ソーシャルワーカー連盟
IADL（手段的日常生活動作）　22
アウトリーチ　112
浅賀ふさ　67, 190
朝日　茂　72
朝日訴訟　72
アダムス，A.　67
アダムズ，J.　41, 67
アドボカシー（権利擁護）　58, 94, 104, 105, 111, 117
アファーマティブ・アクション　167
アプテカー，H.H.　46
アメリカ退職者協会（AARP）　118
アメリカ障害者法　133
アルコール依存症　78
アルモナー　43, 190
医学モデル　93, 100
イーガン，G.　35
石井十次　64
意志心理学　46
5つの巨人　133
糸賀一雄　29
医療ソーシャルワーカー　69
インクルージョン　6
インターグループワーク　50
インターベンション　157
インテグレーション　96
インフォームド・コンセント　162
インフォームド・チョイス　162
ヴィンター，R.　50
ウェルビーイング　6, 15, 24, 27, 82, 104, 124, 152
ヴォルフェンスベルガー，W.　98
ADL（日常生活動作）　22, 90, 91
エヴァンス，D.R.　35
エクスクルージョン　5
エコマップ　56
エコロジカル・アプローチ　33, 180
エコロジカル理論　172
NASW　110
NPO　11
NPO法人　130
エプスタイン，L.　56
エルヴァーフェルト制度　38
LMSW　132
LCSW　132
エンパワメント　8, 93, 152, 172
エンパワメント・アプローチ　55, 86, 104
王室施療病院　43
岡村重夫　72
岡山孤児院　64
岡山博愛会　67
小河滋次郎　39, 65
小澤一　65

オタワ憲章　28

か　行

介護支援専門員　130
介護福祉士　124
介護保険法　111
介護予防　110
介護予防ケアマネジメント事業　111
カウンセリング　160
賀川豊彦　68
学習理論　56
家族ソーシャルワーク　198
課題中心アプローチ　56
片山潜　67
価値　25, 152
学校ソーシャルワーク　186
家庭裁判所　69, 197
家庭裁判所調査官　127
家庭支援専門相談員　128, 197
家庭児童相談室　126
家庭児童福祉主事　125
家庭相談員　125
感化事業　64
危機介入アプローチ　56
岸勇　71
ギッターマン，A.　56, 177
機能主義派　46
基本的人権　29
キャノン，I.M.　44, 189
キャプラン，G.　56
キャボット，R.C.　44, 189, 194
QOL →生活の質
救護法　66
救護法実施促進運動　66
協同組合　131
キングスレーホール　67
キング牧師　52, 109
苦情解決事業　113
クラス・アドボカシー　106
グループワーク　50
ケアマネジメント　160
ケア基準法　134
傾聴技法　35
軽費老人ホーム　130
ケース・アドボカシー　106
ケースマネージャー　104
ゲシュタルト療法　163, 165
憲法第11条　29
憲法第13条　27
憲法第25条　27
権利擁護→アドボカシー
権利擁護業務　112
権利擁護者　104
コイル，G.　50
行動変容アプローチ　56

孝橋正一　72
公民権　108
公民権運動　52, 110
公民権法　53
高齢アメリカ人法　109
高齢化に関するホワイトハウス会議　109
高齢者虐待　111
コーズ・アドボカシー　106
国際人権規約　29
国際ソーシャルワーカー連盟（IFSW）　6, 24, 79, 104, 123, 143, 145
国民保健サービスおよびコミュニティーケア法　134
児島美都子　73
コスティン，L.B.　186, 188
コノプカ，G.　50
個別援助技術　160
コミュニティ・オーガニゼーション（CO）　50, 55
コミュニティケア　134
コミュニティソーシャルワーカー　4
コミュニティ実践　107
コンサルテーション　160
コンピテンス　8

さ 行

済世顧問制度　65
査察指導員　125
GHQ　69
ジェネラリスト・アプローチ　33, 156
ジェネラリスト・ソーシャルワーク　57, 172
ジェネリック・ソーシャル・ケースワーク　45
ジェネリック・ソーシャルワーク　56, 132
COS→慈善組織協会
志賀志那人　68
自己覚知　24
自己決定　90, 91, 141
自殺　17
システムアプローチ　57
システム理論　57, 172
慈善組織協会（COS）　38, 39, 140
シチズン・アドボカシー　106
児童委員　131
児童権利宣言　29
児童指導員　128
児童自立支援専門員　129
児童生活支援員　129
児童相談所　126, 188
児童の権利に関する条約　29
児童福祉司　125
児童福祉法の一部改正　3
児童法　133
司法ソーシャルワーク　197
シーボーム報告　57, 133
社会活動法　160
社会サービス部　133
社会資源　23, 96
社会システム　33

社会システム理論　177
社会生活上の基本的要求　72
社会正義　18, 30, 78, 82, 141
社会的排除　94, 95
社会的包摂→ソーシャル・インクルージョン
社会福祉運営管理　160
社会福祉基礎構造改革　10
社会福祉協議会　70
社会福祉協議会基本要項　71
社会福祉計画法　160
社会福祉士　74
社会福祉士及び介護福祉士法　3
社会福祉施設緊急整備5ヵ年計画　74
社会福祉事務所　125
社会福祉主事　125
社会福祉調査法　160
社会福祉認定資格（イギリス）　134
社会福祉の増進のための社会福祉事業法等の一部を改正する等の法律　84
社会福祉六法　10, 123
社会復帰調整官　127
ジャーメイン，C.B.　9, 56, 177
ジャレット，M.　194
集団援助技術　160
恤救規則　64
シュワルツ，W.　50
障害者自立支援法　3, 17
障害者の権利条約　29, 78
生涯発達　28
障害をもつアメリカ人法　109
少年指導員　129
自立　90
自立支援　92, 93, 141
自立生活運動　91
新救貧法　39
人権　18, 141
人権尊重　78
心神喪失者等医療観察法　196
身体障害者更生相談所　126
身体障害者福祉司　125
診断主義派　46
ストレス　17
ストレングス視点　35, 55, 93, 172
スーパービジョン　23, 160
スピリチュアリティ　22
スペシフィック・ソーシャル・ケースワーク　45
スモーレ，R.　49
生活指導員　128
生活の質（QOL）　15, 22
生活保護法　72
生活モデル　33, 93, 100
精神科デイケア　195
精神障害者　193
精神障害者地域生活支援センター　79
精神保健福祉士　15, 16, 193
精神保健福祉センター　81, 196
精神保健福祉相談員　127
成年後見制度　114

成年後見センター・リーガルサポート　116
世界人権宣言　29, 79
セツルメント　40, 41, 67, 140
セーフティネット　11, 12
セルフ・アドボカシー　106
セルフ・エスティーム　168
セルフヘルプグループ　83, 94
セルフヘルプ活動　93, 94
全国社会福祉協議会　64
全米ソーシャルワーカー協会（NASW）　50, 110, 143, 144
ソーシャル・インクルージョン　6, 94
ソーシャルアクション　106
ソーシャルワーカーの役割と機能　156
促進役　104
組織分析者　104
ソーシャル・インクルージョン（社会的包摂）　94
ソーシャル・エクスクルージョン（社会的排除）　5, 12, 94
ソリューション・フォーカスト・アプローチ　165
ソロモン，B.　55

た　行

ダイバージョナルセラピー　28
竹内愛二　68, 69
タフト，J.　49
地域援助技術　160
地域精神保健センター法　109
地域組織化・福祉組織化　73
地域福祉活動コーディネーター　131
地域包括ケア　173
地域包括支援センター　4, 10, 111, 112, 116, 131, 174
チームアプローチ　147
知的障害者福祉司　125
地方自治体ソーシャルサービス法　133
チャルマーズ，T.　38
中央慈善協会　64
仲介者　104
調整役　104
デイサービスセンター　130
デニスン，E.　40
トインビー・ホール　40, 67
統合教育　96
トゥル，C.　48
留岡幸助　64

な　行

永田幹夫　73
仲村優一　71, 73
生江孝之　67, 190
ニーズ　172
ニイリエ，B.　98
日常生活自立支援事業（旧地域福祉権利擁護事業）　112, 113
日本医療社会事業協会　189

日本社会福祉士会　143
日本精神保健福祉士協会　74
ニューステッター，W.I.　50
ニューディール政策　45
任意後見　115, 116
任意後見制度　115
人間の尊厳　78
認定こども園　197
認定ソーシャルワーカー　133
ネットワーキング　117, 134
ネットワーク　12, 15, 160
ノーマライゼーション　97, 99

は　行

バイステックの7原則　35, 96
媒体者　104
パターナリズム　86, 162
パートナーシップ　174
ハートマン，A.　56
バートレット，H.M.　34, 58
バーネット，S.A.　40
パブリック・アドボカシー　106
ハミルトン，G.　48, 54
ハル・ハウス　41
パールマン，H.H.　22, 51
バンク＝ミケルセン，N.E.　97
バンデューラ，A.　56
ピア・カウンセリング　94
ビアーズ，C.　194
PSW　16
ビエラ，J.　194
引きこもり　17
ヒル，O.　40
ピンカス，A.　57, 177
貧困戦争　53
フィッシャー，V.　56
福祉活動専門員　131
福祉権運動　53
福祉公社　131
福祉サービス利用援助事業　113
福田垂穂　73
福利　27
婦人相談所／配偶者暴力相談支援センター　126
不登校児　187
フレックスナー，A.　122
Blaming the victim　12
フロイト，S.　46, 48
ブローカー　104
ベヴァリッジ，W.H.　41
ベヴァレッジ報告　133
ベルタランフィ　57
ヘルパー・セラピー　94
偏見差別大歓迎　168
保育士　124, 129, 198
包括的・継続的ケアマネジメント支援事業　111
法定後見　115
法テラス　116
法務省保護監察官　127

方面委員制度　39, 64
訪問教師　186
保健所　81
保護監察官　197
保護司　131, 188
保佐　115
母子自立支援員　125
母子指導員　129
母子相談員　125
補助　115
ボランティア　131, 175
ボランティアコーディネーター　131, 175
ホリス, C.　48, 54

ま　行

マイノリティ　81
マクロ実践　107
マズロー, A.H.　28
ミナハン, A.　57, 172, 177
ミルフォード会議　44, 57, 132
民生委員　71, 131
メアリー, S.　43
名称独占と業務独占　123
メディケア　109
面接技法　35
問題解決過程　51

や　行

やどかりの里　195
谷中輝雄　195

養護老人ホーム　130

ら　行

ライフモデル　93
ランク, O.　46, 48
リーガル・アドボカシー　106
リード, W.J.　56
リッチモンド, M.E.　42, 65, 122, 177
利用者本位　78, 84
リンデマン, E.　56
隣保事業　67
隣友運動　38
倫理　25, 140
倫理綱領　142, 152
倫理的ジレンマ　147, 150
ルーズベルト, F.D.　45
レジャー憲章　28
老人福祉指導主事　125
老人福祉センター　130
ロジャーズ, C.R.　49
ロス, M.G.　55
ロスマン, J.　55
ロック, C.S.　39
ロビンソン, V.　49

わ　行

YMCA　41
YWCA　41
ワーカビリティ　30, 35, 51

［編著者紹介］

成清美治（なりきよしはる）

兵庫県生まれ
1985年　龍谷大学大学院文学研究科修士課程修了
現　職　神戸親和女子大学教授（社会福祉学博士）
主　著　『対人援助のカウンセリング』（共著）川島書店　1991
　　　　『社会福祉援助技術』（共著）川島書店　1995
　　　　『社会福祉援助技術論』（共著）学文社　1997
　　　　『ソーシャルワーク』（共著）八千代出版　1997
　　　　『ソーシャルワークの固有性を問う』（共著）晃洋書房　2005
　　　　『新版・社会福祉援助技術』（共編）学文社　2005　他

加納光子（かのうみつこ）

大阪府生まれ
1993年　同志社大学大学院文学研究科修士課程修了
現　職　武庫川女子大学教授
主　著　『介護福祉学入門』（共著）中央法規　2000
　　　　『地域福祉論』（共著）学文社　2001
　　　　『新版 社会福祉援助技術』学文社　2005
　　　　『現代社会福祉用語の基礎知識 第9版』（編集代表）学文社　2009
　　　　『現代社会と福祉 第2版』（共編）学文社　2010
　　　　『新版 精神保健福祉 第2版』（共編）学文社　2010　他

イントロダクション シリーズ 5　相談援助の基盤と専門職

2010年3月30日　第1版第1刷発行

編著者　成　清　美　治
　　　　加　納　光　子
発行者　田　中　千津子
発行所　㈱ 学文社

郵便番号　153-0064　東京都目黒区下目黒3-6-1
　　　　　電話（03）3715-1501（代表）振替 00130-9-98842
　　　　　http://www.gakubunsha.com

乱丁・落丁本は，本社にてお取替致します。　印刷／新灯印刷株式会社
定価は，カバー，売上カードに表示してあります。〈検印省略〉
© 2010 NARIKIYO Yoshiharu and KANO Mitsuko Printed in Japan

ISBN 978-4-7620-1934-0